Meine Autobiographie,

ein Fragment

F. Max Müller

Writat

Diese Ausgabe erschien im Jahr 2024

ISBN: 9789359943749

Herausgegeben von
Writat
E-Mail: info@writat.com

Inhalt

VORWORT

IN den vergangenen Jahren hatte mein Vater, wenn er nicht zu ernsthafteren Aufgaben kam, seine Freizeit damit verbracht, Erinnerungen an seine frühe Kindheit niederzuschreiben. 1898 und 1899 veröffentlichte er die beiden Bände von *Auld Lang Syne*, die Erinnerungen seiner Freunde enthielten, aber sehr wenig über sein eigenes Leben und seine Laufbahn. Im einführenden Kapitel seiner Autobiographie erläutert er ausführlich die Gründe, die ihn in seinem hohen Alter dazu bewegten, die Aufgabe zu übernehmen, sein eigenes Leben zu schreiben, und er begann, die Fragmente zusammenzutragen, die er zu verschiedenen Zeiten geschrieben hatte, aber leider zu spät. Aber selbst in den letzten beiden Jahren seines Lebens und nach dem ersten Anfall der Krankheit, die schließlich tödlich endete, widmete er sich nicht ausschließlich dem, was er als bloße Freizeitbeschäftigung ansah, wie aus einem Werk wie seinen im Mai 1889 veröffentlichten *Six Systems of Indian Philosophy* und den zahlreichen Artikeln hervorgeht, die bis zu seinem Tod erschienen.

In den letzten Wochen seines Lebens, als wir alle wussten, dass das Ende nicht mehr fern sein würde, war die Autobiographie ständig in seinen Gedanken und sein großer Wunsch war es, so viel wie möglich für die Veröffentlichung bereitzuhalten. Auch als er im Bett lag und viel zu schwach war, um auf einem Stuhl zu sitzen, arbeitete er mit mir weiter am Manuskript. Ich las ihm Teile vor, und er schlug Änderungen vor und diktierte Ergänzungen. Ich sehe, dass wir tatsächlich bis zum 19. Oktober daran gearbeitet haben und er am 28. in seine wohlverdiente Ruhe gebracht wurde. Einer der letzten Briefe, die ich ihm vorlas, war ein Brief der Herren Longmans, seines lebenslangen Verlegers, in dem er auf die Veröffentlichung der Fragmente der Autobiographie drängte, die er damals geschrieben hatte.

Das Ziel meines Vaters beim Schreiben seiner Autobiographie war zweierlei: Erstens wollte er zeigen, was seiner Meinung nach seine Lebensaufgabe war, und den roten Faden offenlegen, der alle seine Arbeiten verband; und zweitens, junge, kämpfende Gelehrte zu ermutigen, indem man ihnen zeigt, wie es einem von ihnen, ohne Vermögen, als Fremder in einem fremden Land, möglich war, die Position zu erreichen, die er erreicht hatte, ohne jemals seine Unabhängigkeit zu opfern oder aufzugeben die unrentablen und nicht sehr beliebten Themen, denen er sein Leben widmen wollte.

Leider führt uns das letzte Kapitel nur wenig über die Schwelle seiner Karriere hinaus. Es gibt jedoch genug Informationen, um uns zu zeigen, wie seine Neigungen seit seinen frühesten Studientagen eher philosophisch und religiös als klassisch waren; wie das Studium von Herbarts Philosophie ihn in der Arbeit bestärkte, mit der er sich als einfacher Student beschäftigte, der Wissenschaft der Sprache und Etymologie; wie sein Wunsch, etwas Besonderes zu wissen, das kein anderer Philosoph wissen würde, ihn dazu brachte, die jungfräulichen Gebiete der orientalischen Literatur und Religionen zu erforschen. Mit diesem Motiv begann er mit dem Studium des Arabischen, Persischen und schließlich des Sanskrit, wobei er sich insbesondere dem letzteren unter Brockhaus und Rückert und später unter Burnouf widmete, der ihn überredete, die gewaltige Arbeit der Herausgabe des Rigveda zu übernehmen.

Die Autobiographie bricht vor dem Ende der Periode ab, in der er sich ausschließlich dem Sanskrit widmete. Es ist müßig, darüber zu spekulieren, welchen Verlauf sein Lebenswerk genommen hätte, wenn er zum Boden-Lehrstuhl für Sanskrit gewählt worden wäre; doch er lebte lange genug, um zu erkennen, dass seine Ablehnung dieses Lehrstuhls im Jahr 1860, die damals so schwer zu ertragen war, in Wirklichkeit ein Segen im Unglück war, da sie es ihm ermöglichte, seine Aufmerksamkeit allgemeineren Themen zuzuwenden und sich jenen philologischen, philosophischen, religiösen und mythologischen Studien zu widmen, die ihren Ausdruck in einer Reihe von Werken fanden, die mit seinen *Lectures on the Science of Language* (1861) begannen und mit seinen *Contributions to the Science of Mythology* (1897) endeten – „der Faden, der den Ursprung des Denkens und der Sprache mit dem Ursprung der Mythologie und Religion verbindet."

Was seinen Rat an erfolglose Gelehrte angeht, so lässt die Selbstverachtung, die laut Professor Jowett eine der größten Gefahren einer Autobiographie ist, meinen Vater die wahren Ursachen seines Erfolgs im Leben eher verbergen. Er geht sogar so weit zu sagen: „Alles in meiner Karriere ergab sich ganz natürlich, nicht durch meine eigene Anstrengung, sondern aufgrund jener Umstände oder dieser Umgebung, von denen wir in letzter Zeit so viel gehört haben"; oder auch: „Es waren eigentlich meine Freunde, die alles für mich taten und mir über viele Zaunübergänge und Gräben halfen." In gewisser Hinsicht ist das zweifellos wahr, aber nicht in dem Sinne, wie es wahr gewesen wäre, wenn er, als er an der Universität war, das Angebot eines reichen Cousins angenommen hätte, ihn zu adoptieren und in den österreichischen diplomatischen Dienst zu schicken und ihm obendrein noch eine Frau und einen Titel zu verschaffen. Die Freunde, die ihm halfen, Männer wie Humboldt, Burnouf, Bunsen, Stanley, Kingsley, Liddell, um nur einige zu nennen, waren Männer, deren Freundschaft der sicherste Beweis für die Verdienste meines Vaters war. Das wahre Geheimnis seines Erfolgs lag nicht in seinen Freunden, sondern in ihm selbst: in dem Wissen, dass sein Erfolg oder Misserfolg im Leben ganz von seinen eigenen Bemühungen abhing; in der Zielstrebigkeit, die ihn alle Angebote ablehnen ließ, die ihn von dem Weg abbringen würden, den er sich selbst gesetzt hatte; und in dem unermüdlichen Fleiß, mit dem er danach strebte, das Ziel seiner Ambitionen zu erreichen. „Meine eigenen Kämpfe", schreibt er, „waren mir sicherlich eine Hilfe."

Als ich das Manuskript untersuchte, um es an den Druck zu schicken, stellte ich fest, dass noch viel Arbeit nötig war, bevor es in Buchform veröffentlicht werden konnte. Die Fragmente waren in vielen Fällen unvollständig; es gab keine Unterteilung in Kapitel, keine Verbindung zwischen den verschiedenen Perioden und Episoden seines Lebens; wichtige Vorkommnisse wurden ausgelassen; Aufgrund der unregelmäßigen Schreibweise kam es jedoch häufig zu Wiederholungen. Mein Vater stand seinem eigenen Stil immer sehr kritisch gegenüber und änderte bei der Korrektur seiner Korrekturbögen oft eine ganze Seite, weil ihm ein Wort oder eine Phrase missfiel oder weil ihm eine neue Idee, eine glücklichere Ausdrucksweise einfiel ihn; aber im Fall seiner Autobiographie konnte er die einzige Überarbeitung auf seinem Sterbebett vornehmen, während ich ihm das Manuskript vorlas.

Mein Vater weist darauf hin, wie selten sich die Söhne großer Musiker oder großer Maler in derselben Branche hervortun. „Es scheint", sagt er, „fast so, als ob das künstlerische Talent von einer Generation oder einem Einzelnen erschöpft wäre"; und ich fürchte, dass in meinem Fall jedenfalls die gleiche Bemerkung auf literarisches Talent zutrifft. Ich habe mein Bestes getan, um die Fragmente zu einem zusammenhängenden Ganzen zusammenzufügen, und habe nur solche Einfügungen, Auslassungen und Änderungen vorgenommen, die unbedingt notwendig erschienen. Etwaige Mängel im literarischen Stil, die in Teilen des Buches auffallen, sollten auf die Unerfahrenheit des Herausgebers zurückgeführt werden.

Ich hielt es für richtig, das letzte Kapitel, das ich „Ein Geständnis" nenne, einzufügen, obwohl ich nicht sicher bin, ob mein Vater beabsichtigte, es in seine Autobiographie aufzunehmen. Es wird jedoch die Haltung erklären, die er sein ganzes Leben lang beibehielt, indem er sich so weit wie möglich von der Arena der akademischen Auseinandersetzungen in Oxford fernhielt. Er wurde nie zum Mitglied des Hebdomadal Council gewählt, er nahm selten an Versammlungen der Convocation oder Congregation teil; er war der Meinung, dass andere Leute, die mehr Freizeit zur Verfügung hätten, dort nützlicher sein könnten; aber er lehnte es nie ab, für seine Universität zu arbeiten, wenn er das Gefühl hatte, gute Dienste leisten zu können, und er fungierte jahrelang als Kurator der Bodleian Library und des Taylorian Institute sowie als Delegierter der Clarendon Press.

In Bezug auf die Abbildungen ist es für die Leser vielleicht interessant zu wissen, dass die Porträts meines Großvaters und meiner Großmutter Bleistiftzeichnungen von Adolf Hensel entnommen sind, dem Ehemann von Mendelssohns Schwester Fanny, die selbst eine große Musikerin war und, wie mein Vater uns in *Auld Lang Syne* erzählt , tatsächlich mehrere der Melodien komponierte, die Mendelssohn als seine *Lieder ohne Worte veröffentlichte* . Das letzte Porträt meines Vaters stammt von einem Foto, das sein guter Freund Thomson, der spätere Erzbischof von York, kurz nach seiner Ankunft in Oxford aufgenommen hatte.

Jetzt bleibt mir nichts anderes übrig, als anzuerkennen, was ich persönlich diesem Buch zu verdanken habe. „Arbeit", sagte mein Vater oft zu mir, „ist das beste Heilmittel gegen Kummer. Wenn du Kummer oder Enttäuschung hast, versuche es mit harter Arbeit; sie wird dich nicht im Stich lassen." Und während dieser drei traurigen Monate habe ich die Wahrheit dieses Sprichworts ganz gewiss bewiesen. Er hätte mir keinen sichereren Trost oder eine willkommenere Ablenkung hinterlassen können als die Pflicht, diese Seiten für den Druck vorzubereiten, die letzten Früchte jenes Geistes, der bis zuletzt aktiv und fruchtbar blieb.

W.G. MAX MÜLLER.

OXFORD , *Januar* 1901.

KAPITEL I

EINLEITEND

NACH der Veröffentlichung des zweiten Bandes meiner *Auld Lang Syne* , 1899, hatte ich eine Menge Korrespondenz, öffentliche Kritik und private Gespräche auch mit mir selbst, ob ich meine biografischen Aufzeichnungen in der bisher angenommenen Form fortsetzen oder aufgeben sollte Meiner Erinnerung nach hat es einen persönlicheren Charakter. Einige meiner Freunde waren offensichtlich unzufrieden. „Die Erinnerungen Ihrer Freunde und der Bericht über den Einfluss, den sie auf Sie ausgeübt haben", sagten sie, „sind zweifellos interessant, soweit sie reichen, aber wir wollen mehr." Wir möchten die Quellen, Bestrebungen, Kämpfe, Misserfolge und Erfolge Ihres Lebens kennenlernen. Wir möchten wissen, wie Sie sich selbst und Ihr früheres Leben und seine verschiedenen Ereignisse betrachten." Eigentlich wollten sie eine Autobiografie. „Niemand", wie ein Freund von mir, kein Ire, sagte, „könnte das so gut wie Sie selbst, und einem Biographen werden Sie nie entkommen." Ich gestehe, das hat mir keine große Angst gemacht. Ich hielt die Gefahr einer Biografie nicht für sehr drohend. Außerdem hatte ich schon zu Lebzeiten zwei Biografien und mehrere biografische Notizen überarbeitet. Kein vernünftiger Mensch sollte sich um posthumes Lob oder posthume Tadel scheren. Genug für den Tag ist das Böse davon. Unsere Zeitgenossen sind unsere richtigen Richter, unsere Kollegen müssen in den großen Akademien und Gelehrtengesellschaften ihre Stimme abgeben, und wenn sie im Großen und Ganzen nicht unzufrieden sind mit dem Wenigen, das wir getan haben, oft unter weit größeren Schwierigkeiten, als die Welt wusste, Warum sollten wir uns um die ferne Zukunft kümmern? Wer war ein größerer Riese in der Philosophie als Hegel? Wer war in der Naturwissenschaft höher als Darwin? Doch in einer der besten deutschen Rezensionen [1] werden die folgenden Worte eines jungen deutschen Biologen [2] zitiert, und zwar nicht ohne eine gewisse Zustimmung: „Der Darwinismus gehört jetzt der Geschichte an, wie das andere *Kuriosum* unseres Jahrhunderts, die Hegelsche Philosophie." . Beides sind Variationen des Themas „Wie kann eine Generation an der Nase herumgeführt werden?" und sie sind nicht darauf ausgelegt, unser scheidendes Jahrhundert in den Augen späterer Generationen zu verbessern."

Wenn ich etwas fürchtete, dann war es nicht so sehr die Strenge künftiger Richter, sondern die extreme Güte und Milde, die die meisten Biographien unserer Tage auszeichnen. Es ist wahr, dass es für diejenigen, die später über unsere Arbeiten berichten müssen, nicht leicht sein wird, den roten Faden zu entdecken, der sich durch alle unsere Arbeiten zieht, von unserem ersten Stottern bis zu unserem letzten Gemurmel. Man könnte sagen, dass in meinem eigenen Fall der Faden, der alle meine Arbeiten verbindet, sehr sichtbar ist, nämlich der Faden, der den Ursprung des Denkens und der Sprachen mit dem Ursprung der Mythologie und Religion verbindet. Alles, was ich getan habe, war zweifellos diesen vier großen Problemen untergeordnet, aber die Verbindungslinien zwischen dem, was ich geschrieben habe, und dem, was ich schreiben wollte und nie Zeit zum Schreiben fand, freizulegen, ist keineswegs einfach, nicht einmal für den Autor selbst. Außerdem, welcher Autor hat jemals das letzte Wort gesagt, das er sagen wollte, und wer musste nicht seine Augen schließen, bevor er „Finis" zu seinem Werk schreiben konnte? Es gibt noch viele Dinge, die ich gerne sagen würde, aber ich werde müde, und andere werden sie viel besser sagen als ich und werden zweifellos die Arbeit dort fortsetzen, wo ich sie unvollendet lassen musste. Wir verdanken anderen viel, und wir müssen anderen viel hinterlassen. Um solche Punkte zu beleuchten, ist eine Autobiographie zweifellos besser geeignet als jede von einem Fremden geschriebene Biographie, wenn wir nur gleichzeitig völlig vergessen können, dass der Mann, der beschrieben wird, derselbe ist wie der Mann, der beschreibt.

„Freunde", so Professor Jowett, „halten es immer für notwendig (außer Boswell, dieses große Genie), Lügen über ihren verstorbenen Freund zu erzählen; sie lassen alle seine Fehler aus, damit die Öffentlichkeit sie nicht übertreibt. Aber wir wollen seine Fehler kennen – das ist wahrscheinlich das Interessanteste an ihm."

Jowett wusste ganz genau, und er zögerte nicht, das auch zu sagen, dass man, um in dieser Welt viel Gutes zu tun, ein sehr fähiger und ehrlicher Mensch sein muss, der Tag und Nacht an nichts anderes denkt. Und er fügt hinzu: „Man muss auch ein ziemlicher Schurke sein und viele Schweigsamkeiten und Verschleierungstaktiken haben. Und ich glaube, eine gute Art von Schurke ist es, niemals ein Wort gegen jemanden zu sagen, wie sehr er es auch verdient haben mag."

Nun hat Professor Jowett in Oxford sicherlich gute Arbeit geleistet, aber wenn jemand sagen würde, dass er auch ein ziemlicher Schurke war, was für ein Aufschrei gäbe es unter den Söhnen von Balliol. Jowett glaubte, dass die einzige Chance auf eine gute Biografie für einen Mann darin bestünde, Memoiren über sich selbst zu schreiben, und wie schade, dass er dies in seinem eigenen Fall nicht tat. Seine Freunde, die sein Leben schreiben mussten, waren jedoch weise, und er entging dem, was in letzter Zeit mehreren bedeutenden Männern widerfahren ist. Er entging den Zeugnissen für dieses und den Zeugnissen für ein anderes Leben, wie sie in unseren Tagen oft veröffentlicht werden.

Zeugnisse sind in diesem Leben schlimm genug, wenn wir aus vielen Kandidaten den für ein Amt am besten geeigneten auswählen müssen, und es ist nur natürlich, dass die Wähler sie kaum jemals lesen, sondern versuchen, ihre Informationen über einen anderen Kanal zu erhalten. Aber die sogenannten Zeugnisse *nach dem Nachruf* gehen wirklich über alles hinaus, was man bisher über Trauerreden weiß. Da natürlich niemand um solche Zeugnisse gebeten wird, außer diejenigen, von denen man weiß, dass sie Freunde des Verstorbenen waren, enthalten diese Zeugnisse kaum jemals ein Wort der Tadel. Man schämt sich, solche Zeugnisse zu schreiben, aber wenn man gefragt wird, was kann man tun, ohne Anstoß zu erregen? Wir befinden uns in einer völlig falschen Lage. Wer versucht, die Wahrheit und nichts als die Wahrheit zu sagen, wird feststellen, dass es fast unmöglich ist, irgendetwas niederzuschreiben, das auch nur im Geringsten auf den Verstorbenen zurückfallen könnte. Die Erwähnung der harmlosesten Verfehlungen in einer Todesanzeige wird sicherlich jemanden beleidigen, die Witwe oder die Kinder oder einen lieben Freund. Ich dachte, meine Erinnerungen hätten bisher nichts enthalten, was irgendjemanden beleidigen könnte, nichts, was nicht zu Lebzeiten des Mannes, auf den sie sich bezogen, hätte veröffentlicht werden können. Aber nein; ich hatte so viele Beschwerden, und ich ließ in späteren Ausgaben gerne Namen weg, die in vielen Fällen im Vergleich zu dem, was sie sagten und taten, wirklich bedeutungslos waren.

Natürlich hat jeder Mensch seine Fehler und seine kleinen und oft lächerlichen Schwächen, und diese Schwächen gehören ebenso sehr zum Charakter eines Menschen wie seine Stärken; ja, mit der Unterdrückung der ersteren würden die letzteren oft fast unverständlich werden.

Ich mag die Biografien meiner Freunde wie Dean Stanley, Charles Kingsley und Baron Bunsen. Aber selbst diesen mangelt es an jenen Schatten, die nur dazu beitragen würden, die hellen Punkte in ihrem Charakter umso deutlicher hervorzuheben. Wir sollten uns an die Worte von Dr. Wendell Holmes erinnern: „Wir alle wollen perfekte Ideale zeichnen, und alle Münzen, die aus der Prägestätte der Natur stammen, sind mehr oder weniger beschnitten, gefeilt, ‚verschwitzt' oder beschädigt und sogar verbogen und abgenutzt." wenn es beim Prägen reines Metall wäre, was mehr ist, als wir vermutlich von irgendetwas Menschlichem behaupten können." Stimmt, sehr wahr; Und was würde der Verstorbene selbst zu solchen Biografien sagen, die jetzt nur allzu häufig vorkommen – zweifellos höchst schmeichelhafte Bilder, aber Bilder ohne einen Fleck oder eine Falte? In Deutschland war es früher keine Seltenheit, dass der Autor eines Buches eine Selbstkritik verfasste, und diese war in der Regel weitaus besser als Rezensionen von Freunden oder Feinden. Denn wer kennt die Stärken und Schwächen eines Buches so gut wie der Autor? WAHR; Aber ein ganzes Leben ist schwieriger zu rezensieren und zu kritisieren als ein einzelnes Buch. Dennoch muss man zugeben, dass eine Autobiographie viele Vorteile hat, und es wäre gut, wenn jeder angesehene Mann, ja jeder Mann, der etwas zu sagen hat, was er der Nachwelt mitteilen möchte, es selbst sagen sollte. Dies würde mit der Zeit ein wunderbares Archiv für psychologische Studien bilden. Ähnliches ist in Berlin bereits bei der Aufbewahrung privater Korrespondenzen geschehen. Natürlich ist es schwierig, solche Archive in vernünftigen Grenzen zu halten, aber auch hier habe ich weniger Angst vor Selbstlob als vielmehr vor Selbstabwertung.

Professor Jowett, der keine eigene Biografie geschrieben hat, hatte völlig Recht, als er sagte, dass die Gefahr groß sei, dass eine Autobiografie ziemlich selbstironisch sei; Selbstlob hat sicherlich etwas so Ekelhaftes, dass die meisten Menschen weit mehr vor Selbstlob als vor Selbstvorwürfen zurückschrecken würden. Selbst in der Fehlersuche eines unverblümten Autobiographen mag eine Art subtile Selbstbewunderung stecken; Aber wer kann in die tiefsten Tiefen der menschlichen Seele eintauchen? Mir scheint, dass ein ehrlicher Mann, wenn er sich selbst am Hals packt und sich schüttelt, es viel besser kann als jeder andere, und dass die Züchtigung, wenn sie wohlverdient ist, mit Sicherheit von ihm selbst mit weitaus größerer Anmut kommt, als wenn sie von ihm selbst vorgenommen würde Andere.

Ich glaube, nur wenige Männer kennen ihre wahre Güte und Größe. Einige der schönsten Frauen, so wird uns versichert, gehen durchs Leben, ohne jemals durch den Spiegel zu erkennen, dass sie gutaussehend sind. Und es ist gewiss wahr, dass Männer aus trauriger Erfahrung ihre Schwächen viel besser kennen als ihre Stärken, die sie für nichts ganz Natürliches halten.

Der Autos beispielsweise, den John Stuart Mill beschreibt, hat keinen Grund, dem Autos, der seine Biographie schrieb, dankbar zu sein. Mill war von mehreren künftigen Biographen bedroht worden und verfasste daher diesen kurzen biographischen Bericht über sich selbst fast aus Selbstschutz. Aber neben den wahrhaft wundersamen und, wenn jemand anders sie erzählt hätte, kaum glaubwürdigen Leistungen seiner frühen Kindheit und Jugend hätten seine großen Leistungen im späteren Leben, der Einfluss, den er sowohl durch seine Schriften als auch noch mehr durch sein persönliches und öffentliches Auftreten ausübte, in einem Fremden einen weit beredteren und wahrheitsgetreueren Interpreten gefunden als in Mill selbst. Ich erinnere mich an einen anderen Fall, in dem ein äußerst angesehener Autor versuchte, dem Öl und den Segnungen oder vielleicht auch dem Gegenteil aus den Händen seiner künftigen Biographen zu entgehen. Froude vernichtete seine gesamte Korrespondenz und wünschte insbesondere, dass alle im vollsten Vertrauen an ihn geschriebenen Briefe verbrannt würden – und das wurden sie. Ich finde das schade, denn ich weiß, welche wertvollen Briefe bei diesem *Autodafé vernichtet wurden* ; und doch scheint ihn nach all dem die Angst gepackt zu haben, und kurz bevor er als Regius Professor für Neuere

Geschichte nach Oxford zurückkehrte, begann er, eine Skizze seines eigenen Lebens zu schreiben, die unter seinen Papieren gefunden wurde. Sie war sicherlich interessant, aber glücklicherweise verhinderten seine besten Freunde ihre Veröffentlichung. Sie hätte dem, was wir in seinen Schriften über ihn wissen, nichts hinzugefügt und hätte seine wahren Verdienste nie ins rechte Licht gerückt. Außerdem endete sie mit seiner Jugend und erzählte uns wenig über sein wirkliches Leben.

Ich schmeichelte mir, dass ich den wahren Weg aus all diesen Schwierigkeiten gefunden hatte, indem ich nicht direkt mein eigenes Leben niederschrieb, sondern Erinnerungen an meine Freunde und Bekannten, die mich am meisten beeinflusst und mir auf meinem nicht immer leichten Lebensweg den Weg gezeigt hatten. So wie wir bei der Beschreibung des Laufs eines Flusses nichts Besseres tun können, als die Ufer zu beschreiben, die den Fluss einschließen und umleiten und sich in seinen Wellen spiegeln, so dachte ich, dass ich durch die Beschreibung meiner Umgebung, meiner Freunde und Kollegen den Verlauf meines eigenen Lebens am besten beschreiben könnte. Ich hoffte auch, dass ich auf diese Weise selbst so viel wie möglich im Hintergrund halten und dennoch bei der Beschreibung der bewaldeten oder felsigen Ufer mit ihren Herden, ihren Hütten und Kirchen ihr Spiegelbild auf dem vorbeifließenden Fluss beschreiben könnte.

Doch nun werde ich aufgefordert, einen viel ausführlicheren Bericht über mich selbst zu geben, nicht nur darüber, was ich gesehen habe, sondern auch darüber, was ich gewesen bin, was die Ziele oder Ideale meines Lebens waren, wie weit es mir gelungen ist, sie zu verwirklichen, und, wie ich sagte, wie oft ich es versäumt habe, das zu erreichen, was ich mir als meine Lebensaufgabe gesetzt hatte. Die Leute wollten wissen, wie ein Junge, geboren und erzogen in einer kleinen und fast unbekannten Stadt im Zentrum Deutschlands, nach England kommen konnte, dort ausgewählt wurde, das älteste Buch der Welt, den Veda der Brahmanen, herauszugeben, der nie zuvor veröffentlicht wurde, weder in Indien noch in Europa, den größten Teil seines Lebens als Professor an der berühmtesten und, wie man dachte, exklusivsten Universität Englands verbringen konnte und seine Tage tatsächlich als Mitglied des höchst ehrenwerten Geheimen Rates Ihrer Majestät beenden konnte. Ich gestehe, es scheint eine sehr seltsame Laufbahn zu sein, doch alles kam ganz natürlich zustande, nicht durch meine eigene Anstrengung, sondern wiederum aufgrund jener Umstände oder jener Umgebung, von denen wir in letzter Zeit so viel gehört haben.

Auch junge, kämpfende Männer haben mir geschrieben und mich gefragt, wie ich es geschafft habe, mich in diesem erbitterten Kampf ums Leben, der im Strudel der gelehrten Welt Englands immer tobt, über Wasser zu halten. Sie wussten, denn ich hatte nie einen Hehl daraus gemacht, wie arm ich an weltlichen Gütern war und dass ich, wie ich in Glasgow sagte, nach meinem

Verlassen der Universität nichts mehr hatte, auf das ich mich verlassen konnte, außer den Fingern, die ich immer noch festhalte Ich benutze meine Feder nicht mehr und schreibe so schlecht, dass ich mein Manuskript selbst kaum lesen kann. Als ich ankam, hatte ich keine familiären Beziehungen in England und auch keine einflussreichen Freunde, „und dennoch", wurde mir gesagt, „haben Sie es geschafft, in einem fremden Land die Spitze Ihres Berufs zu erreichen." Sagen Sie uns, wie Sie es gemacht haben. und wie Sie gleichzeitig Ihre Unabhängigkeit bewahrten und die nicht sehr populären Themen wie Sprache, Mythologie, Religion und Philosophie, über die Sie bis zum Ende Ihres Lebens weiter schrieben, nie aufgegeben haben."

Ich sagte im Allgemeinen, dass die meisten dieser Fragen am besten anhand meiner Bücher beantwortet werden könnten, aber sie antworteten, dass nur wenige Menschen Zeit hätten, alles zu lesen, was ich geschrieben habe, und viele wären dankbar für einen Leitfaden, der sie durch dieses Labyrinth aus Büchern, Aufsätzen und anderen Büchern führt. und Broschüren, die in den letzten fünfzig Jahren aus meiner Werkstatt herausgegeben wurden. [3]

Ich konnte nur sagen, dass jeder seinen eigenen Weg im Leben finden muss, aber wenn es ein Geheimnis an meinem Erfolg gab, dann lag es einfach an der Tatsache, dass ich vollkommenen Glauben hatte und niemals zweifelte, auch wenn alles grau und düster aussah schwarz um mich. Ich war davon überzeugt, dass das, was mir am Herzen lag und was ich für würdig hielt, ein ganzes Leben voller harter Arbeit zu leisten, am Ende auch von anderen als wertvoll anerkannt werden musste und einer gewissen Unterstützung durch die Öffentlichkeit würdig war. Hatte Layard nicht wegen der assyrischen Stiere Gehör gefunden? Hat Darwin nicht die Welt dazu gebracht, sich für Würmer und die Befruchtung von Orchideen zu interessieren? Und sollen das älteste Buch und die ältesten Gedanken der arischen Welt verachtet und vernachlässigt bleiben?

Viele Jahre lang dachte ich nie an Stellen oder daran, finanziell in der Welt voranzukommen. Meine Freunde lachten mich oft aus, und wenn ich jetzt daran denke, muss ich vielen von denen, die sich um dies und das bemühten, lukrative Stellen bekamen, reiche Frauen heirateten, Richter und Bischöfe, Botschafter und Minister wurden und kaum verstanden, worauf ich mit meinen Sanskrit-Manuskripten, meinen Korrekturabzügen und Korrekturen hinauswollte, sehr weltfremd vorgekommen sein. Vielleicht wusste ich es selbst nicht. Aber ich war nicht ganz so dumm, wie sie dachten. Zwar lehnte ich mehrere Angebote ab, die mir gemacht wurden und die mir in weltlicher Hinsicht sehr vorteilhaft erschienen, mich aber völlig von meiner Lieblingsarbeit getrennt hätten.

Als mir schließlich eine Professur für moderne Literatur in Oxford angeboten wurde, beschloss ich, obwohl es nicht gerade das war, was ich mir gewünscht hätte, die Hälfte meiner Zeit den Studien zu widmen, die diese Professur erforderte, und die andere Hälfte den Veden und dem Sanskrit im Allgemeinen. Das war letztlich gar nicht so schlecht. Die Leute lachten oft über mich, weil ich Professor für die modernsten Sprachen war und so viel meiner Zeit und Arbeit der ältesten Sprache und Literatur der Welt widmete. Vielleicht war es nicht ganz richtig, dass ich so viel meiner Zeit den modernen Sprachen widmete, einem Fach, das so weit von meiner Lebensarbeit entfernt war, aber es war ein Zugeständnis, das ich mit gutem Gewissen machen konnte, da ich immer der Ansicht gewesen war, dass die Sprache eine und unteilbare Einheit sei und dass es nie einen Bruch zwischen Sanskrit, Latein und Französisch oder Sanskrit, Gotisch und Deutsch gegeben hatte. Eine meiner ersten Vorlesungen in Oxford trug den Titel „Über das Altertum der modernen Sprachen", sodass ich der Universität ausführlich mitteilte, wie ich mein Thema behandeln wollte. Im Großen und Ganzen scheint die Universität mit meiner Arbeit als Professor zufrieden gewesen zu sein. Als es mir bzw. meinen Freunden später aus sehr guten Gründen – seien sie finanzieller, theologischer oder nationaler Natur – nicht gelang, bei der Versammlung eine Mehrheit für eine Professur für Sanskrit zu finden, stiftete die Universität für mich sogar eine Professur für Vergleichende Philologie. Eine Ehre, von der ich nie geträumt hatte und für deren Erhalt ich sicherlich nie etwas unternommen hatte.

Hier ist mein ganzes Geheimnis. Wie ich schon sagte, erforderte es zunächst Glauben, aber viele Jahre lang erforderte es auch eine völlige Gleichgültigkeit gegenüber weltlichem Erfolg. Und auch hier in meiner Karriere als Sanskrit-Gelehrter waren bloße Umstände von großer Bedeutung. Es waren Umstände, die ich gerne akzeptierte, die ich aber selbst nie hätte erschaffen können. Es war sicherlich ein reiner Zufall, dass die Direktoren der Old East India Company eine große Geldsumme für den Druck der sechs großen Quartos des Rig-Veda mit jeweils etwa tausend Seiten bewilligten. Es war zu der Zeit, als das Schicksal der Kompanie auf dem Spiel stand und Bunsen, der preußische Minister, sich selbst zur *Persona Grata machte*, indem er bei einem der öffentlichen Abendessen in der Stadt eine Rede hielt, in der er in beredten Worten die unbestreitbaren Verdienste darlegte der alten Firma und der wunderbaren Arbeit, die sie geleistet haben. Es war ebenfalls nur ein Zufall, dass ich Bunsen kennengelernt habe und dass er mir in meiner literarischen Arbeit so viel Freundlichkeit entgegengebracht hätte. Er selbst hatte sich große Mühe gegeben, nach Indien zu reisen, um den Rig-Veda zu entdecken, ja um herauszufinden, ob es in Indien noch so etwas wie den Veda gab. Derselbe Bunsen, Seine Exzellenz Baron Bunsen, der preußische Gesandte in London, besuchte anschließend auf eigenen Wunsch den Vorsitzenden und die Direktoren der Ostindien-Kompanie und erklärte ihnen, was der Rig-Veda war und was er sein würde eine echte Schande, wenn ein solches Werk in Deutschland veröffentlicht würde; und sie einigten sich darauf, eine Geldsumme zu bewilligen, wie sie noch nie zuvor für ein literarisches Unternehmen gestimmt hatten. Obwohl sie nach der Meuterei nichts mehr retten konnte, hatte ich zumindest die Genugtuung, den ersten Band meiner Ausgabe des Rig-Veda dem Vorsitzenden und den Direktoren der viel gescholtenen Ostindien-Kompanie zu widmen – viel gescholten, aber auch von ihnen hervorragend verteidigt Kein Geringerer als John Stuart Mill.

Das ist es, was ich mit Freunden und Umständen meine, und das ist die Umgebung, die ich in meinen Erinnerungen beschreiben wollte, statt immer nur darüber zu grübeln, was ich selbst tun wollte und was ich selbst getan habe. Kleine und große Dinge passen wunderbar zusammen. Es war der Wandel, der die Regierung Indiens bedrohte – und es war ein gewaltiger Wandel –, der mir die Möglichkeit gab, den Veda zu veröffentlichen, eine sehr kleine Angelegenheit, wie sie in den Augen der meisten Leute erscheinen mag, und die doch eine ebenso gewaltige Veränderung unserer Ansichten über die alten Völker der Welt herbeiführen sollte, insbesondere über ihre Sprachen und Religionen. Auch dies – die Entwicklung von Sprache und Religion – scheint für einige Leute von Bedeutung zu sein, die sich nicht die Bohne um die East India Company scheren, besonders wenn es uns hilft zu erfahren, was wir wirklich sind und wie wir zu dem wurden, was wir sind.

In gewisser Hinsicht gehören Biografien und Autobiografien sicherlich zu den wertvollsten Materialien für den Historiker. Die Biografie ist, wie Heinrich Simon und nicht Henri Simon sagte, die beste Art von Geschichte, und wenn uns das Leben eines einzelnen Menschen mit allem, was er dachte und tat, offengelegt wird, erhalten wir einen besseren Einblick in seine Geschichte Zeit, als irgendein allgemeiner Bericht darüber jemals leisten könnte.

Nun ist es durchaus wahr, dass das Leben eines stillen Gelehrten wenig mit Geschichte zu tun hat, außer dass es sich um die Geschichte seines eigenen Fachgebiets handelt, die manche Menschen für völlig unwichtig halten, während sie anderen für überaus wichtig erscheint. Das ist so, wie es sein sollte, bis der Universalhistoriker die richtige Perspektive findet und jedem Zweig des Studiums und der Tätigkeit seinen richtigen Platz im Panorama des Fortschritts der Menschheit auf dem Weg zu ihren Idealen zuweist. Sogar ein stiller Gelehrter kann, wenn er die Augen offen hält, hin und wieder etwas sehen, das für den Historiker von Bedeutung ist. Während ich in Leipzig in kleinen Zimmern wohnte, in der Rue Royale in Paris übernachtete *oder* in einem dunklen Raum des alten East India House in der Leadenhall Street Manuskripte kopierte, erhaschte ich hin und wieder einen Blick auf den mächtigen Strom der Geschichte als es vorbeiraste. In Leipzig habe ich viel von Robert Blum gesehen, der später in Wien von Windischgrätz unter Missachtung aller internationalen Gesetze *beschossen wurde* , denn er war

Mitglied des deutschen Landtags und saß damals in Frankfurt. Von meinen Fenstern in Paris blickte ich über den *Boulevard de la Madeleine* und rechts hinunter zur *Chambre des Députés* , und ich sah von meinen Fenstern aus den Thron von Louis Philippe, der von vier Frauen zu Pferd mit Phrygian auf seinen vier Beinen getragen wurde Mützen und rote Schals, und am nächsten Morgen sah ich aus denselben Fenstern die Tragen, die die Toten und Verwundeten von den Boulevards zu einem Krankenhaus am Ende meiner Straße trugen. In meinem kleinen Arbeitszimmer im East India House traf ich mehrere der Direktoren, Oberst Sykes und andere, und hörte, wie sie über das Schicksal der Ostindien-Kompanie und auch des riesigen Reiches Indien und gleichzeitig über die privaten Interessen der Ostindien-Kompanie diskutierten diejenigen, die hofften, Mitglieder des neuen India Council zu werden, und diejenigen, die an dieser Auszeichnung verzweifelten. Ich war der Erste, der die Nachricht von der Französischen Revolution im Februar nach London brachte, und überreichte Bunsen eine Kugel, die die Fenster meines Zimmers in Paris eingeschlagen hatte, der sie am Abend Lord Palmerston überbrachte. Nachdem ich die Revolution in Paris und die Flucht des Königs und der Herzogin von Orléans gesehen hatte, konnte ich in London die Chartistendeputation im Parlament und die versammelte Polizei auf dem Trafalgar Square sehen, als Louis Napoleon als Sonderkommandant diente Constable und ich hörten, wie der Herzog von Wellington Bunsen erklärte, dass, obwohl kein Soldat auf den Straßen gesehen wurde, Artillerie unter den Brücken versteckt und bereit sei, einzugreifen, wenn es nötig sei. Ich könnte noch mehr hinzufügen, aber ich darf nicht vorgreifen, und schließlich kamen mir all diese großen Ereignisse nur klein vor, verglichen mit einem neuen Manuskript des Veda, das aus Indien geschickt wurde, oder einer besseren Lesart einer obskuren Passage. *Diversos diversa iuvant* , und es ist ein Glück, dass es so ist.

All diese Dinge, dachte ich, sollten Teil meiner Erinnerungen sein und mein eigenes kleines Ich sollte so weit wie möglich verschwinden. Sogar das Pronomen „Ich" sollte dem Leser nur selten begegnen, obwohl es in „Erinnerungen" genauso unmöglich war, es ganz wegzulassen, wie es wäre, die Linse einer Fotokamera wegzunehmen. Nun glaube ich, dass ich meinen Freunden immer am liebsten nachgegeben habe, und ich werde ihnen in dieser Angelegenheit auch so weit nachgeben, dass in den folgenden Erinnerungen mehr von meinen inneren und äußeren Kämpfen zu finden sein wird; aber ich muss im Großen und Ganzen an meinem alten Plan festhalten. Ich könnte, wenn ich wollte, das Umfeld meines Lebens und die vielen Freunde, die mir Rat und Hilfe gegeben haben und es mir ermöglicht haben, das Wenige zu erreichen, was ich in meinem eigenen Studienbereich vielleicht erreicht habe, nicht vernachlässigen.

Wenn meine Freunde anders gewesen wären, als sie waren, wäre ich dann nicht selbst ein anderer Mensch geworden, ob zum Guten oder zum Bösen? Und dasselbe gilt auch für unsere natürliche Umgebung. Und hier muss ich die Geduld meiner Leser in Anspruch nehmen, wenn ich versuche, in so wenigen Worten wie möglich zu erklären, was ich über *die Umwelt denke* und was über *Vererbung* oder *Atavismus* .

Ich war ein überzeugter Darwinist, als ich die Gestaltung meiner Karriere der Umwelt zuschrieb, obwohl ich dem Atavismus, von dem wir in letzter Zeit in den meisten Biographien so viel gehört haben, immer sehr abgeneigt war. Aber selbst in Bezug auf die Umwelt konnte ich nicht ganz so weit gehen wie einige unserer Darwinisten-Freunde, die behaupten, dass alles das Ergebnis der Umwelt ist, oder, in die Sprache der Biographie übersetzt, dass jeder ein Geschöpf der Umstände ist. Nein, so weit konnte ich nicht gehen. Die Umwelt kann unseren Weg und uns prägen, aber es muss etwas geben, das geformt wird und sich formen lässt. Ich wurde einmal ernsthaft von jemandem gefragt, der sich für einen Darwinisten hält, ob ich nicht wüsste, dass das Mammut durch die extreme Kälte des Pleiozäns dazu gebracht wurde, in seinem Kampf ums Überleben ein dickes Fell zu entwickeln. Dass es dann ein dickeres Fell entwickelte, wusste ich, aber das erklärt sicherlich nicht das ganze Mammut, mit und ohne dickes Fell, vor und nach dem Fell. Es ist wirklich schade zu sehen, für wie viele dieser geradezu absurden Dinge Darwin von den Darwinisten verantwortlich gemacht wird. Er hat deutlich gezeigt, wie das Individuum in vielen Fällen durch die Umgebung fast bis zur Unkenntlichkeit verändert werden kann, aber das Individuum muss immer zuerst da gewesen sein. Bevor wir einen Spaniel und einen Neufundländer hatten, muss es irgendeine Art von Hund gegeben haben, weder so klein wie der Spaniel noch so groß wie der Neufundländer, und niemand würde heute daran zweifeln, dass diese beiden derselben Art angehörten und eine Art weniger verändertes Hundewesen voraussetzten. Es ist ebenso wahr, dass jeder einzelne Mensch durch seine Umgebung oder Umwelt verändert wurde, wenn auch nicht im gleichen Ausmaß wie bestimmte Tiere, so doch in sehr erheblichem Maße, wie im Fall von Kaspar Hauser, dem Mann mit der eisernen Maske, oder den Meuterern der *Bounty* auf den Pitcairninseln. Aber es muss zuerst den Menschen gegeben haben, bevor er so verändert werden konnte. Nun war es genau dieses Individuum, mein eigenes Selbst in der Tat, das geistige Selbst sogar mehr als das physische, das meine Kritiker interessierte, während ich dachte, dass die Umstände, die dieses Selbst formten, von weitaus größerem Interesse sein würden als das Selbst selbst. Natürlich sind alle Veränderungen, die der Mensch heute durchmacht, nichts im Vergleich zu den frühen Veränderungen, die das hervorbrachten, was wir als rassische, sprachliche oder sogar nationale Eigenheiten bezeichnen. Dass wir Engländer oder Deutsche sind, dass wir weiß oder schwarz sind, ja, wenn Sie so wollen, dass wir überhaupt Menschen sind, all das hat unser Selbst oder unseren Keimplasma weitaus stärker verändert als alles, was uns als Individuen heute passieren kann.

Als meine Freunde und Leser mir versicherten, dass ein Bericht über meine frühen Kämpfe im Kampf ums Leben für viele junge, kämpfende Männer nützlich sein würde, konnte ich nur sagen, dass es auch hier wieder wirklich meine Freunde waren, die alles für mich getan haben, und Er hat mir über viele Hürden und viele Hürden hinweg geholfen, ja, ohne ihn hätte ich nie das getan, was ich für die Wissenschaften der Sprache, der Mythologie und der Religion getan habe, ja für die Anthropologie im weitesten Sinne dieses Wortes. Selbst meine Schwierigkeiten waren für mich sicherlich eine Hilfe, selbst meine Gegner waren für mich äußerst nützlich. Die Themen, über die ich schrieb, waren in England kaum berührt worden, zumindest aus der historischen Sicht, die ich vertrat, und ich musste nicht nur die Gleichgültigkeit der Öffentlichkeit überwinden, sondern auch die oft empfundenen Vorurteile so weit wie möglich entkräften , und manchmal auch geäußert, gegen alles, was in Deutschland hergestellt wird! Nun muss ich gestehen, dass ich ein solches Vorurteil unter Wissenschaftlern nie verstehen konnte. Hatte ich mehr Recht oder Unrecht, weil ich in Deutschland geboren wurde? Ist die wissenschaftliche Wahrheit das ausschließliche Eigentum einer Nation, Deutschlands oder Englands? Wenn ich auf Deutsch sage, zwei und zwei macht vier, ist das dann weniger wahr, weil es von einem Deutschen gesagt wird? Und wenn ich sage: Keine Sprache ohne Gedanken, kein Gedanke ohne Sprache, hat das dann etwas mit meinem Heimatland zu tun? Die Vorurteile gegenüber Fremden und insbesondere gegenüber Deutschen sind heute zweifellos viel stärker als zu der Zeit, als ich zum ersten Mal nach England kam. Ich hatte fast zwei Jahre in Paris verbracht, und auch dort gab es damals so wenig Feindseligkeit gegenüber Deutschland, dass eine der besten Rezensionen, zu denen die aufstrebenden Gelehrten und besten Schriftsteller von Paris beitrugen, tatsächlich *Revue Germanique hieß* . Wer würde es jetzt wagen, eine solche Rezension und unter einem solchen Titel in Paris zu veröffentlichen? Wenn es bei meiner Ankunft hier im Jahr 1846 irgendwo in England ein solches antideutsches Gefühl gab, würde man annehmen, dass es in Oxford am stärksten ausgeprägt war. Und das war zweifellos der Fall, insbesondere unter Theologen. Bei ihnen bedeutete Deutsch fast dasselbe wie unorthodox, und unorthodox reichte damals aus, um einen Mann in Oxford zu tabuisieren. In einer der Predigten, die in diesen frühen Tagen in St. Mary gehalten wurden, wurde davon gesprochen, dass deutsche Theologen wie Strauss und Neander (*sic*) nur dazu geeignet seien, im Deutschen Ozean zu ertrinken, bevor sie die Küsten Englands erreichten. Ich füge nicht hinzu, was folgte: Die Geschichte ist zu bekannt. Am meisten amüsierte mich die Gegenüberstellung von Strauss und Neander, deren orthodoxeste Vorlesungen über die Geschichte der christlichen Kirche ich in Berlin gehört hatte. Neander war für uns in Berlin sicherlich das Musterbeispiel der Orthodoxie, und die Leute wunderten sich darüber, dass ich seinen Vorlesungen beiwohnte. Aber es waren gute und ehrliche Vorträge. Er war ein ganz besonderer Charakter, und ich verspüre die Versuchung, ein wenig über ihn zu sprechen. Als gebürtiger Jude wurde er zu einem der gelehrtesten christlichen Geistlichen. Unzählige Geschichten wurden über ihn erzählt, einige waren wahr, andere zweifellos erfunden. Ich sah ihn oft in einem großen Pelzmantel zur Universität und zurück gehen, um seine Vorlesungen zu halten, mit hohen schwarzen, polierten Stiefeln darunter, die man beim Gehen aber gelegentlich sehen konnte. Es wurde erzählt, dass er einmal einen Arzt holen ließ, weil er lahm war. Als der Arzt seine Füße untersuchte, stellte er fest, dass ein Stiefel mit Schlamm bedeckt war, während der andere vollkommen sauber war. Der Professor war mit einem Fuß auf dem Bürgersteig und mit dem anderen im Rinnstein gelaufen und war viel zu sehr in seine Ideen vertieft, um die wahre Ursache seines Unbehagens herauszufinden. Er lebte bei seiner Schwester, die sich umfassend um ihn kümmerte und auch für seine Garderobe sorgte. Sie wusste, dass er eine Hose trug und dass der Schneider ihm an einem bestimmten Tag im Jahr eine neue Hose brachte. Ihr Erstaunen war groß, als sie eines Tages, nachdem ihr Bruder zur Universität gegangen war, seine Hose auf einem Stuhl neben seinem Bett liegen sah. Sie schickte sofort einen Diener in den Hörsaal des Professors, um sich zu erkundigen, ob er seine Hosen anhabe. Die Heiterkeit seiner Klasse kann man sich vorstellen. Tatsache war, dass es genau der Tag war, an dem der Schneider die neue Hose mitbrachte, die der Professor angezogen und sein gewohntes Kleidungsstück zurückgelassen hatte.

Viele weitere Geschichten über Dr. Neanders Zerstreutheit waren *en vogue* , aber dass dieser Mann, eine Säule der Stärke der Orthodoxen in Deutschland, der als unfehlbarer Papst angesehen wurde, seinen Namen mit dem von Strauss in Verbindung brachte, war sicherlich ein kleiner Schock. Dennoch schlug ich mein Zelt in Oxford auf, hauptsächlich, um den Druck meines Rig-Veda in der dortigen Universitätspresse zu überwachen, und hätte nie geglaubt, dass mir jemals ein Stipendium, geschweige denn eine Professur an dieser alten Tory-Universität angeboten werden würde.

Für mich wäre es ungefähr so absurd gewesen, nach Oxford zu gehen, um ein Fellowship oder eine Professur zu erhalten, wie nach Rom zu gehen, um Kardinal oder Papst zu werden. Und doch wurde ich mit der Zeit zum Fellow of All Souls ernannt und war der erste verheiratete Fellow des College. Mir wurde sogar eine Professur angeboten, als ich es am wenigsten erwartete. Tatsächlich habe ich an beides nie gedacht, und niemand war überraschter als ich selbst, als ich gebeten wurde, als Stellvertreter und dann als ordentlicher Taylorian Professor zu fungieren. Niemand hätte seinen Augen mehr misstrauen können als ich, als mir einer der Fellows of All Souls in einem Brief mitteilte, dass das College beabsichtige, mich zu einem seiner Fellows zu ernennen. Mein Ehrgeiz war noch nie so hoch gewesen. Ich dachte daran, als Privatdozent nach Leipzig zurückzukehren , um später eine außerordentliche und, wenn alles gut ging, eine ordentliche Professur zu erhalten.

Aber nachdem mir diese beiden Anstellungen in Oxford eine meiner Meinung nach angemessene soziale und finanzielle Stellung in England gesichert hatten, hielt ich es nicht für gerechtfertigt, in Deutschland ein neues Leben zu beginnen. Ich hatte weder um eine Professur noch um ein Stipendium gebeten. Sie wurden mir angeboten, und mein Ehrgeiz ging nie über das hinaus, was für meine Unabhängigkeit notwendig war. In Deutschland war ich angeblich ziemlich reich geworden; in England wussten die Leute, wie gering mein Einkommen tatsächlich war, und fragten sich, wie ich davon leben konnte. Sie nahmen nicht an, dass ich hauptsächlich auf meine Feder angewiesen war, um so zu leben, wie es von einem Professor in Oxford erwartet wird. Ich konnte nichts Ungewöhnliches daran erkennen, dass ein Deutscher eine Professur in England innehatte. In Deutschland gab es mehrere Fälle dieser Art. Lassen (1800-1876), unser großer Sanskrit-Professor in Bonn, war gebürtiger Norweger, und niemand dachte jemals an seine Nationalität. Was hatte das mit seinen Sanskrit-Kenntnissen zu tun? Auch wurde ich in Oxford nie als Fremder oder Eindringling behandelt, zumindest nicht zu dieser frühen Zeit. Was mich selbst betraf, so hatte ich mir inzwischen ein, wie mir schien, kleines, aber ausreichendes Einkommen bei vollkommener Unabhängigkeit erarbeitet. Das ruhige Leben eines ruhigen Studenten war von frühester Kindheit an mein Lebensideal gewesen. Schon in der Schule in Dessau, als wir Jungen darüber sprachen, was wir werden wollten, war mein Ideal, wie ich mich erinnere, ein Mönch, ungestört in seinem Kloster, umgeben von Büchern und ein paar Freunden. Der Gedanke, dass ich es jemals zum Universitätsprofessor bringen würde oder dass mir eine Karriere wie die meines Vaters, Großvaters und anderer Mitglieder meiner Familie je offen stehen würde, kam mir damals nicht in den Sinn. Es erschien mir fast illoyal, daran zu denken, jemals ihren Platz einzunehmen. Selbst als ich sah, dass es keine protestantischen Mönche und keine Benediktiner mehr gab, war der Platz eines Assistenten in einer großen Bibliothek, wo ich in einer ruhigen Ecke sitzen konnte, mein höchstes Ziel.

Ich sehe nicht ein, warum das so sein sollte, denn alle meine Verwandten und Freunde hatten hohe Positionen im öffentlichen Dienst inne, aber da ich keinen Vater hatte, der mir die Augen öffnete und meinen Ehrgeiz anregte — er starb, bevor ich vier Jahre alt war —, hatte ich meine Vorstellungen vom Leben und seinen Möglichkeiten offensichtlich von meiner jungen verwitweten Mutter übernommen, deren einziger Wunsch es war, in Ruhe gelassen zu werden, so sehr die Welt sie, damals noch keine dreißig Jahre alt, auch dazu verleitete, ihre Trauer aufzugeben und in die Gesellschaft zurückzukehren. So wurde es bald zu meiner eigenen Lebensphilosophie, in Ruhe gelassen zu werden, frei, meinen eigenen Weg zu gehen oder wie Diogenes in meinem eigenen Kübel zu leben. Hier sehen wir, was ich den Einfluss der Umstände, der Umgebung oder, wie andere es nennen, der Umwelt nenne. Dies ist jedoch sehr verschieden vom Atavismus, wie wir gleich sehen werden. Atavismus wurde auch als eine Art Umwelt bezeichnet, die uns aus der Vergangenheit angreift und beeinflusst, und zwar sozusagen von hinten, nämlich vom Norden statt vom Süden, Osten und Westen und von allen Himmelsrichtungen.

Doch Atavismus bedeutet in Wirklichkeit etwas ganz anderes, wenn es überhaupt etwas bedeutet.

Ich muss mein Gewissen in diesem Punkt einmal beruhigen und sagen, was ich über Atavismus und Umwelt denke. Die Umwelt in Form von Freunden, Wohnort und anderen materiellen Umständen hat mein Leben sicherlich sehr beeinflusst, und ich konnte nie verstehen, warum ein so hybrides Wort wie Umwelt anstelle von Umgebung oder Umständen verwendet werden sollte. Geschöpfe der Umstände wären weitaus besser zu verstehen als Geschöpfe der Umwelt; aber Umwelt würde, nehme ich an, wissenschaftlicher klingen. Atavismus ist auch ein neues Wort anstelle von Familienähnlichkeit, aber wenn es nicht sorgfältig definiert wird, ist das Wort sehr anfällig, uns in die Irre zu führen.

Wenn gesagt wird [4] , dass Kinder ihren Großvätern oder Großmüttern oft mehr ähneln als ihren unmittelbaren Eltern, und dass diese Neigung als Atavismus bezeichnet wird, scheint dies nicht einmal etymologisch ganz richtig zu sein, denn atavus bedeutete im Lateinischen nicht Vater oder Großvater, sondern zuerst Urururgroßvater und dann nur noch Vorfahren; und es sollte ganz klargestellt werden, dass dieser geheimnisvolle Atavismus nicht von sorgfältigen Rednern verwendet werden sollte, um den vermeintlichen Einfluss von Eltern oder sogar Großeltern auszudrücken, sondern nur den von weiter entfernten Vorfahren und möglicherweise einer ganzen Familie.

Viele Biographen beginnen ihre Werke, wie es heute Mode ist, mit einer langen Beschreibung nicht nur von Vater und Mutter, sondern auch von Großeltern und vielen anderen Vorfahren, um zu zeigen, wie diese den äußeren und inneren Charakter des Mannes prägten, dessen Leben beschrieben werden soll. Wer würde leugnen, dass im Atavismus etwas Wahres oder zumindest Plausibles steckt, obwohl es bisher noch niemandem gelungen ist, eine verständliche Beschreibung davon zu geben? Man nimmt an, dass er sowohl die moralischen als auch die physischen Eigenheiten der Nachkommen beeinflusst, und dass auch hier physische und moralische

Eigenschaften oft zusammengehen, lässt sich nicht leugnen. Ein Blinder zum Beispiel ist im Allgemeinen vorsichtig, aber glücklich und fühlt sich in großen Gesellschaften ganz wohl. Ein Tauber ist in Gesellschaft oft misstrauisch und unglücklich. Wenn ein Mensch Blindheit erbt, könnte man daher durchaus sagen, dass er Vorsicht geerbt hat; wenn er Taubheit erbt, scheint ihm Misstrauen durch Vererbung zuteil geworden zu sein.

Aber wird Blindheit wirklich vererbt? Ist der Sohn eines Vaters, der sein Augenlicht verloren hat, blind und notwendigerweise blind? Wir müssen zwischen atavistischen und elterlichen Einflüssen unterscheiden. Unter elterlichen Einflüssen versteht man den Einfluss von Eigenschaften, die die Eltern erworben und direkt an ihre Nachkommen weitergegeben haben. atavistische Einflüsse würden sich auf Eigenschaften beziehen, die möglicherweise über mehrere Generationen hinweg vererbt und weitergegeben werden und in einer ganzen Familie verankert sind. Wenn wir diese beiden Klassen getrennt halten, sollten wir nur Weismanns Beispiel folgen, der die Vererbbarkeit erworbener Eigenschaften insgesamt leugnet. Seine Beispiele sind äußerst interessant und wichtig, und viele Darwinisten mussten seinen Änderungsantrag akzeptieren. Außerdem sollten wir immer darüber nachdenken, ob bestimmte Besonderheiten in einer Familie konstant oder unbeständig sind. Wenn ein Vater ein Trunkenbold ist, bedeutet dies sicherlich nicht, dass seine Söhne Trunkenbolde sein müssen. Es folgt auch nicht, dass alle Kinder nüchtern sein müssen, wenn die Eltern nüchtern sind. Natürlich scheinen in gewöhnlichen Gesprächen sowohl die elterlichen als auch die Vorfahreneinflüsse klar genug zu sein. Aber wenn von einem Kind gesagt wird, dass es seine Mutter bevorzugt, weil es wie sie blaue Augen und blondes Haar hat, was passiert dann mit dem Erbe des Vaters, der möglicherweise braune Augen und dunkles Haar hat? Was auch immer mit den Kindern passieren mag, es gibt immer eine Entschuldigung, aber eine Entschuldigung ist keine Erklärung. Wenn die Tochter einer schönen Frau sehr bescheiden aufwächst, hatte der Franzose zweifellos Recht, als er bemerkte: „ *C'était alors le père qui n'était pas bien* ", und wenn der Sohn eines Abstinenzlers später im Leben ein Trunkenbold werden sollte, Die Schlussfolgerung wäre noch schlimmer. Tatsächlich ist diese Art der atavistischen oder elterlichen Beeinflussung ein sehr angenehmes Thema für Gerüchte, aber aus wissenschaftlicher Sicht ist sie völlig zwecklos. Wenn es nicht der Vater ist, ist es die Mutter; wenn es nicht die Großmutter ist, ist es der Großvater; Tatsächlich können familiäre Einflüsse immer auf die eine oder andere Quelle zurückgeführt werden, wenn der gesamte Stammbaum ausgegraben und durchsucht wird. Aber gerade deshalb haben sie überhaupt keinen wissenschaftlichen Wert. Sie sind weder belegbar, noch können sie selbst zur Rechenschaft gezogen werden. Selbst bei Zwillingen kann der eine phlegmatisch und der andere leidenschaftlich sein, auch wenn sie sich in vielerlei Hinsicht sehr ähneln. Einige Wissenschaftler wie Weismann und andere haben daher bestritten, und ich glaube zu Recht, dass erworbene Charaktere, ob körperlich oder geistig, jemals von ihren Eltern an Kinder geerbt werden können. Welche Ähnlichkeiten es auch gibt, und davon gibt es viele, sie führt er auf das zurück, was er das Keimplasma nennt, das sich trotz aller individuellen Veränderungen kontinuierlich weiterentwickelt. Wenn dieses Keimplasma bestimmten besonderen Veränderungen beim Vater oder Großvater unterliegt, unterliegt es denselben oder ähnlichen Veränderungen bei den Nachkommen, das heißt, wenn der Vater ein Trunkenbold werden könnte, könnte das auch der Sohn, nur das dürfen wir nicht Ich denke, dass das *Post-Hoc* hier dasselbe ist wie das *Propter-Hoc*. Wenn wir das Keimplasma mit den Molekülen vergleichen, die den Stamm oder die Zweige eines Weinstocks bilden, wären seine Trauben und Blätter in ihrer Ähnlichkeit und Vielfalt mit den Individuen vergleichbar, die derselben Familie angehören und demselben Stammbaum entstammen. Aber dann wäre die Traube, die wir sehen, nicht das, was die Traube des letzten Jahres oder die ihr unmittelbar vorangegangene Traube am selben Zweig daraus gemacht hat, obwohl es keinen Zweifel daran geben kann, dass die vorausgehenden Möglichkeiten der neuen Traube dieselben waren des Letzten. Wenn eine Traube blau ist, wird auch die nächste blau sein, aber niemand würde sagen, dass sie blau war, weil die letzte Traube blau war. Die wahre Ursache wäre, dass die Moleküle des Protoplasmas durch die lange andauernde Generation so stark beeinträchtigt wurden, dass einige der besonderen Eigenschaften der Rebe konstant geblieben sind.

Das Kind eines Negers muss immer ein Neger sein; seine Eigentümlichkeiten sind konstant, obwohl es durchaus wahr sein mag, dass die Neger und andere Rassen keine unterschiedlichen Arten sind, sondern nur durch immense Zeiträume konstante Sorten. Was die Ursache dieser ständigen und unbeständigen Besonderheiten sein könnte, konnte noch nicht einmal Weismann befriedigend erklären.

Die Taubheit meiner Mutter und die Häufigkeit dieses Unglücks bei zahlreichen Mitgliedern ihrer Familie wirkten auf mich wie eine Art äußerer Einfluss, wie etwas, das zu meinem Lebensumfeld gehörte; sie erschreckten mich nie als atavistisches Übel. Sie rechtfertigten meine Vorsicht und meine Vorbereitung auf das Schlimmste, und man kann sagen, dass sie mir geholfen hat, meinen Lebensweg zu gestalten oder einzugrenzen. Glücklicherweise scheint sich diese Neigung zur Taubheit inzwischen erschöpft zu haben. In meiner eigenen Generation gibt es nur einen Fall, und die nächsten beiden Generationen, meine Kinder und Enkel, zeigen keine Anzeichen davon. Wenn andererseits mein Sohn bei seinem Eintritt in den diplomatischen Dienst beglückwünscht wurde, weil er der Sohn seines Vaters war, ist es klar, dass seine Freunde den Unterschied zwischen ererbten und erworbenen Eigenschaften, auf den Weismann so stark bestand, nicht voll erkannt hatten.

Außerdem waren meine eigenen Fremdsprachenkenntnisse immer sehr begrenzt, und ich habe das Kompliment, ein zweiter Mezzofanti zu sein, oft abgelehnt. [5] Ich beschäftigte mich mit Sprachen, wie ein Musiker die Natur und die Fähigkeiten von Musikinstrumenten studiert, ohne jedoch zu versuchen, auf jedem davon zu spielen. Es blieb mir keine Zeit, mir praktische Kenntnisse über Sprachen anzueignen, wenn ich meine Forschungen über den Ursprung, die Natur und die Geschichte der Sprache fortsetzen wollte. Mein eigenes Sprachenstudium hätte mir daher nur wenig Nutzen gebracht, und mein Sohn selbst sah auch keinen solchen Vorteil darin, zu lernen, sich auf Französisch, Spanisch, Türkisch usw. zu unterhalten. Die Fakten waren falsch, und die Theorie des Atavismus war, wenn sie auf einen solchen Fall angewendet wurde, völlig unvernünftig.

Wenn die Theorie des Atavismus so weit ausgedehnt würde, würde sie bald die Willensfreiheit völlig abschaffen. Dass Vererbung etwas mit unserem moralischen Charakter zu tun hat, würde niemand leugnen, der den Einfluss unseres nationalen, ja sogar rassischen Charakters kennt. Wir sind ererbt arisch; Wir könnten Neger oder Chinesen sein und ihre Neigungen teilen. Auch Tiere haben ihre Instinkte. Nur während Tiere, wie zum Beispiel Schlangen, niemals zögern würden, ihrem angeborenen Trieb zu folgen, hat der Mensch, wenn er die Macht dessen spürt, was wir als ererbten menschlichen Instinkt bezeichnen könnten, auch das Gefühl, dass er dagegen ankämpfen und seine Freiheit bewahren kann, selbst wenn er dabei ist trägt die Ketten seiner Sklaverei. Dies hat möglicherweise einige der Skrupel von Dr. Wendell Holmes beim Schreiben seiner kraftvollen Geschichte „*Elsie Venner*" *beseitigt* und möglicherweise auch die Ängste seiner vielen Kritiker besänftigt.

Ich bin davon überzeugt, dass auch die Sprache - unsere eigene, uns überlieferte Sprache - einen sehr großen Einfluss auf unsere Vernunft und unseren Willen ausübt, und zwar weit mehr, als uns bewusst ist.

Ein griechisch sprechender Grieche und ein römisch sprechender Latein wären sicherlich ganz andere Wesen gewesen als die romanischen und französischen Nachkommen eines Horaz oder eines Cicero, und dies einfach aufgrund der Sprache, die sie sprechen mussten, sei es Griechisch, Latein, Französisch, oder Spanisch. Wir können nicht sagen, ob die ursprüngliche Differenzierung der Sprache, symbolisiert durch die Geschichte vom Turmbau zu Babel, vor oder nach der Rassendifferenzierung der Menschen stattfand. Jedenfalls muss es in ganz Urzeiten stattgefunden haben. Ohne mich zu diesem Punkt positiv zu äußern, bin ich nach wie vor der festen Überzeugung, dass Sprache Menschen macht und dass daher für Klassifizierungszwecke auch die Sprache weitaus nützlicher ist als Hautfarbe, Haarfarbe, Schädel- oder Gnath-Besonderheiten. Ob es wahr ist, dass wir mit jeder neuen Sprache, die wir sprechen, neue Menschen werden, sicher ist, dass die Sprache für uns Kanäle bereitet, in denen unsere Gedanken fließen müssen, es sei denn, sie sind so mächtig, dass sie alle Dämme und Deiche durchbrechen und danach graben selbst neue Betten.

Lange Zeit war man sich nicht darüber im Klaren, dass Sprachen klassifiziert werden können; und da Sprachen immer Sprecher einer Sprache voraussetzen, können auch diese Sprecher entsprechend klassifiziert werden. Es ist durchaus wahr, dass einige dieser arischen Sprecher in manchen Fällen Negerblut und Negermerkmale haben, beispielsweise wenn ein Neger ein englischer Bischof wird. Eroberte Stämme mögen mit der Zeit auch gelernt haben, die Sprache ihrer Eroberer zu sprechen, aber auch das ist eine Ausnahme, und wenn wir sie Aryas nennen, legen wir uns nicht auf eine Meinung über ihr Blut, ihre Knochen oder ihre Haare fest. Diese werden sich niemals der gleichen Klassifizierung unterwerfen wie ihre Rede, und warum sollten sie das tun? Es darf auch nicht vergessen werden, dass überall dort, wo eine Vermischung der Sprachen stattfindet, höchstwahrscheinlich auch gleichzeitig Mischehen stattfinden. Aber welche Verwirrung auch immer in späteren Zeiten in Bezug auf Sprache und Blut entstanden sein mag, keine Sprache hätte ohne Sprecher entstehen können, und wir meinen mit Aryas nicht mehr als Sprecher arischer Sprachen, was auch immer ihre Schädel oder Haare gewesen sein mögen. Ein Octoroon und sogar ein Quadroon haben vielleicht blondes, welliges Haar, aber wenn er Englisch spricht, würde er als Arier eingestuft, ein Berber als Neger. Doch wem schadet eine solche Einstufung? Lassen Sie Blut und Schädel und Haare und Kiefer auf jeden Fall klassifizieren, aber sprechen wir nicht länger von arischen Schädeln oder semitischem Blut. Wir könnten genauso gut von einer prognathischen Sprache sprechen.

Obwohl wir also den Einfluss, den Familie, Nationalität, Rasse und Sprache auf uns ausüben, durchaus zugeben, sollte man sich darüber im Klaren sein, dass die von unseren Eltern erworbenen Gewohnheiten nicht vererbbar sind, dass die Söhne von Trinkern keine Trinker sein müssen, ebenso wenig wie die Söhne nüchterner Menschen nüchtern sein müssen. Aber obwohl Biographen dem im Allgemeinen zustimmen, scheinen sie doch sehr stark an den sogenannten *besonderen Talenten bestimmter Familien festzuhalten* . Dieses Thema ist ausgesprochen amüsant, aber meines Erachtens lässt es keine wissenschaftliche Behandlung zu.

Der Großvater von Felix Mendelssohn Bartholdy zum Beispiel war, obwohl er kein Komponist war, offensichtlich ein genialer Mann, ein Philosoph mit beträchtlichen intellektuellen Fähigkeiten und moralischer Stärke. Der Vater des Komponisten war ein reicher Bankier in Berlin und er pflegte zu sagen: „Als ich jung war, war ich der Sohn des großen Mendelssohn, jetzt, wo ich alt bin, bin ich der Vater des großen Mendelssohn; Was bin ich dann?“ Sogar ein armer Mann muss, um ein reicher Bankier zu werden, eine Art Genie sein, und bisher kann man sagen, dass der Sohn aus gutem Hause stammte. Doch das große musikalische Talent, das sich in der dritten Generation sowohl bei Felix als auch bei seinen Schwestern entwickelte, scheiterte völlig an seinem Bruder, der, um sein Leben zu retten, niemals „God save the Queen" hätte singen können. Bei den kleinen Theateraufführungen der ganzen Familie, für die Felix die Musik und seine Schwester Fanny (Hensel) einige Lieder komponierten, musste dem unmusikalischen Bruder – war es nicht Paul? – in der Regel eine solche Rolle zugeteilt werden wie die von ein Nachtwächter, und er schaffte es, sein Lied mit ebenso großem Ansehen durchzubringen wie der *Nachtwächter* in der kleinen Stadt Deutschland, wo er, wie ich mich gut erinnere, mit seiner brüchigen Stimme sang oder wiederholte:

„Hört, ihr Herren, und lasst euch sagen:
Die Glock hat zwölf geschlagen;
Wahret das Feuer und auch das Licht,
Dass Keiner kein Schaden geschicht."

„Hören Sie, meine Herren, und lassen Sie mich erzählen:
Die letzte Glocke schlug zwölf.
Wachen Sie über Feuer und Licht
, damit niemand in Not gerät."

Ich habe in meinem Leben viele Musiker und ihre Familien kennengelernt, aber ich erinnere mich nur an sehr wenige Fälle, in denen der Sohn eines angesehenen Musikers selbst ein großer Musiker war. Wenn die Kinder sich überhaupt für Musik interessieren, können sie sehr gute Musiker werden, aber nie nichts Außergewöhnliches. Man kann die Familie Bach gegen mich anführen, aber Musik war vor Sebastian Bach fast wie ein Beruf und konnte wie jedes andere Handwerk erlernt werden.

Auch die Fälle, in denen Maler die Söhne großer Maler oder Dichter die Söhne großer Dichter waren, sind nicht zahlreicher. Es scheint fast so, als ob das künstlerische Talent in einer Generation oder einem Individuum erschöpft wäre, so dass wir oft die Söhne großer Männer sehen, die keineswegs großartig sind, und wenn sie etwas in der gleichen Richtung wie ihre Väter tun, müssen wir uns daran erinnern Es war viel, um sie zu veranlassen, in ihre Fußstapfen zu treten, ohne atavistische Einflüsse zuzulassen.

Vorerst kann ich nur die Schlussfolgerung wiederholen, zu der ich nach Abwägung aller Argumente meiner Freunde und Kritiker gelangt bin, nämlich meine Erinnerungen so fortzusetzen, wie ich sie begonnen habe, zu versuchen zu erklären, was mich zu dem gemacht hat, was ich bin, zu beschreiben, eigentlich meine Umgebung; Wenn meine Jahre jedoch voranschreiten und meine Arbeiten und Pläne immer umfangreicher werden, werde ich zweifellos viel mehr über mich selbst sagen müssen als in den Bänden von *Auld Lang Syne*. Tatsächlich werden meine Erinnerungen immer mehr zu einer Autobiographie, und das Ich und die Autos werden häufiger auftauchen, als ich es mir gewünscht hätte.

In einer Autobiographie soll der Maler natürlich derselbe sein wie der Dargestellte, aber abgesehen von den metaphysischen Schwierigkeiten einer solchen Annahme gibt es auch die körperlichen Schwierigkeiten, wenn der Autor ein alter Mann und das Modell ein kleiner Junge ist. Ist es wahrscheinlich, dass der alte Mann den jungen Mann fair beurteilt, sei es er selbst oder jemand anderes? In der Regel sind alte Männer sehr nachsichtig, während junge Männer dazu neigen, streng und streng zu urteilen. Allein die Tatsache, dass sie oft Ausreden für sich selbst erfinden, zeigt, dass sie das Gefühl haben, Ausreden wollen zu wollen. Die Worte des Predigers, vii. 16: „Seid nicht in vielem gerecht; Mache dich auch nicht allzu weise. Warum solltest du dich selbst zerstören? Sei nicht allzu böse und sei nicht töricht. Warum solltest du vor deiner Zeit sterben?" sind offensichtlich die Worte eines alten Mannes, wenn er über sich selbst oder andere urteilt. Ein junger Mann hätte anders gesprochen. Er hätte kein Zugeständnis gemacht; denn so etwas wie Mitgefühl für einen irrenden Freund ist ihm bisher unbekannt. In einer von einem alten Mann geschriebenen Autobiographie besteht daher eine doppelte Gefahr: erstens die Nachsichtigkeit des alten Mannes und zweitens die freundliche Haltung des Autors gegenüber dem Gegenstand seiner Bemerkungen.

All diese Schwierigkeiten stehen wie eine Bergmauer vor mir. Und es scheint besser, sofort zuzugeben, dass ein alter Mann, der sein eigenes Leben schreibt, niemals ganz gerecht sein kann, so ehrlich er auch sein mag. Er kann zu nachsichtig sein, aber er kann auch zu streng und streng sein. Zum Beispiel einem Mann zu sagen, dass er sein Versprechen nicht gehalten hat, wäre eine sehr schwere Anklage, wenn man sie gegen irgendjemanden anderen erheben würde. Doch mein ältester Freund auf der Welt weiß, wie oft er sich selbst ein Versprechen gegeben und es nicht nur nicht gehalten hat, sondern sogar Ausreden gefunden hat, warum er es nicht gehalten hat. Je empfindlicher unser Gewissen wird, desto tadelnswerter erscheinen viele Taten unseres Lebens, und was für ein gewöhnliches Gewissen überhaupt kein Fehler ist, wird unter einem strengeren Licht fast zu einer Sünde.

Dadurch verändert sich die moralische Atmosphäre der Jugend, wenn sie von einem alten Mann gemalt wird, aber auch die physische Atmosphäre nimmt zwangsläufig einen anderen Farbton an. Ob es uns gefällt oder nicht, die Entfernung wird der Aussicht immer einen Zauber verleihen. Wenn der azurblaue Farbton untrennbar mit fernen Bergen und dem fernen Himmel verbunden ist, brauchen wir uns nicht zu wundern, dass er das ferne Paradies der Jugend verschleiert. Ein Mann, der von klein auf ein Tagebuch führt und als alter Mann einfach die Gelben Seiten kopiert, mag uns ein sehr genaues Schwarz-Weiß-Bild dessen geben, was er als Junge gesehen hat, aber wie auf alten verblassten Fotos ist das Leben und Licht sind aus ihnen verschwunden, während die Erinnerung ohne fremde Hilfe oft Spuren ihrer früheren Realität bewahren kann. In solchen Erinnerungen steckt Leben und Licht, aber ich bin bereit zuzugeben, dass Erinnerungen auch sehr tückisch sein können. Daher kann ich in meinem eigenen Fall dafür bürgen, dass alles, was ich erzähle, sorgfältig und genau von den Tafeln meines Gedächtnisses, wie ich sie jetzt sehe, übertragen wurde, aber obwohl ich mir selbst und meinem Gedächtnis gegenüber Wahrhaftigkeit beanspruchen kann, kann ich keine fotografische Genauigkeit beanspruchen. Ich habe in der Tat Mitleid mit dem Historiker, der solche Materialien verwendet, es sei denn, er hat gelernt, die schwache Sicht selbst der wahrhaftigsten Erzähler zu berücksichtigen.

Ich bezweifle, dass irgendein Historiker eine 30 Jahre nach dem Ereignis gemachte Aussage ohne unabhängige Bestätigung akzeptieren würde. Ich könnte das Datum der Schlacht bei Sadowa nicht nennen, obwohl ich mich gut daran erinnere, den vollständigen Bericht darüber täglich in der *Times gelesen zu haben. Natürlich kann ich das Datum aus Geschichtsbüchern entnehmen und aus dieser Art künstlichen Gedächtnisses, das von selbst entsteht, ohne jede memoria technica* . Es gibt ein beliebtes deutsches Kartenspiel namens Sixty-Six, und es wird berichtet, dass, als die Franzosen 1870 „ *À Berlin* " riefen , der damalige Kronprinz, der die Schlacht bei Sadowa oder Königgrätz gewonnen hatte, sagte: „Ah, sie wollen noch eine Partie Sixty-Six!", das heißt, sie wollen eine Schlacht wie die bei Sadowa. Auf diese Weise werde ich mich immer an das Datum dieser entscheidenden Schlacht erinnern. Aber ich könnte weder das Datum der Krimschlachten nennen noch einen glaubwürdigen Bericht über die einzelnen Phasen dieses Krieges. Ich bezweifle, ob selbst mein alter Freund, Sir William H. Russell, das heute noch tun könnte, ohne auf seine Briefe in der *Times zu verweisen* . Ich glaube, nach dreißig Jahren kann niemand mehr einen Eid auf die Richtigkeit irgendeiner Aussage darüber schwören, was er vor so vielen Jahren gesehen oder gehört hat.

Alles, wofür ich bürgen kann, ist, dass ich mein Gedächtnis so lese, wie ich die Blätter eines alten Manuskripts lesen sollte. aus dem viele Buchstaben, ja sogar ganze Wörter und Zeilen verschwunden sind, und wo ich oft gezwungen bin, wie in einem Palimpsest zu entziffern und zu erraten, was die ursprüngliche Sonderschrift gewesen sein könnte. Ich bin der Erste, der zugibt, dass es in meinem Gedächtnis möglicherweise Fehler gibt, dass vor meinen Augen möglicherweise das magische Azurblau liegt, das die ferne Vergangenheit umgibt; aber ich kann versprechen, dass es keine Erfindung, keine *Dichtung* statt *Wahrheit* geben wird , sondern immer, soweit in mir liegt, Wahrheit. Ich weiß ganz genau, dass selbst eine gewisse Verzerrung der

Tatsachen in einer alten Erinnerung nicht immer zu vermeiden ist. Ich weiß es aus trauriger Erfahrung. So wie die Türme einer Stadt – zum Beispiel von Oxford – sich anders anordnen, wenn wir mit der Eisenbahn am alten Platz vorbeifahren, so dass bald der eine und bald der andere in der Mitte steht und sich über die Köpfe der anderen zu erheben scheint, so ist es auch ist bei unseren Freunden und Bekannten. Einige, die einst wie Riesen aussahen, nehmen kleinere Ausmaße an, während andere über ihnen aufragen. Die gesamte Landschaft verändert sich von Jahr zu Jahr. Wer erinnert sich nicht an die Bäume in unserem Garten, die in unserer Kindheit wie Riesen wirkten, aber wenn wir sie im Alter wiedersehen, sind sie geschrumpft, und das nicht erst seit dem Alter?

Und muss ich noch ein Geständnis machen? Es ist bekannt, dass Georg der Vierte die Schlacht von Waterloo so oft beschrieb, dass er sich schließlich einbildete, er sei dabei gewesen, ja, er habe diese Schlacht sogar gewonnen. Ich erinnere mich auch an Dr. Routh, den ehrwürdigen Präsidenten des Magdalen College, der in seinem hundertsten Lebensjahr starb und der alle Umstände der Hinrichtung Karls I. so oft wiederholt hatte, dass er es ablehnte, als Macaulay den Wunsch äußerte, ihn zu sehen. denn dieser junge Mann hat völlig falsch über die letzten Augenblicke des Königs berichtet“, was er dann weiter erzählte, als wäre er die ganze Zeit über Augenzeuge gewesen.

Sind wir nicht anfällig für die gleiche Halluzination, wenn auch hoffentlich in abgeschwächter Form? Haben wir nie eine Geschichte so erzählt, als wäre es unsere eigene, nicht aus dem Wunsch heraus, zu täuschen, sondern einfach, weil es kürzer und einfacher schien, als Schritt für Schritt zu erklären, wie sie zu uns gelangt ist? Und besteht dann nicht die große Gefahr, dass wir überrascht werden, wenn jemand anders die Geschichte als seine eigene ausgibt oder sogar behauptet, er sei es gewesen, der sie uns erzählt hat?

Ich erinnere mich, vor nicht allzu langer Zeit in einem Tagebuch eine Geschichte über den Herzog von Wellington gelesen zu haben. Sein Diener war zuvor losgeschickt worden, um für ihn in einem abgelegenen Hotel ein Abendessen zu bestellen, und um dem Wirt die Würde seines kommenden Gastes zu vermitteln, hatte er eine Reihe der Titel des Herzogs aufgezählt, die sehr zahlreich waren. Der Wirt dachte, der Herzog von Vittoria, der Prinz von Waterloo, der Marquis von Torres Vedras und all die anderen seien Freunde, die zum Abendessen mit dem Herzog von Wellington eingeladen waren, und bestellte dementsprechend ein sehr üppiges Bankett zum großen Entsetzen des echten Herzogs. Dies mag eine sehr alte und sehr wahre Geschichte sein oder auch nicht; ich weiß nur, dass in Oxford so ziemlich dasselbe über Dr. Bull erzählt wurde, der Kanoniker der Christ Church, Kanoniker von Exeter, Präbendär von York, Vikar von Staverton und schließlich der Reverend Dr. Bull selbst war. Für jede dieser Personen wurde ein Abendessen bereitgestellt, und wir erfahren, dass der ehrwürdige Pluralist alle auf dem Tisch stehenden Gerichte essen und dafür bezahlen musste. Dies war möglicherweise auch nur einer der vielen „Common-Roomers", die es in Oxford in Hülle und Fülle gab, als Common Rooms noch häufiger besucht wurden als heute. Was ich jedoch zufällig weiß, ist, dass Dean Stanley nicht weniger als vier Einladungen in eine Halle in Blenheim erhielt, die an A. P. Stanley, Esq., den Reverend A. P. Stanley, Canon Stanley und Professor Stanley adressiert waren und alle offensichtlich aus einigen Nachschlagewerken kopiert waren.

Ich kann vielleicht einen Vorteil für mich in Anspruch nehmen, wenn ich zu beschreiben versuche, was mir auf meinem Lebensweg widerfuhr. Von den frühesten Tagen an, an die ich mich erinnern kann, fühlte ich mich als ein zweifaches Wesen – als Subjekt und Objekt, als Zuschauer und als Schauspieler. Ich nehme an, wir alle reden mit uns selbst und sagen zu unserem besseren und schlechteren Selbst: „O du Narr!" oder „Gut gemacht, mein Junge!" Nun, dieses innere Gespräch begann bei mir schon sehr früh und hinterließ den Eindruck, dass ich der Kutscher war, aber gleichzeitig auch das Pferd, das er lenkte und manchmal sehr grausam peitschte. Und diese Phase des Denkens oder vielmehr dieser Gefühlszustand scheint mich bald zu einer anderen Ansicht geführt zu haben, die ebenfalls aus sehr früher Zeit stammt, obwohl sie später verschwand. Als kleiner Junge, als ich nicht dieselben Spielsachen haben konnte wie andere Jungen, konnte ich das, was sie hatten, voll und ganz genießen, als wären es meine eigenen. Es gibt eine deutsche Redensart: „Ich freue mich in deiner Seele", die genau ausdrückt, was ich oft fühlte. Es war nicht das Ergebnis von Unterricht und noch weniger von Vernunft – es war ein Gefühl, das mir gegeben wurde und dessen Gewissheit ich erst viel später im Leben verließ, als Konkurrenz, Rivalität, Eifersucht und Neid mein eigenes Ich gegenüber allen anderen Ichs oder Dus zu betonen schienen. Ich nehme an, wir alle erinnern uns, wie der Anblick einer Wunde eines Mitgeschöpfs, ja sogar eines Hundes, uns ein heftiges Zucken im selben Körperteil verursacht. Dieses körperliche Mitgefühl hat mich nie verlassen, ich leide heute noch darunter wie vor siebzig Jahren. Und gibt es irgendjemanden, der nicht schon einmal gespürt hat, wie seine Augen angesichts des plötzlichen Glücks seiner Freunde feucht wurden? All dies scheint mir zumindest bis zu einem gewissen Grad dieses Gefühl der Identität mit sogenannten Fremden zu erklären, das ich seit meiner frühesten Kindheit hatte und das im Alter mit neuer Kraft wiederkehrte. Das Chilon und anderen Weisen des antiken Griechenlands zugeschriebene „Erkenne dich selbst" gewinnt mit jedem Jahr an tieferer Bedeutung, bis schließlich das Ich, das wir als die sicherste und unzweifelhafteste Tatsache betrachteten, aus unserem Zugriff verschwindet und zum Selbst wird, frei von den verschiedenen Zufällen und Beschränkungen, die das Ich ausmachen, und daher eins mit dem Selbst, das allen individuellen und daher verschwindenden Ichs zugrunde liegt. Was dieses gemeinsame Selbst sein mag, ist eine Frage, die für spätere Zeiten aufzuheben ist, obwohl ich gleich sagen kann, dass die einzige wahre Antwort darauf meiner Ansicht nach die Upanishaden und die Vedanta-Philosophie sind. Wir müssen nur darauf achten, das moralische Selbst, das am aktiven Selbst etwas auszusetzen hat, nicht mit dem Höchsten Selbst zu verwechseln, das keine guten oder bösen Taten mehr kennt.

Lange bevor ich dieses Problem als Grundwahrheit aller Philosophie bearbeitet und durchdacht hatte, stellte es sich mir wie in einer Intuition dar, lange bevor ich es in seiner metaphysischen Bedeutung hätte ergründen können. Ich hatte gerade vom Tod eines lieben kleinen Kindes gehört und stand in unserem Garten und betrachtete einen Rosenstrauch, der im Sommer mit Hunderten von Rosenknospen und Rosenblüten bedeckt war. Während ich hinschaute, brach ich inmitten einer großen Rosentraube eine kleine verwelkte Knospe ab, und nachdem ich das getan hatte, kam mir eine Frage, und ich sagte mir: Was ist passiert? Ist nur eine kleine Knospe tot und verschwunden, oder sind nicht alle anderen Rosen vom Hauch des Todes berührt worden, der auf sie fiel? Haben sie nicht alle unter dem Tod ihrer Schwester gelitten, denn sie stammen alle aus demselben Stamm, haben sie alle ihr Leben aus derselben Quelle? Und wenn eine Rose leidet, müssen dann nicht auch alle anderen mitleiden? Dann schienen mir alle Knospen und Blüten der Traube eins zu werden, sozusagen eine Rosenfamilie, und jede einzelne Knospe schien nur die Wiederholung desselben, die Manifestation desselben Gedankens, nämlich des Gedankens der Rose . Aber mein Blick ging noch weiter, und der Stamm, aus dem der Rosenstrauß entsprang, ging mit anderen Stängeln in einem Zweig verloren, und es war dieser Zweig, an dem alle Rosen der Zweige und Stängel hingen und ohne den sie nicht konnten blühen oder existieren. Die einzelnen Rosen wurden so mit dem Zweig identifiziert, aus dem sie hervorgegangen waren und von dem sie lebten. Ich wunderte mich immer mehr, und nach einem weiteren Blick wurden alle Zweige mit all ihren Zweigen in den Stamm aufgenommen, und der Stamm war der Baum, und der Baum entsprang einem Samen oder, wie es jetzt genannt wird, dem Protoplasma; Aber jenseits dieses Samens gab es nichts anderes, was das Auge sehen oder den Verstand erfassen konnte. Und während diese Vision vor meinen Augen schwebte, dachte ich an meine kleine Freundin und das Zuhause, aus dem sie getrennt worden war, und an dieselbe Vision, die den Rosenstrauch mit all seinen Blüten, Knospen, Zweigen und Zweigen verändert hatte , in einen Stamm und einen Baum und schließlich in einen unsichtbaren Keim und Samen, schien nun meine kleine Freundin und ihre Brüder und Schwestern, auch ihre Eltern und ihre ganze Familie in ein Wesen zu verwandeln, das wie eine alte Eiche entstand aus einem unsichtbaren Stamm oder einem unsichtbaren Samen oder aus einem unsichtbaren Gedanken, und dieser göttliche Gedanke war der Mensch, so wie der andere göttliche Gedanke entstanden war.

Vielleicht habe ich es damals nicht so vollständig gesehen wie heute, und ich habe ganz bestimmt nicht darüber nachgedacht. Ich hatte einfach das Gefühl, dass durch den Tod meiner kleinen Freundin etwas von mir verloren gegangen war, obwohl sie keine Verwandte, sondern nur eine streunende menschliche Freundin war. Als Kinder sehen wir viele Dinge, die wir als erwachsene Männer und Frauen nicht sehen können, denn wie Longfellow sagte: „Die Gedanken der Jugend sind lange, lange Gedanken." Ja, ich bin überzeugt, dass der, der das Gleichnis vom Weinstock erzählte, die gleiche Vision gesehen hatte, als er sagte: „Ich bin der Weinstock, ihr seid die Reben." Bleibe in mir und ich in dir. So wie die Rebe keine Frucht von sich selbst bringen kann, wenn sie nicht im Weinstock bleibt, so könnt ihr es auch nicht mehr, wenn ihr nicht in Mir bleibt." Und auf diese Vision oder dieses Gleichnis vom Weinstock folgt unmittelbar danach die Lektion: „Liebt einander, wie ich euch geliebt habe." Indem wir einander lieben, lieben wir in Wahrheit die anderen wie uns selbst, als eins mit uns selbst; und während wir Ihn lieben, der der Weinstock ist, lieben wir die Zweige, uns selbst – ja, sogar unser eigenes kleines Selbst.

Solche vagen Visionen oder Intuitionen bleiben uns oft ein Leben lang erhalten, aber obwohl sie gleich zu sein scheinen, variieren sie, wenn wir uns selbst verändern. Wir bilden uns ein, dass wir ihre tiefste Bedeutung von Anfang an erkannt haben, aber wie ein Gleichnis gewinnen sie jedes Mal an Bedeutung, wenn sie zu uns zurückkehren.

FUSSNOTEN:

[1] *Deutsche Rundschau* , Februar 1900, S. 249.

[2] Driesch, *Biologisches Centralblatt* , 1896, S. 335.

[3] Als klare und vollständige Zusammenfassung meiner Schriften kann ich nun M. Montcalms „ *L'origine de la Pensée et de la Parole"* , Paris, 1900, empfehlen.

[4] *Oxford Dictionary* , s. v.; J. Rennie, *Science of Gardening* , S. 113.

[5] *Sprachwissenschaft* , Bd. 24 (1861).

KAPITEL II

KINDHEIT IN DESSAU

IN einer kleinen Stadt wie Dessau lebte man als Kind und als Junge wie auf einer verwunschenen Insel. Der Horizont war sehr schmal und nichts geschah, was die Ruhe der kleinen Oase stören konnte. Das Herzogtum war tatsächlich eine kleine Oase in der großen Wüste Mitteldeutschlands. Die Landschaft war wunderschön: Es gab kleine und große Flüsse – die Mulde und die Elbe; es gab prächtige Eichenwälder; Es gab Regimenter aus Tannen, die in regelmäßigen Kolonnen standen wie so viele Grenadiere; Es gab Parks, wie man sie nur in England sieht. Die Stadt, die Hauptstadt des Herzogtums Anhalt-Dessau, wurde von aufeinanderfolgenden Herrschern gepflegt – Männern, die ihrer Zeit meist weit voraus waren –, die gelesen und gereist waren und das Beste, was sie im Ausland finden konnten, mit nach Hause brachten. Ihr jahrhundertealtes altes Schloss versetzte die Stadt in Erstaunen; Es war bei weitem das größte Gebäude, obwohl es in der Stadt noch mehrere andere kleinere Orte für Mitglieder der herzoglichen Familie gab. Alle öffentlichen Gebäude, Theater, Bibliotheken, Schulen und Kasernen sowie mehrere Privatresidenzen für einige der höheren Beamten waren von den Herzögen errichtet worden. Die ganze Stadt war tatsächlich eine Schöpfung der Herzöge; Das gesamte Gelände, auf dem es stand, war ursprünglich ihr Eigentum gewesen, wurde aber größtenteils von denjenigen als Eigentum gehalten, die ihre eigenen Privathäuser darauf gebaut hatten. Niemand hätte ein Haus auf einem Pachtgrundstück gebaut, und einige der Häuser waren so massiv, dass man erkennen konnte, dass sie für mehr als neunundneunzig Jahre gedacht waren. Die gleiche Familie blieb oft über Generationen hinweg in ihrem Haus, und die verschiedenen Geschichten wurden von drei Generationen gleichzeitig bewohnt – von Großeltern, Eltern und Kindern. In dieser kleinen Stadt wurde ich am 6. Dezember 1823 geboren. Mein Vater, Wilhelm Müller, war Bibliothekar der Herzoglichen Bibliothek und einer der beliebtesten Dichter Deutschlands. Zu seiner Erinnerung wurde ihm im Jahr 1891, fast hundert Jahre nach seiner Geburt, in Dessau ein nationales Denkmal errichtet.

MEIN VATER

Was für ein Segen wäre es, wenn eine solche Regel für alle großen Männer befolgt würde, die zum Zeitpunkt ihres Todes so groß erscheinen und die hundert Jahre später fast vergessen sind oder zumindest nur noch von einer kleinen Zahl von Bewunderern gewürdigt werden. Diese Monument- und Society-Manie wird in der Tat sehr anstößig, denn wenn es in der Westminster Abbey seit einiger Zeit keinen Platz mehr für Gräber und Statuen gibt, wird es bald keinen Platz mehr für sie in den Straßen Londons geben. Das Ergebnis ist, dass viele der Leute, die am Themseufer entlanggehen, insbesondere Ausländer, oft fragen: „Cur?", wenn sie die dort aufgestellten menschlichen Götzenbilder aus Bronze und Marmor betrachten; während Historiker, die sich an die wirklich großen Männer Englands erinnern, genauso oft fragen würden: „Cur non?" Es gibt eine merkwürdige Art von Menschen, die, sobald ein Mann von irgendeiner Bedeutung stirbt, bereit sind, alles für ihn zu stiften – ein Denkmal, ein Bild, eine Schule, einen Preis, eine Society –, um seine Erinnerung lebendig zu halten. Natürlich brauchen diese Gesellschaften Präsidenten, Ratsmitglieder, Ausschüsse, Sekretäre usw. und schließlich auch Abonnements. So kam es, dass der Name Gründer *insbesondere* in Deutschland einen keineswegs süßen Duft angenommen hat. Diejenigen, die gebeten werden, solche Zeugnisse zu unterschreiben, wissen, wie unangenehm es ist, sich zu weigern, zumindest ihren Namen anzugeben, da sie zutiefst das Gefühl haben, damit gegen alle Regeln der historischen Perspektive zu verstoßen. Ich würde nicht sagen, dass mein Vater einer der großen Dichter Deutschlands war, obwohl Heine, kein schlechter Kritiker, erklärte, er stelle seine Lyrik neben die von Goethe. Außerdem war er kaum dreiunddreißig, als er starb. Er war ein Lieblingsschüler von F. A. Wolf gewesen und hatte seine klassische

Gelehrsamkeit durch seine *Homerische Vorschule und andere Veröffentlichungen unter Beweis gestellt. Seine Gedichte wurden im wahrsten Sinne des Wortes populär, und es gibt einige, die die Leute auf der Straße noch heute singen, ohne den* Namen ihres Autors zu kennen . Auch Schuberts Kompositionen haben viel zur großen Popularität seiner *Schönen Müllerin* und seiner *Winterreise beigetragen* , und obwohl man mit Recht von ihm sagen könnte, dass er kein Denkmal in Bronze oder Stein brauchte, schien es doch ganz natürlich, dass eine Kleinstadt wie Dessau sich selbst ehren wollte, indem sie das Andenken eines ihrer Söhne ehrte. In der Gesellschaft des Philosophen Mendelssohn und des Komponisten F. Schneider konnte ein Denkmal meines Vaters in der Hauptstraße seiner Geburtsstadt und vor der Schule, an der er Schüler und Lehrer gewesen war, kaum fehl am Platz erscheinen. Dass das griechische Parlament den Pentelika-Marmor für den Dichter der *Griechischen Lieder wählte* , wie es das für Lord Byron getan hatte, war ein weiterer Anreiz für seine Mitbürger, ihrem verehrten Dichter die Ehre zu erweisen. Er starb, als ich kaum vier Jahre alt war, und so ist meine Erinnerung an ihn sehr schwach und vage und besteht, glaube ich, größtenteils aus Bildern und Dingen, die mir meine Mutter erzählte. Ich glaube, ich erinnere mich an ihn als einen heiteren, fröhlichen und durch und durch lebensfrohen Mann, der sich über unsere kleinen Streiche freute. Ein Buch, das er mir kaufte und das das erste Buch meiner Bibliothek werden sollte, besitze ich noch immer. Es war ein kleiner Band von Horaz, gedruckt von Pickering im Jahr 1820. Es ist inzwischen fast unter den 12.000 dicken Bänden meiner Bibliothek verschwunden, aber ich bin hocherfreut, dass ich es mit 76 Jahren immer noch ohne Brille lesen kann. Ich glaube, ich erinnere mich, wie mein Vater meine Schwester und mich auf den Schoß nahm und uns die entzückendsten Geschichten erzählte, die uns zum Staunen, Lachen und Weinen brachten, bis wir nicht mehr lachen und weinen konnten. Er war ein Arbeitskollege der Brüder Grimm gewesen, und die Geschichten, die er erzählte, stammten größtenteils aus ihrer Sammlung, obwohl er sie mit allem auszuschmücken wusste, was ein Kind zum Weinen und Lachen bringen konnte.

Die Leute haben kaum eine Vorstellung davon, wie groß und nachhaltig der Einfluss solcher populärer Geschichten über Könige und Königinnen, Prinzessinnen und Ritter, über Oger und Hexen, über Menschen, die in Tiere verwandelt wurden, und über Tiere, die wie Menschen sprechen und sich benehmen, auf die Vorstellungskraft kleiner Kinder ist. Während wir zuhörten, schien sich eine neue Welt vor uns zu öffnen, und es gab nie auch nur den geringsten Zweifel an der Realität dieser Wesen. Was war Realität oder Unwirklichkeit für kleine Kinder von vier oder fünf Jahren? Wie wenige Menschen wissen, was echte Realität ist, selbst wenn sie das Alter von fünfzig oder sechzig Jahren erreicht haben? Für Kinder gibt es weder Namen wie Realität und Unwirklichkeit noch die Ideen, die sie ausdrücken. Sie hören zu, was ihr Vater ihnen erzählt, und sie können keinen Unterschied erkennen zwischen dem, was er ihnen über Friedrich Barbarossa, über Romulus und Remus erzählt, die von einer Wölfin gesäugt wurden, oder über die Zwerge, die den Sarg von Schneewittchen bewachten.

Manche Leute sind jedoch der Meinung, dass der Glaube an diese imaginäre Welt aus pädagogischer Sicht schädlich sein muss. Ich bezweifle dies, und es wäre leicht zu zeigen, dass diese Geschichten und Fabeln ursprünglich wirklich dazu gedacht waren, richtige und gute Grundsätze zu vermitteln. Luther erklärte, er würde diese wunderbaren Geschichten aus seiner zarten Kindheit für keinen Preis aufgeben, und Camerarius (*Fabulae Aesopeae* , S. 406, Lipsiae, 1570) spricht von diesen deutschen Fabeln, die die Köpfe der Menschen und insbesondere der Kinder mit Angst, Hoffnung und Religion erfüllten. Die ältesten Sammlungen, in denen einige dieser äsopischen Fabeln vorkommen, die Pantschatantra und Hitopadesa in Sanskrit, waren eindeutig für die Erziehung von Fürsten gedacht, und obwohl sie die jungen Zuhörer vielleicht zum Aberglauben neigen lassen, wird dieser Aberglaube wahrscheinlich nicht lange anhalten. Kinder erfreuen sich an *Märchen* wie an einer Art Pantomime, und wenn der Vorhang über dieser Märchenwelt gefallen ist, denken sie oft daran wie an einen schönen Traum, der vergangen ist. Die Geschichten sind sicherlich eindrucksvoller als die Sprichwörter und Weisheiten, die viele von ihnen illustrieren sollten, ohne immer zu sagen: „ *haec fabula docet"* . Auch wenn einige dieser Geschichten manchmal Dinge berühren, die uns nicht ganz richtig erscheinen, soll dies die Kinder eher über die Albernheit lachen als über die völlige Schlechtigkeit einiger der Helden weinen lassen. Es ist zum Beispiel keineswegs ungewöhnlich, dass ein Taugenichts Erfolg hat, während seine tugendhaften Gefährten scheitern. Aber entweder gibt es einen Grund dafür, oder die Ungerechtigkeit erregt die Empörung der Kinder, lange bevor sie gelernt haben, dass auch im wirklichen Leben Tugend nicht immer belohnt wird, während Falschheit oft zumindest eine Zeit lang Erfolg hat. Ich denke, eine gewisse Verträumtheit bei Kindern ist nicht schlimm. Ich erinnere mich, dass ich oft aus vollem Herzen über Rumpelstilzchen gelacht und bittere Tränen über Brüderchen und Schwesterchen vergossen habe. Ich sah, wie Bruder und Schwester in den Wald getrieben wurden, der Bruder in ein Reh verwandelt wurde und die Schwester mit dem Kopf auf seinem warmen Fell schlief, bis schließlich das Reh von einem Jäger getötet wurde und die kleine Schwester ganz allein durch den Wald weiterziehen musste. Natürlich wurde sie am Ende eine Prinzessin und der Bruder ein Prinz, der eine Königin heiratete, und alles endete in großer Freude und Jubel, in den wir alle einstimmten. Wie gut für Kinder, dass sie zumindest eine Zeit lang in einem solchen Traumland leben konnten, in dem Ehrlichkeit in der Regel belohnt und Lüge am Ende bestraft wurde.

Es war wie eine Erinnerung an ein Paradies, und eine solche Erinnerung, selbst wenn sie den Kontrast zwischen der Traumwelt und der realen Welt hervorhob, brachte Kinder oft dazu, darüber nachzudenken, was sein sollte und was nicht. Sie glaubten nicht lange an Dornröschen und Schneewittchen, sie erfuhren aber zu früh, dass Dornröschen und Schneewittchen zu einer anderen Welt gehörten. Vielleicht haben sie sogar erfahren, dass Dornröschen (Dornrose) und Schneewittchen (Schneewittchen) ursprünglich für den Schlaf oder Tod der Natur in ihrem schneeweißen Leichentuch und die Rückkehr der Sonne gedacht waren; Aber wehe dem Jungen, der, als er diese Geschichten zum ersten Mal erfuhr, hätte erklären sollen, sie seien bloßer Blödsinn oder, wie Sir Walter Scott sagt, der Abfall von Naturmythen.

Der Vater meines Vaters, den ich nie kannte, scheint in keiner Weise bekannt gewesen zu sein. Er war jedoch ein nützlicher Kaufmann und ein angesehener Bürger von Dessau und, wie ich sehe, der Gründer der ersten Leihbücherei in dieser kleinen Stadt. Er heiratete ein zweites Mal, eine reiche Witwe, hauptsächlich, um, wie man mir sagte, seinem Sohn, meinem Vater, eine liberale Ausbildung zu ermöglichen. Sie wurde sehr alt, und ich erinnere mich gut an ihr für mich abweisendes und furchteinflößendes Aussehen. Sie gehörte ganz einer vergangenen Generation an, und als ich sie nach meinem Aufenthalt in England wiedersah, fragte sie mich, ob ich Napoleon gesehen hätte, der gefangen genommen und nach England geschickt worden war, aber kürzlich entkommen war und seinen Thron in Paris wieder eingenommen hatte. Sie verwechselte offensichtlich die beiden Napoleons, und ich widersprach ihr nicht. Für mich war ihre Unterhaltung interessant, da sie zeigte, wie wenig man sich auf die Traditionen des Volkes verlassen kann und wie leicht neben der wahren Geschichte eine Volksgeschichte entstehen kann. Schließlich verdankten die Gedichte über Karl den Großen, der Jerusalem belagerte, ihren Ursprung höchstwahrscheinlich einer ähnlichen Verwirrung in den Köpfen alter Frauen. Meine Schwester und ich waren immer zu Tode erschrocken, wenn wir zu ihr geschickt wurden, denn mit ihrem zerzausten grauen Haar, ihrem schmalen weißen Gesicht und ihren durchdringenden Augen war sie für uns die alte Großmutter oder die Hexe aus Grimms Märchen; und die Sprache, die sie verwendete, war so, dass wir streng gerügt wurden, wenn wir sie zu Hause wiederholten. Sie wusste sehr wenig über meinen Vater, aber ihre Erinnerungen an ihren ersten Ehemann und an ihre eigene Jugend und Kindheit waren sehr klar, wenn auch nicht immer erbaulich. Ihre Geschichten über Geister, Hexen, Oger, Narren und die ganze Rasse waren sicherlich genug, um ein Kind zu erschrecken, und einige davon blieben mir sehr lange im Gedächtnis. Mütterlicherseits waren meine Verwandten zivilisierter und hatten nur wenig gesellschaftlichen Umgang mit meiner Großmutter und ihren Verwandten. Der Vater meiner Mutter war von Basedow, der Präsident, das heißt Ministerpräsident des

Herzogtums Anhalt-Dessau, ein Amt, das ihm sein ältester Sohn, mein Onkel, ablöste. Er war der erste Mann in der Stadt; der Herzog, und er regierte das Herzogtum tatsächlich genau so, wie es ihm gefiel. Es gab keinerlei Kontrolle über sie, und doch beschwerte sich, soweit ich weiß, niemand jemals über Tyrannei. Der Vater meines Großvaters wiederum war der berühmte Reformer des öffentlichen Bildungswesens in Deutschland. Er (1723-1790) musste sich den konservativen und klerikalen Parteien im ganzen Land stellen. Sein Haus in Hamburg wurde bei einem Aufstand niedergebrannt, und damals wanderte er nach Dessau aus, um der Gründer des *Philanthropinums* und gleichzeitig der Wegbereiter für Männer wie Pestalozzi (1746-1827) und Fröbel (1782-1852) zu werden. In Anbetracht seines lebenslangen Kampfes hätte er in Dessau ein besseres Denkmal verdient, als er dort gefunden hat. Zweifellos war er ein leidenschaftlicher und gewalttätiger Mann, und seine Ausbrüche sind in Dessau noch immer in Erinnerung, während sein wohltätiges Wirken fast vergessen ist. Mir wurde oft gesagt, dass ich der Familie meiner Mutter nacheifere, was auch immer das bedeuten mag, und das war sicherlich äußerlich der Fall, obwohl ich hoffe, nicht im Temperament. Mein Urgroßvater, der Pädagoge, wie er genannt wurde, war ein Freund Goethes und wird in seinen Gedichten erwähnt.

Meine Kindheit zu Hause war oft sehr traurig. Meine Mutter, die mit 28 Jahren Witwe mit zwei Kindern wurde, meiner Schwester und mir, war untröstlich. Die wenigen Jahre ihres Ehelebens waren äußerst heiter und brillant gewesen. Mein Vater war ein aufstrebender Dichter, und seine Popularität war so groß, dass er seinen Neigungen nach Belieben nachgehen konnte, sei es auf Reisen oder indem er sein Haus zu einem angenehmen Mittelpunkt des gesellschaftlichen Lebens machte. Zeitgenossen und Freunde meines Vaters, insbesondere Baron Simolin, ein sehr enger Freund, der Weihnachten 1825 in unserem Haus verbrachte, haben von der heiteren Fröhlichkeit und der uneingeschränkten Lebensfreude geschrieben, die dort herrschte, und haben erzählt, wie Wilhelm Müllers Haus, obwohl sein Einkommen, gelinde gesagt, gering war, der Sammelpunkt für die gesamte kultivierte, wissenschaftliche und künstlerische Gesellschaft von Dessau war, die sich von der einfachen und ungekünstelten, aber dennoch wahrhaft freundlichen Art des Hausherrn angezogen fühlte.

Es wäre interessant zu wissen, wie viel ein Autor damals mit seiner Feder verdienen konnte. Die Verleger scheinen damals viel freizügiger gewesen zu sein als heute. Die Umstände waren anders. Die Zahl der Schriftsteller war natürlich viel kleiner und der Verkauf wirklich populärer Bücher wahrscheinlich viel größer. Jedenfalls scheint mein Vater, dessen Gehalt gering war, die wenigen Jahre seines Ehelebens in großem Wohlstand genießen zu können. Der Gedanke, Geld zu sparen, scheint jedoch in seinem poetischen Geist nie aufgekommen zu sein, und nach seinem unerwarteten Tod an Herzlähmung stellte sich heraus, dass für seine Familie kaum Vorsorge getroffen worden war. Sogar die Lebensversicherung, die für jeden Beamten obligatorisch ist, und die vom Herzog gewährte Pension bescherten meiner Mutter nur ein sehr geringes Einkommen, sagenhaft gering, wenn man bedenkt, dass sie davon zwei Kinder großziehen musste. Seitdem ist es mir ein Rätsel, wie sie das geschafft hat.

Es wurde jedoch getan und konnte nur in einer kleinen Stadt wie Dessau getan werden, wo die Bildung ebenso gut wie billig war und wo die Gesellschaft sehr geringe Erwartungen stellte. Wir müssen auch die sehr niedrigen Preise berücksichtigen, die damals in Dessau für fast alle Lebensbedürfnisse herrschten. Aus den alten Zeitungen erkenne ich, dass Rindfleisch für etwa drei Pence pro Pfund (zwei Groschen) und Hammelfleisch für etwa zwei Pence verkauft wurde. Wein wurde für sieben bis acht Groschen pro Flasche verkauft, eine bessere Sorte für zwölf bis vierzehn Groschen – ein Groschen war etwa ein Penny. Die Leute tranken hauptsächlich Bier, und dieses wurde unter staatlicher Aufsicht für zwei bis drei Groschen pro Quart verkauft. Fisch war ebenso billig, und zu Beginn des Jahrhunderts war der Überfluss an Lachsen in der Elbe und sogar in der Mulde bei Dessau so groß, dass wie in Schottland festgelegt wurde, dass Bedienstete nicht mehr als zwei- oder dreimal pro Woche Lachs essen sollten. Der niedrigste Preis für Lachs lag damals bei zweieinhalb Pence pro Pfund. Ich erinnere mich, als Junge gesehen zu haben, wie Lachse in großer Zahl über ein Wehr in der Stadt Dessau sprangen, und obwohl sie viele Meilen landeinwärts gereist waren, war der Fisch sehr gut, wenn auch nicht so gut wie der Severn-Lachs. Auch Wild war sehr billig und wurde für nicht viel mehr als Hammelfleisch verkauft, ja, zu bestimmten Zeiten wurde es verschenkt; es konnte nicht exportiert werden. Getreide wurde für drei Schilling pro *Scheffel verkauft* , und mit Getreide war hauptsächlich Roggen gemeint. Niemand nahm Weizenbrot, und das Brot wurde daher Schwarzbrot oder Braunbrot genannt. Weißbrot gab es nur zum Kaffee, und die Bauern auf den Dörfern hätten es nicht angerührt, weil man glaubte, dass es die Knochen nicht so stark machte wie Roggenbrot. Bei solchen Preisen können wir verstehen, dass ein Gehalt von 300 Pfund für die höchsten Staatsbeamten als ausreichend galt.

Die Verwandten meiner Mutter, die alle hoch im öffentlichen Dienst standen, und mein Großvater, wie gesagt, der oberste Minister des Herzogs, machten uns das Leben leichter und angenehmer; Aber viele Jahre lang ging meine Mutter nie in die Gesellschaft, und unsere Gesellschaft bestand nur aus Mitgliedern unserer eigenen Familie. Von meiner damaligen Mutter ist mir nur noch in Erinnerung, dass sie ihre beiden Kinder Tag für Tag mit in den wunderschönen *Gottesacker nahm* , wo sie stundenlang am Grab unseres

Vaters stand und schluchzte und weinte. Es war ein wunderschöner und erholsamer Ort, bedeckt mit alten Akazienbäumen. Die Inschrift über dem Tor war eines meiner frühesten Rätsel. *Tod ist nicht Tod, ist nur Veredlung menschlicher Natur*. Auf jeder Seite stand eine Figur, die das Genie des Schlafes und das Genie des Todes darstellte. All dies war das Werk des alten Herzogs Leopold Friedrich Franz, der versuchte, sein Volk so zu erziehen, wie er es selbst erzogen hatte, teils durch Reisen, teils durch Verkehr mit den besten Männern, die er nach Dessau locken konnte.

MEINE MUTTER

Zu Hause war die Atmosphäre für einen Jungen sicherlich deprimierend. Ich hörte und dachte mehr über den Tod als über das Leben, obwohl ich natürlich wenig darüber wusste, was Leben oder Tod bedeuteten. Ich hatte nur wenige Freuden, und mein größtes Glück war, bei meiner Mutter zu sein. Ich teilte ihren Kummer, ohne viel davon zu verstehen. Sie war ihren Kindern leidenschaftlich ergeben, und ich liebte sie leidenschaftlich. Was ihr vom Leben noch blieb, gab sie uns, sie lebte nur für uns und bemühte sich sehr, unsere Kindheit nicht aller Freude zu berauben. Sie war sicherlich sehr schön und ganz anders als alle anderen Damen in Dessau, nicht nur in den Augen ihres Sohnes, sondern, wie es mir schien, von allen. Damals hatte sie eine vollkommene Stimme, und als ich mit der Musik anfing, half und ermutigte sie mich auf jede erdenkliche Weise. Wir spielten *à quatre mains* , und bald ließ sie mich sie beim Singen begleiten. Soweit ich mich erinnern kann, war ich nie so glücklich, wie wenn ich bei ihr sein konnte. Sie las uns so viel vor, dass ich ganz zufrieden war und meine jungen Freunde vielleicht weniger sah, als ich sollte. Als meine Mutter sagte, sie wolle sterben und bei unserem Vater sein, waren meine Schwester und ich sicher nur darauf bedacht, dass sie uns mitnehmen möge, denn es gab noch wenige goldene Ketten, die uns an dieses Leben banden. Ich sehe sie jetzt, wie sie an einem Winterabend neben dem warmen Ofen sitzt, eine Kerze auf dem Tisch und ein Buch in den Händen, aus dem sie uns vorlas, während das Spinnrad, das die Dienerin in der Ecke drehte, ununterbrochen brummte. Sie las Paul Gerhards Übersetzung von St. Bernards:

„Salve caput cruentatum
, Totum spinis coronatum,
Conquassatum, vulneratum,
Arundine verberatum,
Facies sputis illita.“

„O Haupt voll Blut und Wunden,
voll Schmerz und voller Hohn!
O Haupt zu Spott gebunden
mit einer Dornenkron,
O Haupt, sonst schön gezieret
mit höchster Ehr und Zier,
Jetzt aber hoch schimpfiret:
Gegrüßet seist du mir!

Obwohl die deutsche Übersetzung nicht annähernd an die kraftvolle Erhabenheit des Originals herankommt, war die Wirkung auf mich so groß, dass ich den blutenden Kopf vor meinen Augen sah und weinte und weinte, bis meine Mutter mich trösten musste, indem sie mir versicherte, dass ich der Leidende sei dass das Lied jetzt im Himmel sei und dass es nur ein Lied sei, das man in der Kirche singe. Wie tief scheinen sich solche Szenen in die Erinnerung eingeprägt zu haben; Wie lebendig kehren sie zurück, wenn der Müll vieler Jahre weggefegt ist und alles wieder ist wie damals, und das *Caput cruentatum* wieder wie damals auf uns herabblickt, mit den menschlichen Augen voller göttlicher Liebe, so wahrhaft menschlich dass man mit dem heiligen Bernhard sagen könnte: „Tuum caput huc inclina, in meis pausa brachiis.“ Doch so bereitwillig ich diesen Lesungen zu Hause zuhörte und obwohl mein Herz voller Liebe zu Christus war, litt ich sehr, als ich als kleiner Junge in die Kirche gebracht wurde. Es war eine sehr große Kirche und im Winter bitterkalt. Auch wenn mir der Gesang gefiel, war die lange Predigt für mich eine echte Qual. Ich konnte kein Wort davon verstehen, und da ich dünn bekleidet war, hätte ich mit den Zähnen geklappert, wenn mir nicht gesagt worden wäre, dass es falsch sei, „in der Kirche Lärm zu machen“. Oh! Welches Elend wird der Kindheit durch diesen erzwungenen Kirchenbesuch zugefügt? Wenn eine Kirche geheizt werden kann, ist das Leid weniger intensiv, aber eine riesige, weiß getünchte Kirche, die sich wie ein Eiskeller anfühlt, ist so ziemlich die schlimmste Folter, die sich menschlicher Einfallsreichtum hätte ausdenken können, um Kinder dazu zu bringen, den Namen Kirche selbst zu hassen. Diese frühen Eindrücke bleiben oft ein Leben lang erhalten, und das Schlimmste daran ist, dass die Idee im Gedächtnis von Kindern und auch von Erwachsenen bleibt, indem man in die Kirche geht und immer wieder dieselben Gebete wiederholt und ihnen zuhört Obwohl sie lange und oft langweilige Predigten halten, erweisen sie in Wirklichkeit einen *Gottesdienst* . Warum tritt kein neuer Prophet auf und sagt im Namen Gottes, wie David es im Namen Jehovas tat: „Predigten und lange Gebete: ‚Du wolltest nicht‘“?

Viele Jahre später musste ich dieselbe Frage mit Keshub Chunder Sen, dem indischen Reformator, diskutieren. Er wollte wissen, welche Art von Gottesdienst seine neue Kirche, die Brahmo Somaj, einhalten sollte; seine Freunde dachten an Predigten, Gesang und Prozessionen mit Fahnen und Blumen durch die Straßen. „Nein“, sagte ich zu ihm, „Gottesdienst sollte Menschendienst sein; wenn Sie einen Gottesdienst wollen, dann soll es ein echter Gottesdienst sein, wie ihn Gott gutheißen würde. Lassen Sie andere Menschen in die Kirche gehen, in ihre Moscheen oder Tempel, aber bringen Sie Ihre eigenen Freunde an bestimmten Tagen der Woche zu dem, was Sie Ihren Versammlungsort nennen möchten, und schicken Sie nach einem kurzen Gebet oder einigen Ratschlägen einige von ihnen in die ärmsten Straßen der Stadt, andere in die Gefängnisse, andere in die Krankenhäuser. Lassen Sie sie mit allen beten, die beten möchten, aber lassen Sie sie auch Worte wahrer Liebe und des Trostes sprechen, und wenn sie können, lassen Sie sie ihnen mit ihren Almosen helfen. Das wäre ein wahrer Gottesdienst und ein göttlicher Sonntag für Sie, und Sie würden alle, vielleicht trauriger, aber sicherlich als weisere und bessere Menschen nach Hause kommen.“

Ich fürchte, er war nicht meiner Meinung. Er glaubte nicht, dass wahre Religion darin besteht, die Armen und Leidenden zu besuchen. Das mag für ein praktisches Volk wie die Engländer genügen, aber der Hindu wollte etwas anderes, er wollte eine äußere Schau und Zeremonie für die Menschen und gleichzeitig eine stille Zwiesprache mit Gott. Wer kann sagen, was verschiedene Menschen unter Religion verstehen? Und wer kann ihnen die geistige Nahrung verschreiben, die für sie am besten ist? „Nennen Sie es nur nicht praktisch“, sagte ich, „Millionen von Menschen dazu zu ermutigen, Stunden um Stunden mit bloßer Wiederholung zu verschwenden und Millionen und Abermillionen für diesen schwachen Trost auszugeben, wenn es neben der prächtigen Kathedrale schmutzige Straßen, schmutzige Häuser und schmutzige Betten gibt, in denen man liegen und sterben kann.“

Der religiöse und andächtige Aspekt ist in Deutschland sehr stark ausgeprägt, die Kirchen sind jedoch größtenteils leer. Ein Deutscher behält seine Religion eher an Wochentagen als am Sonntag bei. Als die deutschen Regimenter marschierten und sich zum Kampf bereit machten, sangen sie keine anstößigen Lieder, sondern die Lieder Luthers und Paul Gerhards, die sie auswendig kannten und die ihnen Kraft gaben, dem Tod so zu begegnen, wie er sich stellen sollte.

Während der erzwungene Kirchenbesuch im jungen Herzen die stärkste Abneigung gegen alles hervorrufen konnte, was man Religion nannte, war der Religionsunterricht sowohl zu Hause als auch in der Schule glücklicherweise ausgezeichnet und machte einen Großteil des Unheils wieder gut, das im kalten Winter angerichtet worden war Tage. Wahre religiöse Gefühle können nur zu Hause in die Seele eingepflanzt werden, und zwar besser von einer Mutter als von einem Vater. Das Gefühl einer göttlichen Präsenz überall, π ἀ ντα πλ ἡ ϱη θε ὠ ν, einmal im Herzen eines Kindes verankert, bleibt ein Leben lang bestehen. Natürlich beginnt das Kind bald zu streiten und sagt zu seiner Mutter, dass Gott nicht gleichzeitig in zwei Räumen sein könne. Aber zeige eine Mutter dem Kind nur die Sonnenstrahlen am Himmel, auf den Straßen und in jeder Ecke des Hauses, und es wird beginnen zu verstehen, dass nichts vor den Augen dessen verborgen werden kann, der größer ist als Die Sonne. Und wenn ein Kind daran zweifelt, ob die Stimme des Gewissens die Stimme Gottes sein kann, und fragt, wie es diese Stimme hören kann, ohne den Sprecher zu sehen, dann fragen Sie es nur, wessen Stimme es sein kann, die ihm sagt, dass er nicht das tun soll, was er selbst tun möchte und nicht zu sagen, was er sagen könnte, ohne Angst vor Menschen zu haben; und seine Vorstellung von Gott wird sich von der eines sichtbaren Wesens wie der Sonne zu der Vorstellung einer Gegenwart erheben, die niemals verschwindet, die nicht nur außerhalb, am Himmel, in den Bergen und im Sturm, sondern auch näher ist im Inneren, im Gefühl der Angst, im Gefühl der Scham und in der Hoffnung auf Vergebung und Liebe.

In der Schule war unser Religionsunterricht hauptsächlich historisch und moralisch. Es gab keine Schwierigkeiten, geeignete Lehrer dafür zu finden, und es gab keine Versuche seitens der Eltern, sich in den Religionsunterricht einzumischen oder für jede Sekte einen eigenen Unterricht zu fordern. Zwar gibt es in Deutschland nicht so viele religiöse Sekten wie in England. Einige, aber längst nicht alle Kinder römisch-katholischer und jüdischer Eltern durften vom Religionsunterricht fernbleiben. Aber die meisten Eltern wussten, dass die Geschichte der jüdischen Religion in der Schule in einem so unparteiischen und wirklich historischen Geist gelehrt werden würde, dass jüdische Kinder niemals beleidigt würden. Der Respekt vor der historischen Wahrheit und ein eingepflanztes Gefühl der den Kindern gebührenden Ehrfurcht würden jeden Lehrer davon abhalten, die Geschichte der christlichen Kirche, sei es vor oder nach der Reformation, als Vorwand zu nutzen, um eines der ihm anvertrauten Kleinen zu beleidigen. Wenn Juden oder Katholiken einen besonderen Religionsunterricht wünschten, wurde dieser von ihren eigenen Priestern oder Rabbinern erteilt und erfolgte ohne jegliche Einmischung seitens der Regierung. Aber zu meiner Zeit war die öffentliche Stimmung so, dass ich in der Schule kaum wusste, wer unter meinen jungen Freunden römisch-katholisch, lutherisch oder reformiert war.

Ich muss jedoch zugeben, dass allein der Name Luther die Katholiken beleidigt haben könnte. Er wurde uns als vollkommener Heiliger dargestellt, fast ebenso inspiriert und unfehlbar. Seine in der Kirche gesungenen Hymnen schienen uns kaum von den Psalmen Davids zu unterscheiden, und ich erinnere mich noch gut daran, wie schockiert es mich war, als ich viel später in Oxford hörte, wie Luther wie jeder andere Sterbliche, ja sogar als Ketzer bezeichnet wurde , und auch ein äußerst gefährlicher Ketzer. Als ich ein Junge war, erinnere ich mich, dass an manchen Orten dasselbe Gebäude für protestantische und römisch-katholische Gottesdienste genutzt werden musste. Ich fürchte, das alles hat sich inzwischen geändert, und das alte liberale und tolerante Gefühl, das damals auf allen Seiten vorherrschte, wird heute oft als Gleichgültigkeit und mit anderen hässlichen Namen stigmatisiert. Es sollte eigentlich das goldene Zeitalter des Christentums genannt werden, und diese sogenannte Gleichgültigkeit sollte zu den höchsten christlichen Tugenden und als die vollkommenste Verwirklichung des Geistes Christi gezählt werden.

So wuchsen wir von frühester Jugend an auf und lernten, das Christentum als eine historische Tatsache, Christus und seine Jünger als historische Charaktere und das Alte und Neue Testament als echte historische Bücher zu betrachten. Obwohl wir die tiefere Bedeutung Christi und seiner Worte noch nicht verstanden, hatten wir in späteren Zeiten zumindest nichts zu verlernen oder das Gefühl zu haben, dass unsere Eltern uns jemals etwas gesagt hatten, was sie selbst nicht für wahr halten konnten. Unser einfacher Glaube wurde nicht durch bloße Fragen der Kritik oder durch die Frage erschüttert, wie ein Mensch es auf sich nehmen könnte, ein Buch für offenbart zu erklären, es sei denn, er beanspruchte für sich eine übermenschliche Einsicht. Die einfachsten Regeln der Logik sollten eine solche Erklärung unmöglich machen, unabhängig von dem heiligen Buch, auf das sie angewendet wird. Angenommen, der Papst sei unfehlbar, wie könnten die Kardinäle dann wissen, dass er unfehlbar war, wenn sie nicht für sich selbst die gleiche oder sogar eine noch größere Unfehlbarkeit beanspruchten? Es ist viel einfacher, sich inspirieren zu lassen, als zu wissen, dass jemand anderes inspiriert ist oder war; Die wahre Inspiration ist und war immer der Geist der Wahrheit im Inneren, und dies ist nur ein anderer Name für den Geist Gottes. Es ist die Wahrheit, die Inspiration schafft, nicht die Inspiration, die die Wahrheit schafft. Wer weiß, was Wahrheit ist, weiß auch, was Inspiration ist: nicht nur *theopneustos* , von Gott in die Seele geblasen, sondern die Stimme Gottes selbst, die wahre Gegenwart Gottes, die einzige Gegenwart, die wir als Menschen jemals wahrnehmen können Ihn.

Wie oft habe ich im späteren Leben versucht, dies meinen Freunden in Frankreich und England zu erklären, die seelische Qualen ertragen mussten, bevor sie zu dem einfachen Schluss kommen konnten, dass Offenbarung niemals objektiv sein kann, sondern immer subjektiv sein muss. Ich werde vielleicht zu einem späteren Zeitpunkt meines Lebens auf diese Frage zurückkommen, als ich mit Renan in Paris, mit Froude, Kingsley und Liddon in England diskutieren musste und zu zeigen versuchte, wie völlig selbstgemacht einige ihrer Schwierigkeiten waren . Jetzt muss ich nur erklären, wie es dazu kam, dass ich mich nie aus einem Netz befreien musste, in dem so viele ehrliche Denker ohne eigenes Verschulden verstrickt sind; Als Simson erwachte, war er mit sieben grünen Riemen gefesselt und musste sie mit aller Kraft zerbrechen, bevor er hoffen konnte, den Philistern zu entkommen. Die Philister haben mich nie gebunden. Während meiner frühen Schulzeit gab es diese Schwierigkeiten nicht, aber ich war im späteren Leben oft dankbar dafür, dass die sieben Locken meines Kopfes nie mit dem Netz verwoben waren.

Ich erinnere mich an eine Reihe kleiner Ereignisse in meinem Schulleben in Dessau, aber obwohl sie für mich voller Interesse, ja, voller Bedeutung waren und nicht ohne Einfluss auf mein späteres Leben, hatten sie für mich keine Bedeutung und kein Interesse andere und können so bleiben, als ob sie nie gewesen wären. Den Einfluss, den die Musik auf meinen Geist und, wie ich glaube, auch auf mein Herz ausübte, habe ich in meinen *„Musikalischen Erinnerungen"* beschrieben . Das Bild dieser vergehenden Jahre schien mir damals frei von jeglichem Unglück zu sein, obwohl sein allgemeiner Ton melancholisch war, was hauptsächlich auf die Melancholie meiner Mutter zurückzuführen war. Meine Arbeit in der Schule und zu Hause war nicht zu schwer; Es hat mir sehr gut gefallen, und ich mochte Bücher sehr gern. Damals gab es kaum Bücher, und von jedem, der ein neues und wertvolles Buch besaß, wurde erwartet, dass er es seinen Freunden in der kleinen Stadt leiht. Wenn bekannt war, dass jemand beispielsweise Goethes oder Jean Pauls Werke besaß, ging man zu ihm oder zu ihr und bat um die Ausleihe derselben. Und nicht nur Bücher, sondern auch Papier und Stifte waren knapp. Die ersten Stahlstifte kamen auf den Markt, als ich noch in der Unterstufe war, und so schlimm sie auch waren, sie wurden von den Schülern, die sie besaßen, als wahre Schätze angesehen. Papier war so teuer, dass man sehr sparsam damit umgehen musste. Jeder Rand und jedes Deckblatt war bekritzelt, bevor es weggeworfen wurde, und oft fühlte ich mich durch die Papierknappheit so eingeschränkt, dass ich gerne einen Satz Hefte annahm, statt eines anderen Geschenks, das ich mir zu meinem Geburtstag oder zu Weihnachten gewünscht hätte. Es tut mir leid, sagen zu müssen, dass ich mein Leben lang unter der Ineffizienz unseres Schreibmeisters leiden musste, oder vielleicht auch unter der Tatsache, dass meine Gedanken zu schnell für meinen Stift waren. In anderen Fächern schnitt ich gut ab, aber obwohl ich in jeder Klasse zu den Ersten gehörte, war ich keineswegs klüger als andere Jungen. In der Unterstufe ähnelte die Arbeit eher einem Gespräch oder dem Hören von Neuigkeiten von unseren

Lehrern. Die Idee der Anstrengung existierte noch nicht. Die Plackerei begann jedoch, als ich die Oberstufe, das Gymnasium, betrat und die Elemente Latein und Griechisch lernte. Obwohl unsere Lehrer sehr gewissenhaft waren, versuchten sie, uns unsere Arbeit nicht zur Last zu machen, und der ständige Platzwechsel in jeder Klasse sorgte für eine lebhafte Rivalität unter den Jungen, obwohl ich nicht sicher bin, ob mich das nicht ziemlich ehrgeizig und ehrgeizig gemacht hat manchmal eingebildet. Trotzdem hatte ich nur wenige Feinde, und es schien viel wichtiger zu sein, wer einen anderen Jungen niederschlagen konnte, als wer einen Platz über ihm einnehmen konnte. Ich bin mir sicher, dass ich in der Schule viel mehr hätte erreichen können, als ich es tat, aber es war teils meine Musik und teils meine ständigen Kopfschmerzen, die meine Schularbeiten beeinträchtigten.

Als Junge erinnere ich mich daran, dass bestimmte Straßen ausschließlich von jüdischen Familien bewohnt waren. Eine große Anzahl Juden war in Dessau von einem ehemaligen Herzog empfangen worden; Obwohl er ihnen erlaubte, sich in Dessau niederzulassen, als sie in anderen Teilen Deutschlands verfolgt wurden, legte er fest, dass sie sich nur in bestimmten Straßen niederlassen sollten. Diese Straßen waren keineswegs die schlimmsten Straßen der Stadt; im Gegenteil zeigten sie größeren Komfort und kaum etwas von dem Elend, das die jüdischen Viertel in anderen Städten Deutschlands beschämte. Als Kinder wurden wir ohne jegliche Vorurteile gegenüber den Juden erzogen, obwohl wir zweifellos das Gefühl hatten, dass sie nur geduldet wurden und nicht ganz auf einer Ebene mit uns selbst standen. Auch die religiöse Schwierigkeit haben wir teilweise sehr stark gespürt. Waren die Juden nicht die Mörder Christi? Und hatten sie nicht gesagt: „Das Blut komme auf uns und auf unseren Kindern"? Aber als uns gesagt wurde, dass es falsch sei, Rachegefühle zu hegen, vergaßen wir Jungen es bald und vergaben und spielten wie beste Freunde zusammen. Ich erinnere mich, dass ich eine Reihe jüdischer Wörter aufgeschnappt habe, die man anderswo nicht verstanden hätte. Ich war mir kaum bewusst, dass sie Juden waren und benutzte sie wie alle anderen Wörter. Aber einmal habe ich meinen Freund Professor Bernays, der Jude war, sehr beleidigt. Er hatte eine ziemlich unglaubliche Aussage gemacht, und ich rief: „Sind Sie denn ganz maschukke?" – hebräisch für „verrückt". Ich meinte es nicht böse, aber er war sehr verletzt.

Ich kannte mehrere jüdische Familien und empfing als Junge viel Freundlichkeit von ihnen. Viele dieser Familien waren wohlhabend, aber sie stellten ihren Reichtum nie zur Schau und erregten daher keinen Neid. Das hat sich jetzt alles geändert. Die Kinder der Juden, die früher in Dessau sehr ruhig lebten, bewohnen jetzt die besten Häuser, frönen den teuersten Geschmäckern und versuchen in jeder Hinsicht, ihre nichtjüdischen Nachbarn zu übertreffen. Sie kaufen sich Titel und verlangen, wenn sie können, Sterne und Orden als Belohnung für erfolgreiche Finanzgeschäfte, die mit dem Geld fürstlicher Persönlichkeiten durchgeführt werden. Daher die Abscheu in ganz Deutschland, der sogenannte Antisemitismus, der nicht nur eine gesellschaftliche, sondern auch eine politische Bedeutung erlangt hat. Ich bezweifle, dass darin etwas Religiöses steckt, so wie damals, als wir Jungen waren. Der antisemitische Hass ist der Hass auf das Geldverdienen, insbesondere auf jene Art des Geldverdienens, die keine harte Arbeit erfordert, sondern zunächst nur ein großes Kapital und Kühnheit und Klugheit in der Spekulation, das heißt im Kaufen und Verkaufen im richtigen Moment. Die Kriegsgrundlagen für diese Art von Finanzkrieg wurden größtenteils von den Vätern und Großvätern der heutigen Generation geliefert. Manchmal ging zweifellos das Kapital verloren, und in solchen Fällen muss man sagen, dass der jüdische Spekulant ohne einen Seufzer oder einen Schrei von der Bühne verschwindet. Er beginnt von vorne, und wenn er das tun müsste, was sein Großvater getan hat, mit einer Tasche auf dem Rücken von Haus zu Haus laufen, jammert er nicht.

Man kann es den Juden oder anderen Spekulanten nicht verübeln, dass sie ihre Gelegenheiten nutzen, aber sie dürfen sich auch nicht beklagen, wenn sie Neid erregen und dieser Neid letzten Endes einen gefährlichen Charakter annimmt. Die Juden leiden keineswegs unter Benachteiligungen, sondern genießen gegenüber ihren christlichen Konkurrenten in Deutschland tatsächlich gewisse Privilegien. Sie gehören einem *regnum an*, aber auch einem *regnum in regno*. Sie haben sozusagen unseren Sonntag und ebenso ihren Sabbat. Juden werden immer Juden gegen Christen helfen, und wer kann ihnen das wiederum verübeln? Man kann nur sagen, dass sie sich nicht über ihre Unbeliebtheit beklagen, sondern das Risiko bedenken sollten, das sie eingehen. Niemand hasste die Juden so wie vor fünfzig Jahren in Dessau. Sie hatten ihre eigenen Schulen und Synagogen, und niemand störte sie, als sie zur Zeit ihres Laubhüttenfests ihre Lauben auf der Straße bauten und darin lebten, feierten und schliefen, um die Erinnerung an ihren Aufenthalt in der Wüste aufrechtzuerhalten. Sie gingen sogar noch anstößigeren Praktiken nach, wie zum Beispiel, drei Steine in die Särge zu legen, die die Toten dann auf die Jungfrau Maria, ihren Mann und ihren Sohn warfen. Niemand verdächtigte oder beschuldigte sie, christliche Kinder zu entführen oder mit ihrem Blut Opfer darzubringen. Dafür waren sie zu bekannt. Konversionen von Juden waren keine Seltenheit, und konvertierte Juden wurden nicht wie heute von ihren ehemaligen Glaubensbrüdern verfolgt. Sogar Ehen zwischen Christen und Juden waren keineswegs ungewöhnlich, insbesondere wenn die jungen Jüdinnen schön oder reich waren, noch besser, wenn sie beides waren. So schändlich die antisemitischen Unruhen in Deutschland und Russland auch waren, es kann kein Zweifel daran bestehen, dass hier wie in den meisten Fällen beide Seiten schuld waren, und es besteht wenig Aussicht auf eine Wiederherstellung des Friedens, bis noch viele weitere Köpfe eingeschlagen worden sind.

Was sehr dazu beitrug, den Frieden in der kleinen Stadt Dessau zu wahren, wie dies bis etwa zum Jahr 1848 in ganz Deutschland, ja auf der ganzen Welt der Fall war, war die geringe Zahl von Zeitungen. In meiner Kindheit und Jugend gab es nur sehr wenige. In Dessau kannte ich nur eine, die damals „Wochenblatt", später „ *Staatsanzeiger*" hieß . Damals las man Zeitungen wirklich wegen der Nachrichten, die sie enthielten, nicht wegen führender oder irreführender Artikel und all dem anderen. Was für eine glückliche Zeit war es, als eine Zeitung aus einem Blatt oder einem halben Blatt im Quartformat bestand, mit kurzen Abschnitten über aktuelle Ereignisse, die oft Wochen und Monate zuvor stattgefunden hatten. Eine Schlacht konnte in Spanien oder der Türkei, in Indien oder China geschlagen worden sein, und niemand erfuhr davon, bis die jeweiligen Regierungen oder jüdischen Bankiers offizielle Informationen gewährten. Kriegskorrespondenten oder regelmäßige Reporter gab es nicht, und die alten telegraphischen Meldungen wurden mit hölzernen Telegrafen übermittelt, die an hohen Türmen befestigt waren, die aus der Ferne wie Galgen aussahen, an denen ein Verbrecher hing und mit Armen und Füßen gestikulierte. Jeder, der diese Signale beobachtete, konnte sie viel leichter entziffern als eine Hieroglypheninschrift.

Der Frieden Europas, ja der ganzen Welt, lag damals in der Hand der Herrscher und ihrer Minister, und Fürst Metternich kann sich sicherlich einiges Verdienst dafür anrechnen, den sogenannten Dreißigjährigen Frieden bewahrt zu haben. Werden wir, solange es Zeitungen gibt, jemals wieder Frieden haben – Frieden zwischen den großen Nationen der Welt und Frieden im Inland zwischen streitenden Parteien und Frieden an unseren Morgen zu Hause, die jetzt so unbarmherzig von diesen Papiergiganten zerstört, ja sogar verschlungen werden, wenn wir uns gerade zu einem ruhigen Arbeitstag niederlassen wollen? Es hat keinen Sinn, gegen das Unvermeidliche zu protestieren, und wir können auch nicht ganz mit denen übereinstimmen, die behaupten, dass keine Zeitung das geringste Gewicht hat oder den geringsten Einfluss auf die Innen- oder Außenpolitik ausübt. Ein sehr einflussreicher Staatsmann und weiser Denker pflegte zu sagen, dass wir nie das Christentum gehabt hätten, wenn es zur Zeit des Augustus Zeitungen gegeben hätte. Als erfolglose *Literaten* oder bankrotte Bankangestellte die Hauptautoren der Zeitungen waren, war ihr Einfluss vielleicht gering; als jedoch Bismarcks und Gortchakoffs ihn dazu veranlassten, Journalisten zu werden, konnte man von Zeitungen kaum noch sprechen „ *quantités négligeables*" .

Der Horizont von Dessau war sehr eng, aber innerhalb seiner Grenzen herrschte ein geschäftiges und glückliches Leben. Jeder verrichtete seine Arbeit ehrlich und gewissenhaft. Es gab natürlich zwei Klassen, die

Gebildeten und die Ungebildeten. Die Gebildeten bestanden aus den Angehörigen des Staatsdienstes, den Geistlichen, den Schulmeistern, Ärzten, Künstlern und Offizieren; die Ungebildeten waren die Handwerker, Mechaniker und Arbeiter. Das Handwerk war größtenteils in den Händen von Juden, es war fast zu einem jüdischen Monopol geworden. Als einer dieser Handwerker bankrott ging, herrschte in der ganzen Stadt ein Aufruhr, und ich erinnere mich, wie ich zu einem dieser bankrotten Geschäfte geführt wurde und erwartete, das ganze Haus aufgebrochen und zerstört vorzufinden, und überrascht war, den Handwerker unversehrt und gesund und lächelnd an seinem gewohnten Platz stehen zu sehen. Mein etymologisches Gespür muss sich sehr früh entwickelt haben, denn ich hatte gefragt, warum dieser arme Jude Bankrotteur genannt wurde, und man hatte mir gebührend mitgeteilt, dass dies daran lag, dass seine Bank gesprengt worden war, *banca rotta* , was ich natürlich wörtlich nahm und erwartete, sämtliche Möbel in Stücke gerissen zu sehen. Die Handelsbeziehungen unserer Dessauer Kaufleute reichten nicht viel über Leipzig, Berlin, vielleicht Hamburg und Köln hinaus. Wenn ein Dessauer Bürger dorthin oder in weiter entfernte Gegenden reiste, wusste die ganze Stadt davon und sprach darüber, während eine Reise nach Paris oder London ein Ereignis war, das es wert war, in den Zeitungen erwähnt und besprochen zu werden. Diese alten Zeitungen sind voll von merkwürdigen Informationen. Wir finden, dass, wenn jemand nach Köln oder weiter reisen wollte, er eine Begleitung annoncierte und es Sache des Bürgermeisters war, die nötigen Vorkehrungen für ihn zu treffen.

Vor allem am Hof wurde Französisch gelernt und gesprochen, aber Englisch war eine seltene Fähigkeit, noch mehr Italienisch oder Spanisch. Es gab jedoch einen kleinen inneren Kreis, in dem diese Sprachen studiert wurden, hauptsächlich um die Meisterwerke der modernen Literatur zu lesen. Und das war umso lobenswerter, als es in Dessau keine guten Lehrer gab und man sich das, was man lernen wollte, mit Hilfe von Grammatik und Wörterbuch selbst beibringen musste. Wir haben in der Schule Französisch gelernt, aber das Ergebnis war bedauerlich. Wie in allen öffentlichen Schulen konnte der französische Lehrer, der am Herzogsgymnasium die Sprache unterrichten musste, nicht für Ordnung unter den Jungen sorgen. Er sprach natürlich Französisch, aber das war auch alles. Er wusste nicht, wie man unterrichtet, und konnte kein Interesse bei den Jungen wecken, die darauf bestanden, Französisch so auszusprechen, als wäre es Deutsch. Das Leben des armen Mannes wurde ihm zur Last gemacht. Sein Name war Noel und er hatte alle angenehmen Manieren eines Franzosen, aber das weckte nur den Widerstand der jungen Barbaren. Das Ergebnis war, dass wir sehr wenig lernten und ich zu einem alten Juden geschickt wurde, um Französisch und ein wenig Englisch zu lernen. Dieser alte Jude namens Levy Rubens war ein perfekter Gentleman. Wahrscheinlich war er in seinen frühen Tagen ein

Handelsreisender gewesen, obwohl niemand genau wusste, woher er kam oder wie er Sprachen gelernt hatte. Er hatte meinen Vater und meinen Großvater unterrichtet und freute sich, die dritte Generation unterrichten zu können. Er sprach sicherlich fließend Französisch und Englisch, jedoch mit dem stärksten jüdischen Akzent, den alle seine Schüler in Dessau vererbten. Ich schäme mich, wenn ich an die Streiche denke, die wir dem alten Mann gespielt haben – Mäuse in seine Taschen gesteckt, Tintenfässer über seinem Tisch umgeworfen und Cracker unter seine Stühle gelegt. Aber er verlor nie die Beherrschung; er hätte es nie gewagt, uns so zu bestrafen, wie wir es verdienten; aber er fuhr mit seiner Lektion fort, als wäre nichts passiert. Er nahm sein kleines Gehalt entgegen und war zufrieden, als sein Unterricht vorbei war und er sich mit seiner langen Pfeife und seinen Büchern begnügen konnte. Er lebte ganz allein und starb ganz allein, ein fleißiger, ehrlicher, armer Jude, nicht gerade verachtet oder verfolgt, aber nicht mit dem Respekt behandelt, den er sicherlich verdiente und den er erhalten hätte, wenn er kein Jude gewesen wäre.

Unsere öffentliche Schule war so gut wie jede andere in Deutschland. Diese kleinen Herzogtümer folgten im Allgemeinen dem Beispiel Preußens und führten die Anweisungen des Berliner Kultusministeriums buchstabengetreu aus. Außerdem hatten mehrere der regierenden Herzöge ein sehr herzliches und persönliches Interesse an der Volksbildung gezeigt, und zu Beginn des Jahrhunderts richteten sich die Augen ganz Deutschlands, ja Europas, auf die pädagogischen Experimente meines Großen -Großvater Basedow [6] im sogenannten Philanthropinum in Dessau unter der Schirmherrschaft des Herzogs und einiger der aufgeklärteren Herrscher Europas, wie der Kaiserin Katharina von Russland, des Königs von Dänemark, des Kaisers Joseph von Österreich, Prinz Adam Czartoryski usw. Auch nach Basedows Tod blieb das Interesse an Bildung in Dessau bestehen und es wurde alles getan, was in einer so kleinen Stadt möglich war, um die verschiedenen Schulen – Grund-, Mittel- und Oberschulen – auf einem möglichst hohen Leistungsniveau zu halten .

Baden war eine sehr gesunde Freizeitbeschäftigung, auch wenn ich fast daran scheiterte, meinen Vorgesetzten zu vertrauen. Sie konnten schwimmen und ich konnte es noch nicht. Aber als ich mit zwei meiner Freunde in einem sicheren Teil des Flusses badete, schwammen sie mit und baten mich, ihnen zu folgen. Ich hatte volles Vertrauen in sie und sprang vom Ufer aus hinein, begann aber sehr bald zu sinken. Meine Rufe brachten meine Freunde zurück und sie retteten mich, nicht ohne Schwierigkeiten, vor dem Ertrinken.

In einer englischen Schule ist der Einfluss des Meisters natürlich konstanter, da einer der Meister immer erreichbar ist, während er in Deutschland nur während der Schulzeit sichtbar ist. Wenn ein Meister seine Schüler liebt und sich für sie individuell interessiert, kann er ihnen mehr Gutes tun als die Eltern zu Hause oder der Lehrer an einer Tagesschule. Die Jungs an einer deutschen Schule sind zweifellos eine sehr gemischte Truppe, aber daran lässt sich nichts ändern. Diese Klassenmischung mag in mancher Hinsicht ein Nachteil sein, aber aus pädagogischer Sicht sind die Söhne sehr reicher Eltern keineswegs wertvoller als die armen Jungen. Weit davon entfernt. Viele der Übel des Schullebens kommen von den Söhnen der Reichen, während die Söhne armer Eltern sich im Allgemeinen gut benehmen. Dennoch herrschte unter einigen Jungen in der Schule ein rauer und unhöflicher Umgangston, der auf Mängel in der häuslichen Erziehung zurückzuführen war, und das verbitterte manchmal die eigentlich glücklichste Zeit des Lebens, besonders bei zarten Jungen . Der Sohn eines Ministers muss oft an der Seite des Sohnes eines wohlhabenden Metzgers sitzen, und allein die Tatsache, dass er der Sohn eines Gentlemans ist, setzt den gebildeteren Jungen oft der Schikane seines muskulösen Nachbarn aus. Ich hatte Glück in der Schule. Ich konnte mit den Jungen mithalten, und von den Lehrern kannten einige meinen Vater oder waren seine Schüler gewesen, und sie zeigten ein persönliches Interesse an mir.

Ich erinnere mich besonders an einen jungen Lehrer, der sehr nett zu mir war und mich zu mir nach Hause nahm, um mir Privatunterricht zu geben und mir gute Ratschläge zu geben. Er hatte etwas Trauriges und sehr Anziehendes an sich, und ich erfuhr später, dass er wusste, dass er an Schwindsucht starb, und dass er außerdem wegen politischen Liberalismus angeklagt werden könnte, was damals fast Hochverrat war. Ich glaube, er wurde tatsächlich verurteilt und wie viele andere ins Gefängnis gesteckt, und er starb bald, nachdem ich Dessau verlassen hatte. Sein Name war Dr. Hönicke, und er war der erste, der mir klarzumachen versuchte, dass ich mich meines Vaters würdig erweisen sollte, ein Gedanke, der mir vorher nie in den Sinn gekommen war, ja, den ich zunächst kaum verstehen konnte, der aber dennoch in meinem Kopf weiterschlummerte, bis er Jahre später zum Ausdruck kam und mein ganzes Leben lang einen starken Einfluss hatte. Ich habe noch einige Zeilen, die er für mein Album geschrieben hat. Es waren die bekannten Zeilen von Horaz, die ich damals nur schwer verstehen konnte, die sich mir aber seither ins Gedächtnis eingebrannt haben:

„Fortes creantur fortibus et bonis,
Est in iuvencis est in equis patrum
Virtus nec imbellem feroces
Progenerant aquilae columbam.“
Doctrina sed vim promovet insitam,
Rectique cultus pectora roborant;

Utcunque defecere mores,
Dedecorant bene nata culpae."

In meiner Kindheit musste ich die üblichen Krankheiten durchmachen, aber es war das Vertrauen in unseren Arzt, das mich immer rettete. Der Arzt war für mich der Mann, der gerufen wurde, um mich wieder gesund zu machen, und während meine Mutter wegen ihres einzigen Sohnes aufgeregt war, dachte ich nie an irgendeine Gefahr. Der bloße Gedanke an den Tod kam mir nie in die Nähe, bis mein Großvater starb (1835), aber selbst dann war ich erst etwa zwölf Jahre alt, und obwohl ich viel von ihm gesehen hatte, besonders während der Jahre, in denen meine Mutter wieder in seinem Haus lebte, war er doch zu alt, um an den Vergnügungen seiner Enkelkinder viel teilzuhaben. Er hinterließ zweifellos eine Lücke in unserem Leben, aber diese Lücke wurde wieder mit neuen Gestalten im Leben eines zwölfjährigen Jungen gefüllt. Er war erst einundsechzig Jahre alt, als er starb, und doch war meine Vorstellung von ihm immer die eines sehr alten Mannes. Alles wurde für ihn getan, sein Diener kleidete ihn jeden Morgen an, er wurde in seinen Wagen gehoben und wieder herausgehoben, und er führte sicherlich das Leben eines Invaliden, wie ich es mit sechsundsiebzig nicht zugeben würde. Er machte kein Geheimnis daraus, dass ihm der Sohn seines Sohnes, der der Erbe war und den Namen von Basedow weiterführen sollte, mehr bedeutete als der Sohn seiner Tochter. Er war ein großer Fahr- und Jagdfreund und nahm meinen Vetter häufig mit zum Jagen. Als mein Vetter mit einem geschossenen Hasen nach Hause kam, war ich, das muss ich gestehen, manchmal eifersüchtig, aber ich war bald von meinem Wunsch geheilt, mit meinem Großvater in den Wald zu gehen. Einmal, als ich mit ihm in seinem kleinen Wagen unterwegs war, hatte mein Großvater, der nicht gut sehen konnte, das Unglück, eine Hirschkuh zu töten, die mit ihren beiden Jungen herausgekommen war. Das Elend der Mutter und später ihrer beiden Jungen war herzzerreißend, und von diesem Tag an beschloss ich, nie wieder auf die Jagd zu gehen und nie wieder ein Tier zu töten. Und ich habe mein Wort gehalten, obwohl ich viel ausgelacht wurde. Es mag sein, dass ich in meinem späteren Leben und nach dem Tod meines Großvaters kaum noch Gelegenheit zum Schießen hatte, aber das Schreien der Hirschkühe und das Wimmern der Jungen, die versuchten, bei ihrer toten Mutter zu saugen, sind mir mein Leben lang in Erinnerung geblieben.

Mein Großvater blieb, obwohl er früh alterte, bis zu seinem Lebensende als Ministerpräsident im Amt und es war sein großer Wunsch, seinem Land durch neue Institutionen zu nützen. Er war es, der es zu einer Zeit, als die Menschen noch kaum wussten, was Eisenbahnen bedeuten, schaffte, die Strecke von Berlin nach Halle und Leipzig über Dessau führen zu lassen. Er bot an, die Brücke über die Elbe zu bauen und das Land und das Holz für die Schwellen gratis zu geben, und was damals als viel zu großzügiges

Angebot erschien, erwies sich als Segen für das Herzogtum, da es sozusagen zum Mittelpunkt der großen Eisenbahn wurde, die Berlin, Leipzig, Magdeburg, die Elbe, Hannover, Bremen, ja sogar Köln, den Rhein und Westeuropa verband. Auf seine Weise war er ein guter Staatsmann, obwohl wir zu sehr dazu neigen, die wahre Größe eines Mannes an den Umständen zu messen, unter denen er sich bewegt.

Soweit ich mich erinnern kann, litt ich unter Kopfschmerzen. Kein Arzt konnte mir helfen, niemand schien die Ursache zu kennen. Es war eine Migräne, und obwohl ich sie genau beobachtete, konnte ich sie nicht auf irgendeine Schuld von mir zurückführen. Die Vorstellung, dass sie von Überarbeitung herrührte, war sicherlich falsch. Sie kam und ging, und wenn sie an einem Tag auf der rechten Seite war, war sie am nächsten Tag immer auf der linken, obwohl ich manchmal eine Woche oder vierzehn Tage oder sogar länger davon verschont blieb. Es war auch seltsam, dass sie selten länger als einen Tag anhielten und dass ich mich am Tag nach meiner Erschöpfung immer besonders stark und wohl fühlte. Denn ich war erschöpfend und im Allgemeinen völlig unfähig, irgendetwas zu tun. Ich musste mich hinlegen und versuchen zu schlafen. Nach einem guten Schlaf ging es mir gut, aber wenn die Schmerzen sehr schlimm waren, stellte ich fest, dass sich manchmal die Haut meiner Stirn ablöste. Auf diese Weise verlor ich oft zwei oder drei Tage in der Woche, und da meine Arbeit irgendwie erledigt werden musste, wurde sie oft trotzdem erledigt, und ich wurde gescholten und bestraft, eigentlich ohne dass ich etwas dafür konnte. Nachdem alle Mittel, die der Arzt und die Krankenschwestern verschrieben hatten, versagt hatten (und ich erinnere mich gut daran, wie meine Großmutter meinen Nacken massierte, das muss etwa zwischen 1833 und 1835 gewesen sein), wurde ich Hahnemann, dem Begründer der Homöopathie, übergeben. Hahnemann (geb. 1755) hatte bereits 1780 – also etwas vor meiner Zeit – als Arzt in Dessau praktiziert, dies aber aufgegeben, und als ihm 1820 von der Regierung verboten wurde, in Leipzig zu praktizieren und Vorlesungen zu halten, suchte er erneut Zuflucht in der Nachbarstadt Köthen. Von dort aus besuchte er Dessau als beratender Arzt, und nachdem ich ihm alle Symptome meiner chronischen Kopfschmerzen so gut wie möglich erklärt hatte, versicherte er meiner Mutter, dass er sie sofort heilen würde. Er war eine imposante Persönlichkeit – ein kräftiger Mann mit einem riesigen Kopf, starken Augen und einer äußerst überzeugenden Stimme. Ich kann mir gut vorstellen, dass sein persönlicher Einfluss bei der Heilung vieler Krankheiten eine große Rolle gespielt hätte. Die Menschen vergessen zu sehr, wie stark die Heilkraft im Vertrauen des Patienten in seinen Arzt liegt, ja, wie viel der Geist dazu beitragen kann, den Körper zu deprimieren und wiederzubeleben. Ich werde nie vergessen, wie ich in späteren Jahren Sir Andrew Clarke konsultierte und ihm von so vielen, meiner Meinung nach, äußerst ernsten Symptomen erzählte. Ich hatte Schlaf und Appetit verloren und stellte mir vor, dass ich mich in einem wirklich sehr schlechten Zustand befand. Er untersuchte mich und traktierte mich eine volle Dreiviertelstunde lang, und anstatt mein Schicksal zu verkünden, wie ich es erwartet hatte, erzählte er mir mit strahlendem Blick und äußerst überzeugender Stimme, dass er viele Männer untersucht habe, die ihr Gehirn zu sehr beansprucht hätten, aber noch nie einen Mann in meinem Alter gesehen habe, der in allen Organen so vollkommen gesund sei. Ich fühlte mich sofort jung und stark und traf auf dem Heimweg meinen alten Freund Morier, wir aßen zusammen einige Dutzend Austern und tranken einige Pints Porter, ohne dass es auch nur die geringsten negativen Auswirkungen hatte. Tatsächlich war ich ohne eine Pille oder einen Tropfen Medizin geheilt.

Und wer kennt das nicht: Wenn man sich endlich dazu entschließt, sich einen Zahn ziehen zu lassen, verschwindet der Schmerz scheinbar, sobald man beim Zahnarzt die Klingel drückt?

Hahnemann hatte jedoch bei mir keinen Erfolg. Ich schluckte eine Anzahl seiner Silber- und Goldkügelchen, aber die Migräne blieb in ihrem regelmäßigen Verlauf, von rechts nach links und von links nach rechts, und das dauerte bis etwa zum Jahr 1860 an. Dann erzählte mir mein Arzt, der verstorbene Mr. Symonds aus Oxford, genau das, was Hahnemann mir gesagt hatte – dass er mich heilen würde, wenn ich ein bestimmtes Medikament sechs Monate oder ein Jahr lang regelmäßig einnehmen würde. Er erzählte mir, dass er und sein Bruder sich speziell mit Kopfschmerzen beschäftigt hätten und dass es unzählige Arten von Kopfschmerzen gäbe, von denen jede ihre eigene spezielle Behandlung erfordere. Als ich ihn fragte, zu welcher Kategorie von Kopfschmerzen meine gehörten, war ich nicht wenig verlegen, als ich ihm sagte, dass meine Kopfschmerzen das seien, was sie den Kopfschmerz des Stadtrats nannten. „Sicherlich", sagte ich, „esse oder trinke ich nicht zu viel." Ich hatte geglaubt, meine Kopfschmerzen seien mysteriöse nervöse Kopfschmerzen, die vom Gehirn ausgehen. Aber nein, sie schienen von Schildkrötensuppe und Portwein herzurühren. Als der Arzt jedoch meine Überraschung bemerkte, beruhigte er mich mit der Aussage, dass die Nerven im Kopf den Magen beeinflussten und so indirekt die gleiche Verdauungsstörung verursachten wie eine Diät des Stadtrats. Ob das stimmte oder nur als Trostpflaster gedacht war, *weiß* ich nicht. Was ich jedoch weiß, ist, dass sich die Häufigkeit und Heftigkeit meiner Kopfschmerzen durch die regelmäßige Einnahme des Arzneimittels über etwa ein halbes Jahr erheblich verringerte, und nach etwa einem Jahr verschwanden sie vollständig. Ich war ein neuer Mensch und meine Arbeitszeit verdoppelte sich.

Daraus lässt sich eine Lehre ziehen, nämlich, dass das englische ärztliche System sehr unvollkommen ist. In England warten wir, bis wir krank sind, gehen dann zu einem Arzt, beschreiben unsere Symptome so gut wir können, zahlen eine oder zwei Guineen, bekommen unser Rezept, nehmen einen Monat lang drastische Medikamente und erwarten, dass es uns wieder besser geht. Als mein deutscher Arzt das Rezept meines englischen Arztes sah, sagte er mir, dass er es keinem Pferd geben würde. Wenn es uns nach einem Monat nicht besser geht, gehen wir wieder hin; er ändert möglicherweise unsere Medikamente und wir nehmen sie einen weiteren Monat lang mehr oder weniger regelmäßig ein. Der Arzt kann die Wirkung seiner Medikamente nicht überwachen, er ist sich nicht einmal sicher, ob seine Rezepte sorgfältig befolgt wurden; und er weiß nur zu gut, dass alles, was einer chronischen Krankheit gleichkommt, eine chronische Behandlung erfordert. Das Wichtigste war jedoch, dass meine Kopfschmerzen durch die fortgesetzte Einnahme von Medikamenten allmählich nachließen; es hätte kaum die gewünschte Wirkung erzielt, wenn ich es schubweise eingenommen hätte. All dies erscheint mir ganz natürlich; aber obwohl mein englischer Arzt mich geheilt hat und meine deutschen Ärzte nicht, bin ich immer noch der Meinung, dass das deutsche System besser ist. Die meisten Familien haben ihren Arzt in Deutschland, der von Zeit zu Zeit vorbeikommt, um sich um die Gesundheit der alten und jungen Familienmitglieder zu kümmern, insbesondere wenn sie in ärztlicher Behandlung sind, und seine vereinbarte jährliche Bezahlung erhält, die ihm ein sicheres Einkommen sichert, das natürlich durch die Betreuung gelegentlicher Patienten aufgestockt werden kann. Vielleicht ist das chinesische System das beste; sie bezahlen ihren Arzt, solange es ihnen gut geht, und stellen die Zahlung ein, solange sie krank sind. Ich kenne das unwiderlegbare Argument, das mir immer an den Kopf geworfen wird, wenn ich meinen Freunden gegenüber behaupte, dass es einige Dinge gibt, die in Deutschland möglicherweise besser gehandhabt werden als in England. Wenn sich meine Bemerkungen auf das Studium und die Praxis der Medizin beziehen, werde ich gefragt, ob in England mehr Menschen getötet werden als in Deutschland; wenn ich mich auf das Studium und die Praxis des Rechts beziehe, wird mir versichert, dass in England genauso viele Mörder gehängt werden wie in Deutschland; und wenn ich es wage anzudeuten, dass das Studium der Theologie in Oxford in bestimmten Punkten verbessert werden könnte, wird mir gesagt, dass in England genauso viele Seelen gerettet werden wie in Deutschland, ja sogar noch viel mehr. Da ich die Fakten nicht anhand zuverlässiger Statistiken ermitteln kann, habe ich nichts zu erwidern; Ich bin lediglich der Meinung, dass die meisten Nationen wie auch die meisten Menschen in ihren eigenen Augen vollkommen sind, dass aber diejenigen am vollkommensten sind, die bereit sind zuzugeben, dass sie von ihren Nachbarn etwas lernen können.

Aber zurück zu Hahnemann. Er war sehr freundlich zu mir und ich sah zu ihm auf, als sei er sowohl körperlich als auch geistig ein Riese. Aber er konnte mich nicht von meinem Feind befreien, der immer wiederkehrenden Migräne. Die Kuren jedoch sowohl in Dessau als auch in Köthen, wo er vom regierenden Herzog zum *Hofrat ernannt worden war, waren sehr außergewöhnlich.* Hahnemann blieb bis 1835 in Köthen, und in diesem Jahr, als er achtzig war, heiratete er eine junge Französin, Melanie d'Hervilly, und wurde von ihr nach Paris entführt, wo er bald eine große Praxis eröffnete und 1843 starb , also im Alter von achtundachtzig Jahren. Ich bin mir sicher, dass ein großer Teil seines Erfolgs seiner Anwesenheit und dem Selbstvertrauen zu verdanken war, das er hervorrief. Woher weiß ich, dass Sir Andrew Clarke es nicht für richtig hielt, mich zu ermutigen, als er sah, dass es mir gesundheitlich schlecht ging, und indem er mich ermutigte, gab er mir auf jeden Fall Selbstvertrauen und steigerte so meine Vitalität und meine Stimmung , oder wie auch immer wir es nennen möchten? „Dein Glaube hat dich gesund gemacht" ist eine Lektion, die Ärzte nicht vernachlässigen sollten.

Wie wenig wissen wir über die Auswirkungen der Umgebung, in der wir aufwachsen. Meine alte Oma hat tiefere Furchen in meine junge Seele gezogen als alle meine Lehrer und Prediger zusammen. Ich werde der unbefriedigendsten aller Studien, der Kinderpsychologie, kein Kapitel hinzufügen. Es ist ein unmögliches Thema. Das Opfer – das Kind – kann erst verhört werden, wenn es zu spät ist. Die Einflüsse, die auf die Sinne und den Geist des Kindes wirken, können nicht bestimmt werden; Es sind zu viele und zu ungreifbar. Die Beobachter von Babys, zumeist junge Väter, die stolz auf ihr erstes Kind sind, erinnern mich immer an einen sehr gelehrten Freund von mir, der der Royal Society äußerst mühsame Seiten mit seinen lebenslangen Beobachtungen zu bestimmten Abweichungen der Magnetnadel vorgelegt und sie vergessen hatte dass er bei diesen Beobachtungen immer eine Stahlbrille auf der Nase hatte. Allerdings habe ich weder gegen diese Beobachtungen noch gegen ihre mehr oder weniger gelungenen Interpretationen etwas einzuwenden. Aber der wahre Schaden beginnt, wenn Menschen glauben, dass sie durch das Studium der Verhaltensweisen von Säuglingen herausfinden könnten, wie der Mensch in seinem ursprünglichen Zustand war, ob als haariges oder haarloses Geschöpf. Die Vorstellung, dass wir aus der Art und Weise, wie Kinder anfangen, unsere alten Wörter zu verwenden, lernen können, wie die Ursprache der Menschheit entstand, kommt mir vor, als würde ich mir vorstellen, dass Kinder, die mit Spielsteinen spielen, uns beibringen würden, wie und für welchen Zweck das erste Geld war geprägt. Zweifellos steckt in dieser infantilen Psychologie ein Fünkchen Wahrheit, aber sie erfordert ebenso viele Vorbehalte wie die sogenannte ethnologische Psychologie, die uns in den Wilden der Gegenwart das Abbild der ersten Vorfahren unserer Rasse sehen lässt und tun würde lehren uns, in ihrem Aberglauben die Vorläufer der Mythologie und Religion der arischen oder semitischen Rassen zu entdecken. Dieselben Philosophen, die ständig auf Vererbung und Atavismus zurückgreifen, um zu erklären, was im Glauben und in den Bräuchen der Brahmanen, Griechen oder Römer unerklärlich erscheint, scheinen sich der vielen Jahrhunderte, die über die Köpfe der Patagonier hinweggegangen sein müssen, überhaupt nicht bewusst zu sein der Gegenwart sowie der Griechen zur Zeit Homers. Sie betrachten die Patagonier als die *tabula rasa* der Menschheit und vergessen, dass, selbst wenn wir zugeben würden, dass die Vorfahren der arischen Rasse einst wilder als die Patagonier gewesen seien, dies nicht bedeuten würde, dass ihre Wildheit mit der des Volkes identisch sei von Feuerland. Warum sollte die Distanz zwischen patagonischen und vedischen Rishis nicht mindestens so groß sein wie die zwischen vedischen Rishis und homerischen Barden? Wenn es überhaupt so viele Arten zivilisierten Lebens gibt, gab es dann nur ein und dieselbe Grausamkeit?

Nehmen wir zum Beispiel das Gefühl der Angst; Ist es wahrscheinlich, dass wir herausfinden, ob es in der menschlichen Natur angeboren ist oder in jeder Generation erworben und verstärkt wird, indem wir unsere Fäuste vor dem Gesicht eines kleinen Babys schütteln, um zu sehen, ob es zwinkert, schrumpft oder schreit? Manche Kinder mögen furchtloser sein als andere, aber ob diese Furchtlosigkeit aus Unwissenheit oder aus Sturheit entsteht, ist wiederum keineswegs leicht zu bestimmen. Ein verbranntes Kind hat Angst vor dem Feuer, ein unverbranntes Kind könnte mutig nach einer glühenden Kohle greifen, aber all dies würde uns nicht dabei helfen, festzustellen, ob Angst eine angeborene oder eine erworbene Tendenz oder Gewohnheit ist.

Ich kann nur sagen, dass mir in meiner Jugend und auch in meinen späteren Jahren die albernen Geschichten einer meiner Großmütter oft zur Hölle gemacht wurden und dass ich mich sehr anstrengen musste, bevor ich es über mich brachte, im Dunkeln über einen Friedhof zu gehen. Das zeigt, wie sehr unser Charakter von den Umständen geprägt wird, selbst wenn wir uns dessen am wenigsten bewusst sind. Ich glaubte nicht an Geister und war auch kein Feigling, aber ich fühlte mein Leben lang eine Art Schauer in dunklen Gängen und beim Klang mysteriöser Geräusche, und allein die Tatsache, dass ich mich anstrengen musste, diese Gefühle zu überwinden, zeigt, dass etwas in meine geistige Verfassung gelangt war, das dort nie hätte sein dürfen, und das mir, besonders in meinen jüngeren Tagen, viele Momente des Unbehagens bereitete.

All diese Erfahrungen bilden sozusagen den Hintergrund unseres Lebens. Meine ersten Vorstellungen von Männern und Frauen und von der Welt im Allgemeinen, das heißt von der unbekannten Welt, wurden innerhalb der engen Mauern von Dessau geformt, denn Dessau war noch von Mauern umgeben und die Tore der Stadt wurden jede Nacht geschlossen, obwohl die Angst vor einem ausländischen Feind nur gering war. Natürlich waren die Ansichten über das Leben, die in Dessau vorherrschten, sehr eng, aber für unsere Zwecke waren sie weit genug. Obwohl wir von großen Städten wie Dresden oder Berlin und von großen Ländern wie Frankreich und Italien hörten, war meine wirkliche Welt Dessau und seine Umgebung. Wir hatten keine Interessen außerhalb der Mauern unserer Stadt oder der Grenzen unseres Herzogtums. Wenn wir von Dingen hörten, die in Leipzig oder Berlin, in Paris oder London passiert waren, hatten sie für uns nicht mehr Realität als das, was wir über Abraham, Romulus und Remus oder Alexander den Großen gelesen hatten. Für uns schien der Puls der Welt in der *Haupt- und Residenzstadt* Dessau zu schlagen, obwohl wir genau wussten, wie klein sie im Vergleich zu anderen Städten war.

Und auch das hat mein ganzes Leben lang Eindruck auf mich gemacht, und sei es nur, weil es mir alles, was ich später in Städten wie Leipzig, Berlin, Paris und London sah, überwältigend großartig erscheinen ließ. Jungen, die in einer dieser großen Städte aufwachsen, haben von Anfang an eine andere Sicht auf die Welt und einen anderen Maßstab für das, was sie später im Leben sehen. Ich weiß nicht, ob sie darum zu beneiden sind, denn Bewunderung macht Freude, ja sogar Freude daran, beim ersten Anblick des Lebens in den Straßen von Paris oder London verblüfft zu sein. Ich war mein ganzes Leben lang sicherlich ein großer Bewunderer, und ich schreibe diese Veranlagung der kleinen Umgebung meiner frühen Jahre in Dessau zu.

Und so war es auch mit allem anderen. Nachdem ich unsere Cavalier-Strasse bewundert hatte, konnte ich die Boulevards in Paris und die Regent Street in London noch mehr bewundern. Nachdem ich unser kleines Theater genossen hatte, war ich entsetzt über die Grand Opera und die Drury Lane. Diese Fähigkeit der Bewunderung und des Vergnügens erstreckte sich sogar auf Abendessen und andere häusliche Vergnügungen. Da ich mit sehr einfacher Kost aufgewachsen war, genoss ich die Abendessen, die die Old East India Company gab, in vollen Zügen, wenn wir etwa 400 Personen zusammensaßen und, wie man mir sagte, vier Pfund für jeden Gast bezahlt wurden. Ich erwähne dies, weil ich das Gefühl habe, dass mir nicht nur die spartanische Ernährung meiner frühen Jahre mein ganzes Leben lang eine Vorliebe für gesellige Unterhaltungen gegeben hat, auch wenn sie nicht ganz vier Pfund pro Person kostete, sondern dass die allgemeine Selbstverleugnung, die ich in meiner Jugend üben musste, mich eine ständige Dankbarkeit und aufrichtige Wertschätzung für die kleinen Annehmlichkeiten meiner späteren Jahre empfinden ließ.

Ich erinnere mich noch an die Zeit, als ich aufwachte und mein Atem auf meiner Bettwäsche zu einer dünnen Eisschicht gefroren war. Wir mussten uns auf einem Dachboden waschen und anziehen, dessen Fenster so dick zugefroren waren, dass am Morgen kaum Licht hereinfiel, und wo, als wir versuchten, das Eis im Krug aufzubrechen, nur ein paar Wassertropfen zum Waschen auf dem Boden blieben. Kein Wunder, dass die Waschungen schnell gingen. Danach aßen wir unser schnelles Frühstück, bestehend aus einer Tasse Kaffee und einer *Semmel* oder einem Brötchen, und dann eilten wir zur Schule, oft durch den Schnee, der noch nicht vom Bürgersteig gefegt worden war. Wir saßen von acht bis elf oder zwölf in der Schule, eilten wieder nach Hause, aßen unser sehr einfaches Abendessen und gingen dann von zwei bis vier wieder zur Schule. Wie wir das durchstanden, frage ich mich manchmal, denn wir waren dünn bekleidet und oft nass vom Regen oder Schnee; und doch genossen wir unser Leben, wie es nur Jungen genießen können, und hatten keine Zeit, krank zu sein. Ein Segen, den mir diese frühen harten Zeiten fürs Leben hinterlassen haben – die Fähigkeit, viele Dinge zu genießen, die für die meisten meiner Freunde selbstverständlich oder ohne Bedeutung sind. Der Hintergrund meines Lebens in Dessau und Leipzig mag düster erscheinen, aber er hat dazu beigetragen, dass die späteren Jahre meines Lebens umso heller und wärmer wurden.

Je mehr ich über diese ferne, jetzt sehr ferne Vergangenheit nachdenke, desto mehr fühle ich, wie mein ganzer Charakter davon geprägt wurde, ohne dass ich mir dessen bewusst war. Die unverdorbene Ursprünglichkeit des Lebens in Dessau, wie es war, als ich dort bis zu meinem zwölften Lebensjahr zur Schule ging, wäre in allen Einzelheiten äußerst schwierig zu beschreiben. Jeder schien jeden und alles über jeden zu kennen. Jeder wusste, dass er beobachtet wurde, und Klatsch im besten Sinne des Wortes war in der kleinen Stadt allgegenwärtig. Klatsch war in der Tat die öffentliche Meinung mit all ihren guten und all ihren schlechten Seiten. Dennoch war das Ergebnis, dass sich niemand leisten konnte, seine Kaste zu verlieren, und dass sich jeder so gut benahm, wie er konnte. Ich glaube wirklich, dass das Privatleben der Dessauer zu Beginn des Jahrhunderts tadellos war. Die großen Übel der Gesellschaft existierten nicht, und wenn es ab und zu ein schwarzes Schaf gab, wurde sein oder ihr Leben ihnen zur Last. Jeder wusste, was geschehen war, und da die Gesellschaft im Großen und Ganzen so schuldlos war, war sie umso unbarmherziger gegenüber den Sündern, ob ihre Sünden nun groß oder klein waren. Daher war meine Vorstellung von Anfang an, dass es nur zwei Klassen gab – eine Klasse, vollkommen und rein wie Engel, die andere, schwarze Schafe und völlig unsäglich. Es gab keine Übergänge, keine Zwischenglieder, keine Schattierungen von Licht und Dunkel. Ein Mensch war entweder schwarz oder weiß, und diese starre Regel galt nicht nur für den moralischen Charakter, sondern auch intellektuelle Vortrefflichkeit wurde nach demselben Maßstab gemessen. Ein Kunstwerk war entweder überragend schön oder verachtenswert. Ein Wissenschaftler war entweder ein Riese oder ein Schwindler. Einige Leute sprachen von Goethe als dem größten Dichter und Philosophen, den die Welt je gesehen hatte; andere nannten ihn einen bösen Menschen und einen überbewerteten Dichter. [7]

Es ist zweifellos gefährlich, mit einem so unvollkommenen Maß durchs Leben zu gehen, und ich habe lange Zeit darunter gelitten, besonders in

Fällen, in denen ich kleine Fehler hätte in Kauf nehmen sollen. Aber da ich dazu erzogen wurde, Menschen mit völligem Vertrauen in ihre Rechtschaffenheit und mit uneingeschränkter Bewunderung für ihr Genie zu begegnen, dauerte es viele Jahre, bis ich lernte, menschliche Schwächen oder vorübergehende Fehler zu berücksichtigen. Ich habe auf meinem Lebensweg so manchen liebenswerten Begleiter und guten Freund verloren, weil ich sie mit meiner rostigen Dessauer Waage gewogen habe. Ich musste durch lange Erfahrung lernen, dass es auf der weichen Schale eines Pfirsichs einen Fleck, ja sogar mehrere Flecken geben kann, und dennoch kann die ganze Frucht perfekt sein. Ich verhielt mich ganz ähnlich wie der Kaufmann, der ein ganzes Reisfeld anhand der ersten Handvoll Körner prüfte und der, wenn er ein oder zwei schlechte Körner fand, mit dem ganzen Feld nichts zu tun haben wollte. Ich musste lernen, was vielleicht die schwierigste Lektion von allen war: dass einem vertrauenswürdigen Freund nicht immer vertraut werden kann und er daher nicht unbedingt ein Verdammter sein muss. Was für mich am schwersten zu verdauen war, war eine Unwahrheit: herauszufinden, dass jemand, der sich als Freund ausgab, hinter seinem Rücken höchst unfreundliche Dinge gesagt und getan hatte. Doch im Laufe eines langen Lebens stellt man fest, dass selbst das keine Todsünde ist und dass die mangelnde Bereitschaft, sie zu vergeben, zum Teil daran liegt, dass die Unwahrheit unsere eigenen Interessen beeinträchtigt hat. Nur so können wir erklären, wie ein Mann, von dem wir wissen, dass er Unwahrheiten gegenüber uns selbst begangen hat, von einer großen Zahl seiner eigenen Freunde als vollkommen ehrlich, direkt und vertrauenswürdig angesehen werden kann. Wir sehen dies immer wieder bei Männern, die herausragende Positionen in Kirche und Staat bekleiden. Wir sehen, wie ein Premierminister oder ein Erzbischof von Männern dargestellt wird, die ihn als Lügner und Heuchler kennen, während andere ihn als Vorbild von Ehre und Ehrlichkeit und als wahren Christen bezeichnen. Meine engen Dessau-Ansichten wurden ein wenig erweitert, als ich in Leipzig zur Schule ging; noch mehr, als ich zweieinhalb Jahre an der Universität Leipzig und danach in Berlin verbrachte. Dennoch sah ich in dieser ganzen Zeit nur wenig von dem, was man Gesellschaft nennt, ich kannte nur Menschen, die ich liebte, und Menschen, die ich nicht mochte. Für gleichgültige Menschen, die man duldet und zu denen man höflich ist, ohne Rücksicht darauf, ob man sie wiedersieht oder nicht, war noch kein Platz. Auch von den einfachsten Pflichten der Gesellschaft war ich völlig unwissend. Niemand hat mir jemals gesagt, was ich sagen und tun soll oder was ich nicht sagen und was ich nicht tun soll. Was ich fühlte, sagte ich, was ich für richtig hielt, tat ich. Tatsächlich gab es in meiner kleinen Heimatstadt sehr wenig, was man als Gesellschaft bezeichnen könnte. Man lebte in seiner Familie und mit seinen vertrauten Freunden ohne jegliche Zeremonie. Es ist schade, dass Kindern von ihren Senioren nicht ein paar lebensweisliche Regeln vermittelt werden. Ich weiß, dass die Juden diese Pflicht nicht vernachlässigen, und ich erinnere mich, dass ich überrascht war, als meine jungen jüdischen Freunde in Dessau mit einigen sehr klugen Sägen herauskamen, die offensichtlich nicht in ihren eigenen Treibhäusern gewachsen waren, sondern ausgewachsen ausgepflanzt worden waren von ihren Senioren. Die einzigen Regeln weltlicher Weisheit, an die ich mich erinnere, kamen mir durch Sprichwörter und kleine Verse, die wir entweder abschreiben oder auswendig lernen mussten, wie zum Beispiel:

„Wer einmal lügt, dem glaubt man nicht
Und wenn er auch die Wahrheit spricht."

„Morgenstunde hat Gold im Munde."

„Kein Faden ist so fein gesponnen,
Er kommt doch endlich an die Sonnen."

„Jeder ist sein Glückes Schmied."

Einige Zeilen, die über meinem Bett hingen, habe ich mein ganzes Leben lang mit mir getragen, und ich halte sie immer noch für sehr wahr und sehr knapp:

„Im Glück nicht jubeln und im Sturm nicht zagen,
Das Unvermeidliche mit Würde tragen,
Das Rechte thun, am Schönen sich erfreuen,
Das Leben lieben und den Tod nicht scheuen,
Und fest an Gott und bessere Zukunft glauben,
Heisst leben, heisst dem Tod." sein Bitteres rauben."

Doch all dies war nur eine kleine Wegzehrung für den Lebensweg, und ich dachte oft, ein paar weitere Hinweise hätten mich vor dem schmerzhaften Prozess des sogenannten „Hörnerreibens" bewahrt. Immer wieder musste ich mir sagen: „Das hätte zu Hause sehr gut geklappt, aber es war trotzdem ein Fehler." Meine soziale Rohheit und Einfachheit blieb mir viele Jahre lang erhalten, ebenso wie der Dessauer Dialekt mir mein Leben lang erhalten blieb; zumindest versicherten mir meine Freunde, dass sie, obwohl ich so viele Jahre lang Französisch und Englisch gesprochen hatte, an meinem Deutsch immer erkennen konnten, dass ich aus Dessau oder Leipzig stammte.

FUßNOTEN:

[6] Johann Bernhard Basedow, von seinem Urenkel, F. M. M. (Essays, Band IV).

[7] Dass dies nicht nur in Dessau der Fall war, geht aus einer Reihe zeitgenössischer Rezensionen von Goethes Werken hervor, die vor einigen Jahren neu aufgelegt wurden und deren genauen Titel ich nicht finden kann.

- 59 -

KAPITEL III

SCHULZEITEN IN LEIPZIG

ES war sicherlich eine dürftige Rüstung, in der ich von Dessau aus aufbrach. Meine Mutter, die mir sehr ergeben war, hatte zu Recht entschieden, dass es für mich das Beste sei, mit anderen Jungen zusammen zu sein und unter der Aufsicht eines Mannes zu stehen. Ich war etwas verwöhnt von ihrer leidenschaftlichen Liebe und auch von ihrer leidenschaftlichen Strenge, mit der sie die gewöhnlichen Unarten eines Jungen korrigierte. Nachdem ich in der Dessauer Schule von einer Klasse zur nächsten aufgestiegen war, wurde ich im Alter von zwölf Jahren nach Leipzig geschickt, um im Haus des Professors Carus zu wohnen und mit seinem Sohn, der ebenfalls aus derselben Familie stammte, die berühmte Nicolai-Schule zu besuchen Ich war so alt wie ich und wollte ebenfalls einen Begleiter. Man ging davon aus, dass es zwischen uns einen gewissen Wetteifer geben würde, und das war zweifellos der Fall, obwohl wir immer die besten Freunde blieben. Das Haus, in dem wir lebten, lag in einem Garten und war eigentlich eine orthopädische Einrichtung für Mädchen. Etwa zwanzig bis dreißig dieser jungen Mädchen lebten im Haus oder verbrachten dort den Tag, und ihre fröhliche Gesellschaft war sehr angenehm. Natürlich sind die Namen und Gesichter meiner jungen Freunde bis auf ein oder zwei Ausnahmen aus meiner Erinnerung verschwunden, aber ich war überrascht, als ich vor ein paar Jahren (1895) bei Madame Salis-Schwabe in ihrem entzückenden Haus am Menai wohnte Straits und entdeckten, dass wir uns schon vor mehr als fünfzig Jahren im Haus von Professor Carus in Leipzig kannten. Obwohl wir uns von Zeit zu Zeit trafen, erfuhren wir nie von unserem frühen Treffen in Leipzig, bis wir durch den Vergleich unserer Notizen herausfanden, dass wir ein ganzes Jahr im selben Haus und unter denselben Freunden verbracht hatten. Ihr Leben war voller Arbeit und sie war ganz den anderen gewidmet. Bis zum Ende ihrer Tage gab sie ihr großes Einkommen für die Gründung von Schulen nach dem von Fröbel empfohlenen System aus, nicht nur in England, sondern auch in Italien. Sie starb 1896 in Neapel, als sie eine große Schule besuchte, die sie mit Unterstützung der italienischen Regierung gegründet hatte. Ihr eigenes Haus in Wales war voller Kunstschätze und voller Denkmäler ihrer vielen Freunde, wie Bunsen, Renan, Mole, Ary Scheffer und viele mehr. Wie weit ihre Wohltätigkeit reichte, kann daran gemessen werden, dass sie bereit war, sich von einigen der wertvollsten Bilder von Ary Scheffer zu trennen, um ihre Schulen gut auszustatten und nach ihrem unmittelbar bevorstehenden Tod bestehen zu können.

Öffentliche Schulen sind in Deutschland fast Ganztagsschulen. Die Jungen leben zu Hause, meist in ihren eigenen Familien, aber sie verbringen täglich sechs Stunden in der Schule, und es ist ein Irrtum anzunehmen, dass sie nicht an die Schule gebunden sind, dass sie keine gemeinsamen Spiele spielen und dass sie nicht als Männer oder Selbständige aufwachsen. Die meisten Schulen haben Spielplätze, und im Sommer ist Schwimmen ein beliebter Zeitvertreib für alle Jungen. In Leipzig gab es zwei gute öffentliche Schulen, die Nicolai-Schule und die Thomas-Schule. In ihnen herrschte ein ausgeprägter *Korpsgeist*, und wenn die Jungen aufeinandertrafen, zeigte sich dieser oft nicht nur in Worten, sondern auch in Schlägen, und die Diskussionen über die Vorzüge ihrer Schulen wurden oft im späteren Leben fortgesetzt. Ich hatte das große Glück, an die Nicolai-Schule geschickt zu werden, wo Dr. Nobbe als Schulleiter fungierte. Er war gleichzeitig Professor an der Universität Leipzig und ist in England auch als Herausgeber von Cicero bekannt. Er war sehr stolz darauf, dass seine Schule Leibniz [8] zu ihren ehemaligen Schülern zählte. Er war ein klassischer Gelehrter der alten Schule. Während der letzten drei Jahre unserer Schulzeit mussten wir viele lateinische und griechische Verse schreiben und lernten Latein. Das Lateinsprechen fiel uns ziemlich leicht, aber die Verse erreichten nie ein sehr hohes Niveau. Außer Nobbe hatten wir Forbiger, der für seine Bücher über antike Geographie bekannt war, und Palm, den Herausgeber desselben griechischen Wörterbuchs, das in den Händen von Dr. Liddell seine höchste Vollkommenheit erreicht hat. Dann war da Funkhänel, der über Deutschland hinaus für seine Ausgabe der Reden des Demosthenes und seine Studien über griechische Redner bekannt war. Wir hatten in der Tat ein Vermögen an Lehrern, und die meisten von ihnen schienen ihre Arbeit zu genießen und die Jungen zu mögen. Unser Schulleiter war sehr beliebt. Er war ein Mann vom alten deutschen Typ, kräftig gebaut, mit einem großen, quadratischen Kopf, sehr ähnlich Luther, und seltsamerweise veröffentlichte er, als 1839 in ganz Deutschland ein großes Lutherfest gefeiert wurde, ein Buch, in dem er bewies, dass er ein direkter Nachkomme Luthers war.

Die Schule wurde weitgehend nach dem alten Konzept weitergeführt, hauptsächlich klassische Fächer zu unterrichten, diese aber gründlich zu lehren. Moderne Sprachen, Mathematik und Naturwissenschaften hatten kaum eine Chance, obwohl sie lautstark Anerkennung forderten. Lateinische und griechische Verse galten als weitaus wichtiger. In den beiden höchsten Klassen mussten wir Latein sprechen, und so schien es uns viel einfacher als Französisch. In den letzten vier Jahren wurde auch Hebräisch als Wahlfach unterrichtet, und die wenigen Hebräischkenntnisse, die ich habe, stammen hauptsächlich aus meiner Schulzeit. Schüler finden schnell heraus, was ihre Lehrer vom Wert der verschiedenen Fächer halten, die in der Schule unterrichtet werden, und sie neigen dazu, nicht nur die Fächer selbst, sondern auch die Lehrer nach diesem Standard zu behandeln. Daher hatten es unsere Lehrer für moderne Sprachen und Naturwissenschaften schwer. Sie konnten ihren Unterricht nicht in Ordnung halten, und es war keineswegs ungewöhnlich, dass viele der Schüler dem Unterricht einfach fernblieben.

Der alte Mathematiklehrer pflegte vor Beginn seiner Lektion seine Brille zu reiben, und nachdem er sich im halb leeren Klassenzimmer umgesehen hatte, murmelte er mit klagender Stimme: „Ich sehe wieder viele Jungen, die heute nicht hier sind." Als derselbe alte Lehrer begann, eine Vorlesung über Naturwissenschaften zu halten, forderte er die Jungen auf, einen Frosch mitzubringen, der unter ein Glas gelegt werden sollte, aus dem die Luft mit einer Luftpumpe abgesaugt worden war. Natürlich brachte jeder der zwanzig oder dreißig Jungen zwei oder drei Frösche mit, und als das Experiment durchgeführt werden sollte, hüpften alle diese Frösche im Hörsaal umher, und die ganze Armee der Jungen hüpfte ihnen über Stühle und Tische hinterher, um sie zu fangen. Kein Wunder, dass der Lehrer während dieses Tumults mit seinem Experiment keinen Erfolg hatte, und als schließlich die Glasschale hochgehoben wurde und wir aufgefordert wurden, den Frosch zu sehen, war die Freude aller Jungen groß, als der Frosch heraushüpfte und den Händen seines Henkers entkam. Diese neumodischen Vorlesungen erregten bei den Schülern so viel Zorn, dass sie tatsächlich Vandalismus begingen, indem sie einen der Bögen als Rammbock gegen den Raum verwendeten, in dem die naturwissenschaftlichen Geräte aufbewahrt wurden, und einige der wertvollen Instrumente zerstörten, die ihnen von der Regierung zur Verfügung gestellt wurden. Es folgten strenge Strafen, die jedoch nicht dazu beitrugen, die Naturwissenschaften populärer zu machen.

In Griechisch und Latein schnitten wir auf jeden Fall sehr gut ab und lasen eine Reihe klassischer Texte, nicht nur kritisch in der Schule, sondern auch flüchtig zu Hause, wobei wir wöchentlich berichten mussten, was wir so gelesen hatten. Ich mochte meine Klassiker, und doch konnte ich mich des Gefühls nicht erwehren, dass die Art und Weise, wie unsere Lehrer über jeden einzelnen von ihnen sprachen, etwas übertrieben war, ja, dass sie im Vergleich zu deutschen Dichtern und Prosaschriftstellern etwas überbewertet wurden. Dennoch wäre es sehr eingebildet gewesen, nicht zu bewundern, was unsere Herren bewunderten, und wie aus Pflichtgefühl gerieten wir in die übliche Schwärmerei über Homer und Sophokles, über Horaz und Cicero. Viele Dinge, die wir im späteren Leben in den Klassikern bewundern lernen, konnten den Geschmack von Jungen kaum treffen. Die Direktheit, die Einfachheit und die Originalität der alten Autoren können sie im Vergleich zu modernen Autoren nicht würdigen, und ich erinnere mich noch gut daran, dass mir auffiel, was wir respektlosen Jungen die Frechheit von Horaz nannten, der für kleine Gedichte Unsterblichkeit (*non omnis moriar*) erwartete Uns wurde gesagt, dass sie hauptsächlich nach griechischen Mustern geschrieben seien. Wir mussten zugeben, dass es in seinen lateinischen Versen weniger falsche Mengen gab als in unseren eigenen, aber im Übrigen konnten wir nicht erkennen, dass seine Oden den unseren so unendlich überlegen waren. Seine Hoffnung auf Unsterblichkeit hat sich zweifellos über seine eigenen Erwartungen hinaus erfüllt. Da er so wenig über die antike Geschichte wusste, muss seine Vorstellung von der Unsterblichkeit der Poesie zu seiner Zeit weitaus bescheidener gewesen sein als zu unserer Zeit. Er kannte zwar die vergangenen Glanzzeiten des Persischen Reiches, aber über die antike Literatur gab es für ihn nichts zu wissen, weder in Persien noch in Babylonien, in Assyrien oder sogar in Ägypten, am allerwenigsten in Indien. Literarischen Ruhm gab es für ihn nur in Griechenland und im Römischen Reich, und sein eigener Ehrgeiz konnte daher kaum über diese Grenzen hinausgehen. Die Übertreibungen in den Lobpreisungen, die alles Griechische und Lateinische überlieferten, gehen auf die klassischen Gelehrten des Mittelalters zurück, die nichts wussten, was mit den Klassikern verglichen werden konnte, und die lautstark lobten, was sie über das Monopol des Verkaufs besaßen. Nachfolgende Generationen von Gelehrten folgten diesem Beispiel, so dass es selbst in unserer Zeit als Hochverrat erschien, Goethe mit Horaz oder Schiller mit Sophokles zu vergleichen. In letzter Zeit besteht jedoch eher die Gefahr, dass die Reaktion zu weit geht und zu einer promiskuitiven Abwertung selbst so echter Giganten wie Lucretius oder Platon führt. Tatsache ist, dass wir von ihnen gelernt und sie nachgeahmt haben, bis in einigen Fällen die Nachahmungen den Originalen gleichkamen oder sie sogar übertrafen, während jetzt der Geschmack für klassische Korrektheit durch einen Appetit auf das, was man realistisch, originell und realistisch nennt, nahezu verdrängt wurde extravagant.

Trotz allem, was dagegen gesagt oder geschrieben wurde, die klassischen Studien zum wichtigsten Element einer liberalen Ausbildung zu machen, oder besser gesagt, sie in ihrer altehrwürdigen Position zu belassen, wurde bisher nichts vorgeschlagen, was sie ersetzen könnte. Denn schließlich widmen wir nicht nur dem Erlernen zweier Sprachen einen so großen Teil unserer Zeit dem Studium von Griechisch und Latein; es geht darum, die alte Welt, auf der unsere moderne Welt gründet, verstehen zu lernen; Um die alten Gedanken zu denken, die die Nahrung unseres eigenen geistigen Lebens sind, werden wir in unserer Jugend zu Schülern der Griechen und Römer. Um zu wissen, was wir sind, müssen wir lernen, wie wir zu dem geworden sind, was wir sind. Unsere Sprachen bilden eine ununterbrochene Kette zwischen uns und Cicero und Aristoteles, und um viele unserer Wörter intelligent verwenden zu können, müssen wir den Boden kennen, aus dem sie stammen, und die Atmosphäre, in der sie gewachsen sind und sich entwickelt haben.

Die Arbeit in der Schule machte mir großen Spaß und ich schien schnell von Klasse zu Klasse aufzusteigen. Ich erhielt häufig Preise in Form von Geld und Büchern, aber ich sehe, dass an einigen von ihnen die Warnung angebracht war, ich solle nicht eingebildet sein, was wahrscheinlich nichts weiter bedeutete, als dass ich nicht zeigen sollte, wenn ich mit meinen

Erfolgen zufrieden war. Zumindest weiß ich nicht, worüber ich eingebildet gewesen sein könnte. Was ich über mein Lernen in der Schule denke, ist, dass es völlig passiv war. Ich eignete mir das Wissen so an, wie es mir präsentiert wurde. Ich zweifelte nicht an dem, was meine Lehrer mich lehrten, und soweit ich mich erinnern kann, erarbeitete ich mir kein Thema selbst. Ich finde nur eine Arbeit von mir aus dieser frühen Zeit, und seltsamerweise handelte sie von Mythologie; aber sie enthält keine Ahnung von vergleichender Mythologie, sondern lediglich eine chronologische Anordnung der Quellen, aus denen wir unser Wissen über die griechische Mythologie beziehen. Aus einigen alten Arbeiten erkenne ich auch, dass ich begann, Gedichte zu schreiben, und dass ich zwei- oder dreimal bei großen Festlichkeiten ausgewählt wurde, Gedichte vorzutragen, die ich selbst geschrieben hatte. Im Jahr 1839 waren dreihundert Jahre vergangen, seit Luther in der Leipziger Nikolaikirche gepredigt hatte, und der 300. Jahrestag dieses Ereignisses wurde in ganz Deutschland gefeiert. Mein Gedicht wurde für eine große Versammlung der Freunde unserer Schule und der Honoratioren der Stadt zur Rezitation ausgewählt, und ich musste es nicht ohne Furcht und Zittern vortragen. Ich war damals erst sechzehn Jahre alt.

Im darauffolgenden Jahr 1840 feierte Leipzig die Erfindung des Buchdrucks. Bei dieser Gelegenheit schrieb Mendelssohn seinen berühmten *Lobgesang* . Ich war Teil des Chors und erinnere mich noch gut an die großartige Wirkung, die die Musik in der Thomaskirche hatte. Wieder wurde ein Gedicht von mir ausgewählt und ich musste es am 18. Juli 1840 bei einer großen Versammlung in der Nicolai-Schule vortragen.

Am 23. Dezember fand in unserer Schule eine weitere Feier statt, bei der ich ein lateinisches Gedicht von mir, *In Schillerum* , *aufsagen musste* . Schließlich gab es noch mein Abschiedsgedicht bei meinem Schulabschluss 1841 und ein lateinisches Gedicht „Ad Nobbium", unser Schulleiter.

Ich habe unter den Schätzen meiner Mutter das viel zu oft schmeichelhafte Zeugnis gefunden, das Professor Nobbe ihr bei dieser Gelegenheit schrieb und das folgendermaßen endet: „Ich freue mich, dass er diese Schule mit Zeugnissen moralischer Vortrefflichkeit verlässt, wie man sie in seinem Alter nicht oft findet – und mit Wissen in mehr als einem Bereich, das erstklassig ist, und mit durchweg hervorragenden intellektuellen Fähigkeiten. Möge sich sein junger Geist immer mehr entwickeln, mögen die Früchte seiner Arbeit seiner Mutter künftig ein Trost für die Sorgen und Nöte der Vergangenheit sein."

Abiturienten-Prüfung nicht an meiner eigenen Schule, sondern in Zerbst in Anhalt ablegen musste . Dies war notwendig, um mir ein Stipendium der Anhaltischen Landesregierung zu ermöglichen. Die Schulen in Anhalt waren den preußischen Schulen nachempfunden und legten weitaus mehr Wert auf

Mathematik, Naturwissenschaften und moderne Sprachen als die Schulen in Sachsen. Ich musste daher in sehr kurzer Zeit mehrere ganz neue Fächer erlernen und kam darin nicht so gut zurecht wie in Griechisch und Latein. Allerdings habe ich die Prüfung mit Bestnote bestanden und mein Stipendium erhalten, so klein es auch war. Erst neulich erhielt ich einen Brief von einem Herrn, der in der Schule in Zerbst war, als ich zu meiner Prüfung dorthin kam. Er erinnert mich daran, dass unter meinen Prüfern Männer wie Dr. Ritter, die beiden Sentenis und Professor Werner waren, und er sagt, er habe mich beobachtet, als ich nach oben kam und den verschlossenen Raum betrat, um meine Papierarbeit zu erledigen. Die berufliche Laufbahn meines Freundes war die eines Direktors einer Lebensversicherungsgesellschaft, wahrscheinlich eine lukrativere Karriere als meine.

F. Max Müller,
14 Jahre alt.

Während meines Aufenthaltes in Leipzig, zuerst im Haus von Professor Carus, und später als Student an der Universität, war meine größte Freude sicherlich die Musik. Ich hatte reichlich davon, vielleicht zu viel, aber ich bedaure den Mann, der den Charme davon nicht gekannt hat. Leipzig war damals tatsächlich das Zentrum der Musik in Deutschland. Felix Mendelssohn war dort, und die meisten bedeutenden Künstler und Komponisten der Zeit kamen dorthin, um einige Zeit mit ihm zu verbringen und bei den berühmten Gewandhauskonzerten mitzuwirken. Ich finde in meinen Briefen einige Beschreibungen von Konzerten und anderen musikalischen Unterhaltungen, die auch jetzt noch von Interesse sein könnten. Ich wurde gebeten, bei einigen Konzerten dabei zu sein, bei denen Quartette und andere Stücke von Mendelssohn, Hiller, Kaliwoda, David und Eckart aufgeführt wurden. Auch Liszt feierte in Leipzig seinen triumphalen Einzug in Deutschland, und alle waren voller Erwartung und Aufregung. Sein Konzert war schon lange vor seiner Ankunft angekündigt worden. Es sollte aus einer Ouvertüre von Weber bestehen; eine Cavatina aus *Robert le Diable* , gesungen von Madame Schlegel; ein Konzert von Weber, gespielt von Liszt, dasselbe, das ich kurz zuvor von Madame Pleyel gespielt hatte; Beethovens Ouvertüre zu *Prometheus* ; Fantasie über *La Juive* ; Schuberts *Ave Maria* und *Serenade* , arrangiert von Liszt. Umso mehr freute ich mich, als ich einige dieser Stücke selbst spielen ließ. Doch plötzlich tauchte ein Plakat auf, auf dem stand, dass Liszt, als er erfuhr, dass die Eintrittskarten für einen Taler (drei Schilling) verkauft würden, erklärt habe, er werde nur wenige Stücke und ohne Orchester spielen. Trotz dieser Enttäuschung war das ganze Haus voll, das Treppenhaus von oben bis unten überfüllt, und als wir uns hindurchgedrängt hatten, stellten wir fest, dass etwa 300 Plätze für eineinhalb Taler (vier Schilling und sechs Pence) reserviert waren. , während Karten an der Abendkasse für zwei Taler (sechs Schilling) verkauft wurden. Dennoch gelang es mir, einen sehr guten Platz zu ergattern, indem ich einfach nicht sah, wie sich viele Damen hinter mir drängten. Als Liszt erschien, gab es ein schreckliches Zischen – er sah wie versteinert aus, blickte wie ein Dämon auf das Publikum, begann aber dennoch, das Scherzo und das Finale der Pastoralsymphonie zu spielen. Dann brach ein gewaltiger Applaus los, und alle schienen beruhigt zu sein, während Madame Schmidt, begleitet von einem gewissen Herrn Kermann, ein Lied sang. Kaum war das vorbei, erhob sich ein neuer Sturm von Zischlauten, der diesem Herrn Kermann galt, der ein Schüler, aber zugleich auch der Geschäftsmann von Liszt war. Er und drei andere Männer hatten alle Vorkehrungen getroffen, und Liszt wusste nichts über sie, da er sich kaum um das Geld kümmerte, das hauptsächlich an seine Manager ging. Es folgte eine Fantasia von Liszt und zuletzt ein *Galop Chromatique* – aber das Publikum wollte nicht weggehen, und schließlich ließ sich Liszt dazu bewegen, *Une grande Valse zu spielen* . Es war zweifellos eine neue Erfahrung; aber ich konnte nicht wie andere in Ekstasen geraten, denn schließlich war es nur mechanisch, wenn auch zweifellos in höchster Vollkommenheit. Am Tag danach gab Liszt bekannt, dass sein ursprüngliches Programm gespielt werden würde, aber um sechs Uhr wurde Professor Carus, bei dem ich wohnte, zu Liszt gerufen, der angeblich krank war; Tatsache war, dass er zu den erhöhten Preisen nur fünfzig Karten verkauft hatte. Viele Fremde, die nach Leipzig gekommen waren, um ihn zu hören, gingen alles andere als erfreut über das neue Musikgenie. Bei einem Konzert, bei dem er in magyarischer Tracht auftrat, überreichten ihm die Damen einen goldenen Lorbeerkranz und ein Schwert. Er hatte gerade sein Arrangement von *Adelaida veröffentlicht* , das er in einem der Konzerte zu spielen versprach.

Eine weitere sehr musikalische Familie in Leipzig war die von Professor Fröge. Er war ein reicher Mann und hatte eine berühmte Sängerin, Fräulein Schlegel, geheiratet. Eines Abends wurde die *Sonnambula* in ihrem Haus aufgeführt, das in ein Theater umgewandelt worden war. Sie spielte die Sonnambula, und sowohl ihr Gesang als auch ihr Schauspiel waren äußerst vollendet und entzückend. Mendelssohn war oft in ihrem Haus und ließ sie seine Lieder singen, sobald sie geschrieben waren und bevor sie veröffentlicht wurden. Sie waren gute Freunde, das Band ihrer Freundschaft war die Musik. Er starb tatsächlich, als er spielte, während sie sang. Die Leute redeten wie immer über das, was sie nicht verstehen, aber sie kannten offenbar weder Mendelssohn noch Madame Fröge.

Das Haus von Professor Carus stand musikalischen Genies immer offen, und viele Abende verbrachten dort Musiker wie Hiller, Mendelssohn, David, Eckart usw., um zu spielen, während Madame Carus sang, und zwar auf bezaubernde Weise. Auch ich wurde manchmal gebeten, bei diesen Abendgesellschaften zu spielen. Ich sehe, dass Ernst in Leipzig ein Konzert gab, und seine Darbietung war zweifellos bewundernswert. Dennoch konnte ich nicht verstehen, was David meinte, als er erklärte, dass er sein eigenes Instrument ins Feuer werfen würde, nachdem er Ernst gehört hatte.

Mendelssohn, der von Liszt begeistert war – und niemand konnte ihn besser beurteilen als er – gab ihm zu Ehren eine Soirée. Ungefähr 400 Leute waren eingeladen, darunter auch ich, einer der Tenöre, die im Oratorium sangen, das Hiller damals für die Uraufführung probte. Ich denke, es war die *Zerstörung Babylons* . Auf Mendelssohns Party war ein komplettes Orchester anwesend, und wir hörten eine Symphonie von Schubert (posthum), Mendelssohns Psalm „Wie der Hirsch keucht" und seine Ouvertüre *Meeresstille und glückliche Fahrt* . Danach gab es Abendessen für alle Gäste, und dann folgte ein Refrain aus seinem *St. Paul* und ein Tripelkonzert von Bach, gespielt auf drei Klavieren von Mendelssohn, Liszt und Hiller. Es war ein schwieriges Stück – schwer zu spielen und schwer zu befolgen. Zuletzt spielte Liszt seine neue Fantasie über *Lucia di Lammermoor* und seine Bearbeitung des *Erlkönigs* . Alles war wirklich perfekt; und als ich so viel Musik hörte, vertiefte ich mich immer mehr in sie. Ich gab sogar einige Konzerte mit Grabau, einem großen Violoncellisten, in Merseburg und bei Graf Arnim, einem sehr reichen Adligen in der Nähe von Merseburg, der Liszt für einen Abend eingeladen und ihm 100 Dukaten gezahlt hatte. Das schien damals eine sehr große Summe zu sein, fast sinnlos. Da ein Dukat etwa neun Schilling kostete, kostete er immerhin nur 45 Pfund, was für einen Künstler wie Liszt derzeit nicht übertrieben erscheint.

Ich hörte auch Thalberg in Leipzig. Sie kamen alle, um Mendelssohn zu sehen, und ich glaube, sie taten ihr Bestes, um ihm zu gefallen. Zu dieser Zeit wurde mein Gedanke, mich ganz dem Musikstudium zu widmen, sehr stark; und da Professor Carus wieder heiratete, schlug ich vor, Leipzig zu verlassen und die Musikschule von Schneider in Dessau zu besuchen. Aber daraus wurde nichts, und ich denke, im Großen und Ganzen war es auch gut so.

Während meiner Schulzeit in Leipzig hatte ich nur wenig Gelegenheit zu reisen, denn meine Mutter wollte mich in den Ferien immer zu Hause haben, und ich wollte ebenso gern bei ihr sein und meine Verwandten in Dessau sehen. Normalerweise fuhr ich in einer elenden Kutsche von Leipzig nach Dessau. Es waren nur sieben deutsche Meilen (ungefähr fünfunddreißig englische Meilen), aber es dauerte einen ganzen Tag, um dorthin zu gelangen; und während eines Teils der Reise, wenn wir den tiefen und wüstenartigen Sand überqueren mussten, war es viel schneller, zu Fuß zu gehen, als im Wagen zu sitzen. Aber wir zahlten nur einen Taler für die ganze Reise, und manchmal ging ich, um das zu sparen, den ganzen Weg zu Fuß. Auch das dauerte einen ganzen Tag; aber als ich es das erste Mal versuchte, war ich damals noch ziemlich jung und von ziemlich schwacher Gesundheit, und musste etwa eine Stunde vor Dessau aufgeben, da meine Beine sich weigerten, weiterzugehen, und meine Muskeln von der Anstrengung verkrampft und steif waren, musste ich mich an den Straßenrand setzen. Ich erinnere mich, dass ich während eines Ferienaufenthalts mit einigen anderen Jungen das Muldetal erkundete. Wir zogen etwa vierzehn Tage lang von Dorf zu Dorf und lebten sehr einfach. Eine anspruchsvollere Reise unternahm ich 1841 mit einem Freund, Baron von Hagedorn. Er war ein merkwürdiger und etwas geheimnisvoller Charakter. Er war bei einer meiner Großtanten aufgewachsen, der man ihn als Baby anvertraut hatte. Niemand kannte seine Eltern, aber sie müssen reich gewesen sein, denn er besaß ein großes Vermögen. Er besaß ein Landhaus in der Nähe von München und verbrachte den größten Teil des Jahres mit Reisen und Vergnügungen. Er war mit meiner Mutter und anderen Mitgliedern unserer Familie aufgewachsen und interessierte sich sehr für mich. Aus meinen Briefen geht hervor, dass er mich 1841 von Dessau nach Köthen, Braunschweig und Magdeburg mitnahm. In Braunschweig sahen wir die Gemäldegalerie, die Kirchen und das Grab von Schill, einem der deutschen Freiwilligen im Unabhängigkeitskrieg gegen Frankreich. Wir erkundeten auch Hildesheim und sahen den Rosenstock, der, wie man uns sagte, von Karl dem Großen gepflanzt worden war; Dann ging es weiter nach Göttingen, wo wir die berühmte Bibliothek besichtigten. Wir fuhren durch Minden, wo Fulda und Werra zusammenfließen, und kamen spät in Kassel an. Von Kassel aus erkundeten wir Wilhelmshöhe, den wunderschönen Park, in dem dreißig Jahre später Napoleon III. gefangen gehalten wurde.

Hagedorn war mir trotz seiner Liebe zum Geheimnisvollen und seiner gelegentlichen Übertreibungen ein guter Freund. Er gab mir oft gute Ratschläge und war für mich mehr ein Vater als ein bloßer Freund. Er war ein Mann von Welt und vergaß, dass ich nie vorhatte, ein Mann von Welt zu sein, und deshalb war sein Rat nicht immer das, was ich wollte. Er war auch ein guter Freund meiner Cousine, die mit einem Fürsten von Dessau verheiratet war, und sie hatten untereinander vereinbart, dass ich die Orientalische Akademie in Wien besuchen, orientalische Sprachen lernen und dann in den diplomatischen Dienst eintreten sollte. Da aus der Ehe des

Fürsten keine Kinder hervorgingen, sollte er mich adoptieren, und als ob das fürstliche Vermögen nicht schon genug wäre, um mich zu verführen, wurde mir gesagt, dass sogar eine Frau für mich ausgesucht worden sei und dass ich nach der Adoption durch den Fürsten einen neuen Namen und Titel erhalten sollte. Anderen jungen Männern wäre dies vielleicht unwiderstehlich erschienen. Ich sagte sofort nein. Es schien meine Freiheit, mein Studium und mein Ideal einer Karriere zu beeinträchtigen; in der Tat, obwohl mir alles von meinem Vetter wie auf einem Silbertablett präsentiert wurde, schüttelte ich den Kopf und blieb meiner ersten Liebe, dem Sanskrit und allem anderen treu. Hagedorn konnte das nicht verstehen; er hielt ein glänzendes Leben für besser als das ruhige Leben eines Professors. Nicht so ich. Er wusste nicht, wo wahres Glück zu finden war, und war oft sehr melancholisch gestimmt. Er lebte nicht lange, aber ich werde nie vergessen, wie viel ich ihm zu verdanken hatte. Als ich nach Paris ging, erlaubte er mir, in seinen Zimmern zu wohnen. Es waren zwar *au cinquième*, aber sie lagen im besten Viertel von Paris, in der Rue Royale St. Honoré, gegenüber der Madeleine, und waren sehr hübsch möbliert. So musste ich nicht in einer staubigen Wohnung im Quartier Latin wohnen, und die fünf Treppen mögen meine Lungen gestärkt haben. Ich weiß noch gut, wie es war, als ich am Fuß der Treppe sah, dass ich mein Taschentuch vergessen hatte und mich wieder hinaufquälen musste. Aber damals wusste man nicht, was es heißt, müde zu sein. Ob meine Freunde murrten, kann ich nicht sagen, aber ich selbst hatte Mitleid mit einigen von ihnen, die alt und gichtkrank waren, wenn sie außer Atem an meiner Tür ankamen.

FUßNOTEN:

[8] Seine eigene Schreibweise seines Namens.

KAPITEL IV

UNIVERSITÄT

DAMIT ich auf die Universität gehen konnte, zogen meine Mutter und meine Schwester nach Leipzig und führten mir den Haushalt, während ich dort war – das heißt zweieinhalb Jahre lang. Trotz der *res angusta domi* genoss ich mein Studentenleben in vollen Zügen, und meine Mutter und meine Schwester sorgten für ein sehr angenehmes Zuhause. Meine Mutter war einfallsreich und klug genug, meine Freiheit nicht einzuschränken. Meine Schwester, die etwa zwei Jahre älter war als ich, war äußerst gutherzig und mir und unserer Mutter gegenüber ergeben. Sie war nichts Selbstsüchtiges an sich und wir drei lebten in vollkommener Liebe, Frieden und Harmonie zusammen. Meine Schwester genoss das wenige, was es an Gesellschaft gab, während ich mich streng davon fernhielt. Sie wurde sehr bewundert und verlobte sich bald mit einem jungen Arzt, Dr. A. Krug, dem Sohn des berühmten Leipziger Philosophieprofessors, dessen Werke, insbesondere sein *Wörterbuch der Philosophie* , einen bedeutenden Platz in der Geschichte der deutschen Philosophie einnehmen. Er war ein durch und durch Patriot und so gemeinnützig, dass er es für richtig hielt, der Universität eine beträchtliche Summe Geld zu hinterlassen, ohne ausreichend für seine Kinder vorzusorgen. Das junge Ehepaar lebte jedoch glücklich in Chemnitz, und meine Schwester war stolz auf ihre Kinder. Der plötzliche Tod mehrerer dieser Kinder brach ihr das Herz und ruinierte ihre Gesundheit; sie starb sehr jung. Als sie am Grab ihrer Kinder stand, sagte sie kurz vor ihrem Tod zu mir: „Die Hälfte von mir ist bereits tot und liegt dort begraben; die andere Hälfte wird bald folgen."

Von der Gesellschaft im gewöhnlichen Sinne des Wortes sah ich kaum etwas. Ich fürchte, ich war eher ein Bär und weigerte mich, auch nur in Abendkleidung zu investieren. Ich schloss mich einer Studentenvereinigung an, die Teil der *Burschenschaft war* , sich aber, um einer Strafverfolgung zu entgehen, den Namen „ *Gemeinschaft" annahm* . Abends bin ich dorthin gegangen, um Bier zu trinken und zu rauchen, und habe einige wunderbare Bekanntschaften und Freundschaften geschlossen. Was für tolle Charaktere waren da, oft hinter einem sehr rauen Äußeren! Mein bester Freund war Prowe aus Thorn in Ostpreußen – so ehrlich, so wahrhaftig, so unkompliziert, so übergewissenhaft in den kleinsten Dingen. Er war Altphilologe und trat später in den preußischen Bildungsdienst ein. Als Lehrer an der Hauptschule in Thorn war seine Zeit voll ausgelastet und natürlich war er dort von den belebenden Einflüssen der literarischen Gesellschaft abgeschnitten. Dennoch interessierte er sich weiterhin für höhere Fragen und veröffentlichte einige äußerst wertvolle Bücher über den aus Thorn stammenden Kopernikus, für die er den Dank von Astronomen und Historikern sowie schmeichelhafte Zeugnisse von Gelehrtengesellschaften erhielt. Wir trafen uns später im Leben nur selten, und mein eigenes Leben in England war so geschäftig und erfüllt, dass nicht einmal unsere Korrespondenz regelmäßig verlief. Aber ich traf ihn in Ems noch einmal mit einer bezaubernden Frau und ausgesprochen glücklich in seinem eigenen Wirkungsbereich. Diese frühen Freundschaften bilden die ferne Landschaft des Lebens, in der wir gerne verweilen, wenn die Gegenwart nicht mehr alle unsere Gedanken absorbiert. Unsere Erinnerung ruht auf ihnen wie ein goldener Horizont, und es bleibt eine ständige Sehnsucht, die uns die Unvollständigkeit dieses Lebens spüren lässt. Schließlich ist die Zahl unserer wahren Freunde gering; Und doch bleiben selbst von dieser kleinen Zahl nur wenige ein Leben lang bei uns. Es gibt andere Gesichter und andere Namen, die jenseits der Wolken auftauchen, die uns seit unseren frühen Jahren immer mehr trennen.

Es gab einige wilde Geister unter uns, die sich über die engstirnige Politik des Metternich-Systems aufregten. Repression war das Allheilmittel, das Metternich allen Regierungen Deutschlands, ob groß oder klein, empfahl. Zweifellos sicherte das System der Beruhigung Deutschland und ganz Europa dreißig Jahre Frieden, aber es konnte die Anhäufung von entzündlichem Material nicht verhindern, das nach mehreren Drohungen schließlich im Großbrand von 1848 ausbrach. Unter meinen Freunden erinnere ich mich an einige, die zu den wildesten Plänen bereit waren, um Deutschland zu vereinen, im Ausland respektiert und im Inland unter eine verfassungsmäßige Regierung zu stellen. Sie waren großartige Kerle, aber sie beendeten ihre Tage entweder in den Mauern eines Gefängnisses oder mussten alles hinschmeißen und nach Amerika auswandern. Was ist aus ihnen geworden? Einige sind in Amerika an die Oberfläche gekommen, andere haben sich dem Unvermeidlichen ergeben und sind zu Hause friedliche Bürger geworden; ja, ich muss leider sagen, sie haben sogar den Dienst der Regierung angenommen, um ihre ehemaligen Freunde und Mitträumer auszuspionieren. Doch nicht wenige sahen ihr ganzes Leben entweder im Gefängnis oder in Armut zerstört, obwohl sie nichts Unrechtes getan hatten und in vielen Fällen die vornehmsten Charaktere waren, die ich je kennenlernen durfte. Sie waren ihrer Zeit voraus, die Frucht war noch nicht so reif wie 1871, aber Deutschland hat in diesen elenden Jahren sicherlich einige seiner besten Söhne verloren; und wenn mein Vater dieser politischen Verfolgung entging, war dies wahrscheinlich dem Einfluss des regierenden Herzogs und der Herzogin, einer Prinzessin von Preußen, zu verdanken, die wussten, dass er kein gefährlicher Mann war und den deutschen Landtag wahrscheinlich nicht in die Luft jagen würde.

Ich selbst habe einen Einblick in das Leben im Gefängnis bekommen, weil die Polizei das Vergehen, das Band eines Vereins zu tragen, missbilligte. Ich kann nicht sagen, dass mir weder die Schande noch die Unannehmlichkeiten meiner zweitägigen Durance vile viel bedeuteten, da meine Freunde freien Zugang zu mir hatten und in meiner Zelle Bier tranken und Zigarren rauchten – natürlich auf meine Kosten – aber was ich fürchtete, war der Verlust meines Stipendiums oder Stipendiums, das mir allein die Fortsetzung meines Studiums in Leipzig ermöglichte und das in der Regel wegen politischer Vergehen verwirkt wurde. Nach meiner Entlassung aus dem Gefängnis ging ich zum Rektor der Universität und erläuterte ihm die Umstände des Falles – wie ich allein wegen der Mitgliedschaft in einem verdächtigen Verein verhaftet worden war. Ich versicherte ihm, dass ich keiner politischen Propaganda schuldig sei und dass der Verlust meines Stipendiums dazu führen würde, dass ich die Universität verlasse. Zu meiner großen Erleichterung antwortete der alte Herr: „Ich habe davon nichts gehört; Und wenn ja, woher soll ich dann wissen, dass es sich um Sie handelt, es gibt doch viele Müllers an der Universität?" Glücklicherweise hatte man meinem Namen noch nicht den markanten Präfix „Max" hinzugefügt.

Ich muss gestehen, dass ich und meine Saufkumpanen uns manchmal Praktiken schuldig gemacht haben, die in moderneren Zeiten - und sicherlich in Oxford oder Cambridge - die Schuldigen viel eher in Konflikt mit den Behörden bringen würden, als die bloße Mitgliedschaft in Gesellschaften, in denen vergleichsweise harmlose politische Gespräche geführt würden.

Duellieren war damals wie heute ein beliebter Zeitvertreib unter den Studenten. Und obwohl ich von Natur aus kein Raufbold bin, habe ich während meiner Studienzeit in Leipzig drei Duelle bestritten, und die Spuren von zwei dieser Duelle trage ich bis heute.

Ich erinnere mich, dass wir bei einer Gelegenheit vor der Einführung der Droschken alle Leipziger Sänften mit ihren gelb gekleideten Trägern mieteten und in einer Prozession durch die Straßen zogen, sehr zum Erstaunen der guten Bürger, aber auch zum Ärger Sie waren nicht in der Lage, irgendein Transportmittel zu mieten, bis unserem Spaß ein endgültiges Ende gesetzt wurde. Nicht zufrieden mit dieser Leistung, als die ersten Droschken in Leipzig eingeführt wurden (zunächst waren es dreißig oder vierzig auf der Straße), sicherten ich und meine Freunde uns die Nutzung aller von ihnen für einen Tag und machten uns auf den Weg aufs Land. Die Bewohner, die sich sehnsüchtig auf eine Fahrt mit einem der neuen Transportmittel freuten, waren natürlich verärgert darüber, dass man ihnen zuvorgekommen war, und die Folge war, dass solchen Freaks in Zukunft durch den Erlass einer Polizeiverordnung, die niemandem erlaubt war, ein Ende gesetzt wurde Mieten Sie mehr als zwei Taxis gleichzeitig.

Sehr unschuldige Vergnügungen, wenn auch vielleicht töricht, aber dennoch sehr glückliche Tage; und es muss daran erinnert werden, dass wir gerade erst aus der strengen Disziplin einer deutschen Schule in die uneingeschränkte Freiheit des deutschen Universitätslebens eingetreten waren.

Es ist in jeder Hinsicht ein großer Sprung von einer deutschen Schule zu einer deutschen Universität. In der Schule hat ein Junge, selbst in der höchsten Klasse, kaum eine Wahl. Alle seine Lektionen sind für ihn niedergelegt; er muss lernen, was ihm gesagt wird, ob es ihm gefällt oder nicht. Nur wenige wagen sich nur an Bücher außerhalb des vorgeschriebenen Lehrplans. Am Ende jedes Halbjahres gibt es eine Prüfung, die ein Junge gut bestehen muss, um in eine höhere Klasse zu gelangen. Jungen an einer öffentlichen Schule (Gymnasium) wird, wenn sie ihre Prüfung nicht rechtzeitig bestehen können, empfohlen, eine andere Schule zu besuchen und sich auf eine Karriere vorzubereiten, in der klassische Sprachen von untergeordneter Bedeutung sind.

Ich muss gleich sagen, dass ich noch sehr jung und unreif war, als ich mich im Sommer 1841 in Leipzig immatrikulierte. Ich hatte beschlossen, Philologie zu studieren, hauptsächlich Griechisch und Latein, aber das von den Professoren angebotene Angebot war viel zu verlockend. Ich las Griechisch und Latein ohne Schwierigkeiten; ich las oft klassische Autoren, ohne jemals zu versuchen, sie zu übersetzen; ich schrieb und sprach auch problemlos Latein. Einige der Professoren hielten Vorlesungen auf Latein, und in unseren akademischen Gesellschaften wurde immer Latein gesprochen. Ich wurde bald Mitglied des klassischen Seminars unter Gottfried Hermann und der Lateinischen Gesellschaft unter Professor Haupt. Die Aufnahme in diese Seminare und Gesellschaften erfolgte durch das Einreichen von Aufsätzen, und es war zweifellos eine Auszeichnung, ihnen anzugehören. Es war auch nützlich, denn wir mussten nicht nur Aufsätze schreiben und sie mit den anderen Mitgliedern, in der Regel Lehrern, und mit dem Professor diskutieren, sondern wir konnten vom Professor auch einige nützliche Ratschläge für unsere Privatstudien erhalten. In dieser Hinsicht tun die deutschen Universitäten sehr wenig für die Studenten, es sei denn, man hat das Glück, einer dieser Gesellschaften anzugehören. Den jungen Leuten wird freie Hand gelassen und sie können sich die Vorlesungen aussuchen, die sie wollen. Ich habe noch immer mein *Collegien-Buch* , in dem jeder Professor bescheinigen muss, welche Vorlesungen man besucht hat. Die Zahl der Vorlesungen zu den verschiedenen Themen, die ich besucht habe, ist ganz erstaunlich, und ich hätte noch mehr besucht, wenn mich das Honorar nicht abgeschreckt hätte. Jeder Professor hielt *öffentliche* und *private Vorlesungen* , und für die wichtigeren Kurse, vier Vorlesungen pro Woche, verlangte er zehn Schilling, für speziellere Kurse weniger oder nichts. Das scheint wenig, war mir aber oft zu viel; und wenn man diese Honorare zum Gehalt eines beliebten Professors hinzufügte, war sein Einkommen beträchtlich und übertraf das

Einkommen der meisten Staatsbediensteten. Ich habe Professoren gekannt, die vier- oder fünfhundert Hörer hatten. Das brachte ihnen zweimal jährlich 250 Pfund ein, und das galt damals zusammen mit ihrem Gehalt als gutes Einkommen. Das hat sich alles sehr geändert. Die Gehälter wurden erhöht, ebenso die Honorare. Ich erinnere mich gut an den Fall von Professor von Savigny, der, als er zum Justizminister in Berlin gewählt wurde, erklärte, er würde dies gern akzeptieren, wenn nur sein Gehalt auf das Niveau angehoben würde, das er als Professor der Rechte verdient hatte. Natürlich ging es den Professoren für Arabisch oder Sanskrit schlecht, und *Privatdozenten* erging es noch schlechter, aber den *professores ordinarii* ging es sehr gut, besonders wenn sie ein Pflichtfach lehrten und zugleich Prüfer waren. Tatsächlich kam es mir manchmal sehr unwürdig vor, einen *Famulus zu halten* , einen Studenten, der jedem, der einem angesehenen Professor ein- oder zweimal zuhören wollte, sagen musste, dass er ihn kein drittes Mal kommen lassen würde.

Ein großer Nachteil des Professorensystems ist sicherlich die geringe persönliche Beratung, die ein Student von den Professoren erhalten kann. Sofern er ihnen nicht persönlich bekannt ist oder in ihre Gesellschaften oder Seminare aufgenommen wurde, ist der junge Student oder Studienanfänger ziemlich verwirrt über die reichhaltige Kost in Form von Vorlesungen, die ihm geboten wird. Zweifellos lösen manche Studenten, insbesondere in den ersten Semestern, dieses Problem, indem sie gar nichts absolvieren, und es gibt keinen Zwang, sie dazu zu zwingen, außer den Prüfungen, die in der Ferne bevorstehen. Aber es gibt viele junge Männer, die unbedingt lernen wollen, nur wissen sie nicht, wo sie anfangen sollen. Ich schlage mein altes *Collegien-Buch auf* und stelle fest, dass ich im ersten Semester die folgenden Vorlesungen besucht habe, und ich kann sagen, ich habe sie regelmäßig besucht, mir sorgfältig Notizen gemacht und die von den Professoren empfohlenen Bücher gelesen. ich finde

1.	Das erste Buch des Thukydides	Gottfried Hermann.
2.	Über landschaftliche Altertümer	Das gleiche.
3.	Über Propertius	P. M. Haupt.
4.	Geschichte der deutschen Literatur	Das gleiche.

5.	Die Ranae des Aristophanes	Stallbaum.
6.	Disputatorium (in Latein)	Nobbe.
7.	Ästhetik	Weisse.
8.	Anthropologie	Lotze.
9.	Systeme der harmonischen Komposition	Fink.
10.	Hebräische Grammatik	Fürst.
11.	Demosthenes	Westermann.
12.	Psychologie	Heinroth.

Das reichte für das Sommerhalbjahr. Außer Griechisch und Latein waren die anderen Fächer für mich völlig neu und ich wollte eine Vorstellung davon bekommen, was ich studieren möchte. Es könnte interessant sein, die anderen Semester hinzuzufügen, soweit ich sie in meinem *Collegien-Buch habe*

.

13.	Aischyli Persae	Hermann.
14.	Zur Kritik	Das gleiche.
15.	Deutsche Grammatik	Haupt.
16.	Walther von der Vogelweide	Das gleiche.
17.	Tacitus, Agricola und De Oratoribus	Das gleiche.
18.	Über Hegel	Weiße.
19.	Disputatorium (Latein)	Nobbe.
20.	Die morderne Geschichte	Wachsmuth.

| 21. | Sanskrit-Grammatik | Brockhaus. |
| 22. | Lateinische Gesellschaft | Haupt. |

Dann folgt das Sommersemester 1842.

23.	Pindar	Hermann.
24.	Nibelungen	Haupt.
25.	Nala	Brockhaus.
26.	Geschichte der orientalischen Literatur	Das gleiche.
27.	Arabische Grammatik	Fleischer.
28.	Lateinische Gesellschaft	Haupt.
29.	Plauti Trinumus	Becker.

Wintersemester 1842.

30.	Prabodha Chandrodaya	Brockhaus.
31.	Geschichte der indischen Literatur	Das gleiche.
32.	Aristophanes' Vespa	Hermann.
33.	Plauti Rudens	Das gleiche.
34.	Griechische Syntax	Das gleiche.
35.	Juvenal	Becker.
36.	Metaphysik und Logik	Weiße.
37.	Geschichtsphilosophie	Das gleiche.

38.	Griechisches und lateinisches Seminar	Hermann & Klötze.
39.	Lateinische Gesellschaft	Haupt.
40.	Philosophische Gesellschaft	Weisse.
41.	Philosophische Gesellschaft	Drobisch.

Sommersemester 1843.

42.	Griechisches und lateinisches Seminar	Hermann & Klotze.
43.	Philosophische Gesellschaft	Drobisch.
44.	Philosophische Gesellschaft	Weisse.
45.	Soma-Deva	Brockhaus.
46.	Hitopadesa	Das gleiche.
47.	Geschichte der Griechen und Römer	Wachsmuth.
48.	Geschichte der Zivilisation	Das glciche.
49.	Geschichte nach dem 15. Jahrhundert	Flache.
50.	Geschichte der antiken Philosophie	Niedner.

Wintersemester 1843/44.

| 51. | Rigveda | Brockhaus. |

52. Elementa Persica	Fleischer.
53. Griechisches und Lateinisches Seminar	Hermann & Klotze.

Hier bricht mein *Collegien-Buch* ab, weil ich mich gerade auf eine Reise nach Berlin vorbereitete, um die Vorlesungen von Bopp und Schelling zu hören.

Anhand der obigen Liste wird deutlich, dass ich sicherlich zu viel versucht habe. Ich hätte meine ganze Zeit entweder ausschließlich den klassischen Studien widmen oder meine philosophischen Studien systematischer betreiben sollen. Ich gestehe, dass ich trotz meiner Freude an Gottfried Hermann und Haupt als meinen Führern und Lehrern für klassische Literatur kaum etwas gefunden habe, was meine Begeisterung für griechische und lateinische Literatur wecken könnte, und ich brauchte immer eine Dosis davon, um hart arbeiten zu können. Mir kam es so vor, als sei alles erledigt, und es gab keinen jungfräulichen Boden mehr zum Pflügen, keine Ruinen, auf denen man den eigenen Spaten ausprobieren konnte. Hermann und Haupt gaben mir Arbeit, aber alles drehte sich um die kritische Linie – die genealogische Beziehung verschiedener Manuskripte oder, noch einmal, die Eigentümlichkeiten bestimmter Dichter, lange bevor ich ihren allgemeinen Charakter vollständig erfasst hatte. Welche lateinischen Vokale in Horace, Propertius oder Ovid eine Elision bilden konnten und welche nicht, war ein Thema, das mich viel Arbeit kostete und für mich persönlich nur sehr geringe Ergebnisse hinterließ. Eine kluge Vermutung oder ein Hinweis, der diese MS zeigt. vom anderen abhängig war, wurde mit einem Doctissime oder Excellentissime belohnt, aber ein Aufsatz über Aischylos und seine Sicht einer göttlichen Weltregierung erhielt nur nickende Zustimmung.

Sie brachten ihren Schülern sicherlich bei, was Genauigkeit bedeutet; Sie brachten uns auf die neue Idee, dass MSS. sind nicht alles, es sei denn, ihr wirklicher Wert wurde zuerst entdeckt, indem man den Platz herausfand, den sie im Stammbaum des MSS einnehmen. eines jeden Autors. Sie haben uns auch beigebracht, dass es Fehler in MSS gibt. die unvermeidlich sind und getrost einer mutmaßlichen Berichtigung überlassen werden können; das MSS. aus der Neuzeit können und sind oft wertvoller als ältere Manuskripte, und zwar aus dem einfachen Grund, weil sie von einem noch älteren Manuskript kopiert wurden, und das oft aus schlecht geschriebenen und kaum lesbaren Manuskripten. erweist sich als hilfreicher als andere, die von einem Kalligraphen geschrieben wurden, da es sich um die Arbeit eines Gelehrten handelt, der für sich selbst und nicht für den Markt kopiert hat. All diese Dinge lernten und lernten wir durch praktische Erfahrung unter Hermann und Haupt, aber was wir nicht erlangten, war eine umfassende Kenntnis der griechischen und lateinischen Literatur, des Charakters jedes

Autors und des Geistes, der ihre Werke durchdrang. Ich hätte Cicero, Tacitus und Lucretius auf Latein lesen sollen; auf Griechisch Herodot, Thukydides, Platon und Aristoteles; Aber da ich nur Teile davon las, blieb mein Wissen über die Männer selbst und ihre Lebensziele sehr lückenhaft. Beispielsweise beschränkte sich meine wirkliche Bekanntschaft mit Platon und Aristoteles auf einige Dialoge des ersteren und einige logische Werke des letzteren. Den Rest habe ich aus Werken wie „ *Historia Philosophiae Graecae et Romanae ex Fontium locis contexta" von Ritter und Preller* und aus den sehr nützlichen Vorlesungen von Niedner über die Geschichte der antiken Philosophie gelernt. Ich dachte jedoch, ich müsse tun, was meine Professoren mir sagten, und meine Lektüre so gestalten, dass sie meine Arbeit gutheißen würden.

Dies darf nicht als Herabwürdigung meiner Lehrer verstanden werden. Eine solche Idee kam mir damals nie in den Sinn. Die Menschen in England haben keine Ahnung, welche Art von Verehrung die deutschen Studenten ihren Professoren erweisen. Es kam uns nie in den Sinn , sie zu bemängeln oder an ihrem *ipse dixit zu zweifeln* . Was sie über andere klassische Gelehrte sagten, von denen sie sich unterschieden, wie etwa Hermann von Otfried Müller oder Haupt von Orelli, war Evangelium und blieb uns noch lange in Erinnerung. Als ich einmal Hermanns Vorlesungen besuchte, machte ein anderer Student, der mit mir am selben Tisch saß, respektlose Bemerkungen über den alten Hermann. Ich bat ihn, ruhig zu sein, und als er mit seinen dummen Bemerkungen fortfuhr, konnte ich ihn nur aufhalten, indem ich ihn zur Rede stellte. Sobald die Herausforderung angenommen wurde, musste er natürlich schweigen, und ein paar Tage später lieferten wir uns unser Duell, ohne dass einer von uns großen Schaden erlitt. Ich erwähne dies nur, weil es zeigt, welchen Respekt und welche Bewunderung wir für unseren Professor empfanden, und weil es auch veranschaulicht, wie nützlich das Duell an einer deutschen Universität ist, wo nach einer Herausforderung kein Wort mehr gesagt werden darf oder selbst der unhöflichste Student mit Gewalt drohen darf. Ein Duell um eine griechische Vermutung mag sehr absurd erscheinen, aber bei Duellen dieser Art ist eigentlich nur eine gewisse Kenntnis des Fechtens erforderlich, wobei darauf zu achten ist, dass nichts Ernstes passiert. Und doch, obwohl das so ist, besteht das Gefühl einer möglichen Gefahr und sorgt für eine gewisse Etikette und ein gewisses angemessenes Verhalten unter Männern aus allen Schichten der Gesellschaft. Ich kann auch nicht ganz leugnen, dass gewisse Bedenken schwer zu unterdrücken waren, als ich morgens in einen schönen Wald in der Nähe von Leipzig ging. Ich sah mich von meinem Gegner schwer verwundet, möglicherweise getötet, und zu einem Haus getragen, wo meine Mutter und meine Schwester nach mir suchten. Dies geschah, als ich die große Versammlung von Studenten traf, die wunderschön in ihren Clubuniformen gekleidet waren, die Bierfässer auf der einen Seite hochgeschoben und der Chirurg und seine Instrumente auf der anderen Seite warteten. Es waren wirklich viele, dreißig oder vierzig

Paare, glaube ich, die darauf warteten, an diesem Morgen ihre Duelle auszutragen. Einige waren sehr gut eingezäunt, und es war eine Freude, dabei zuzusehen. und als man an die Reihe kam, dachte man nur noch daran, wie man sich kühn behauptet und wie man gut fechtet. Einige der Kämpfer kamen zu Pferd oder in Kutschen, und in der Nähe gab es einen kleinen Fluss, der uns die Flucht ermöglichte, falls die Polizei von unserem Treffen erfahren hätte. So beliebt diese Duelle auch sind, sie sind verboten und werden bestraft, und die härteste Strafe schien immer der Verlust unserer Uniformen, unserer Waffen, unserer Fahnen und unserer Bierfässer zu sein. Diesmal entgingen wir jedoch allen Störungen und genossen unser Frühstück im Wald in vollen Zügen, ohne dass etwas passierte, was die Heiterkeit des Morgens störte.

Da ich mich nicht mit dem zufrieden gab, was mir als bloßes Wiederkäuen von Griechisch und Latein erschien, widmete ich mich der systematischen Philosophie und las schon in den ersten Semestern mehr davon als von Platon und Aristoteles. Ich gehörte den philosophischen Gesellschaften von Weisse, Drobisch und Lotze an, und die Mitgliedschaft in jeder dieser Gesellschaften erforderte eine beträchtliche Menge an Lesen und Schreiben.

In Leipzig vertrat Professor Drobisch die Schule Herbarts, die stolz auf ihre Klarheit und logische Genauigkeit war, aber natürlich weniger attraktiv für die jungen Geister an der Universität war, die von Hegels Idee gehört hatten und den dialektischen Prozess als Lösung aller Schwierigkeiten betrachteten. Ich wollte wissen, was das alles bedeutete, denn ich war mit bloßen Worten nicht zufrieden. Es gibt kaum ein Wort, das so viele Bedeutungen hat wie Idee, und ich bezweifle, dass einer der Neulinge, die gerade der Schule entflohen waren und die Geschichte der Philosophie nicht kannten, eine Ahnung davon haben konnte, was Hegels Idee bezweckte. Dennoch sprachen sie bei ihren Gläsern Bier sehr eloquent und sehr positiv darüber; und jeder, der aus Berlin kam und geheimnisvoll oder verzückt über die Idee und ihre Entwicklung durch den dialektischen Prozess sprechen konnte, wurde von den jungen Sachsen, die mit Kant und Krug aufgewachsen waren, mit stillem Staunen angehört. Das Hegel-Fieber war damals noch sehr hoch. Es stimmt, dass Hegel selbst tot war (1831), und obwohl er auf seinem Sterbebett erklärt haben soll, er habe nur einen wahren Schüler hinterlassen und dieser Schüler habe ihn missverstanden, galt es als unabdingbare Voraussetzung, Hegelianer zu sein, *nicht* nur unter Philosophen, sondern ebenso unter Theologen, Wissenschaftlern, Juristen, Künstlern, ja in jedem Zweig des menschlichen Wissens, zumindest in Preußen. Wenn das Christentum in seiner protestantischen Form die Staatsreligion des Königreichs war, dann war der Hegelianismus seine Staatsphilosophie. Angefangen beim Unterrichtsminister bis hinunter zum Dorfschulmeister behaupteten alle, Hegelianer zu sein, und dies galt als der beste Weg zum beruflichen Aufstieg. Obwohl Altenstein, der damals an der Spitze des Unterrichtsministeriums stand, in seiner Treue zu Hegel zu wanken begann, konnte nicht einmal er dem Ansturm der öffentlichen und offiziellen Meinung widerstehen. Er war es, der, als ihm von Hegel selbst oder von einigen seiner Anhänger ein neuer Professor der Philosophie empfohlen wurde, sagte: „Meine Herren, ich habe einige Bücher des jungen Mannes gelesen und verstehe kein Wort davon. Sie sind jedoch die besten Richter, erlauben Sie mir nur zu sagen, dass Sie mich ein wenig an den französischen Offizier erinnern, der seinem Schneider befahl, seine Hosen so eng wie möglich zu machen, und ihn mit den Worten entließ: ‚Enfin, si je peux y enterer, je ne les prendrai pas.' Das scheint mir sehr genau das zu sein, was Sie von Ihrem jungen Philosophen sagen. Wenn ich seine Bücher verstehen kann, werde ich ihn nicht nehmen." Dieses Hegel-Fieber war sehr ähnlich dem, was wir selbst zur Zeit des Darwin-Fiebers durchgemacht haben; Darwins natürliche Evolution wurde sehr ähnlich wie Hegels dialektischer Prozess als allgemeine Lösung aller Schwierigkeiten angesehen. Der ungeheuerlichste Unsinn wurde unter diesem Namen ausgegeben, wie er unter dem Namen Evolution bekannt war. Hegel wusste sehr wohl, was er meinte, und Darwin auch. Aber der leere Enthusiasmus seiner Anhänger wurde so wild, dass Darwin selbst, der bescheidenste aller Menschen, sich dessen ziemlich schämte. Der Meister war natürlich nicht für die Torheit seiner sogenannten Schüler verantwortlich, aber das Ergebnis war unvermeidlich. Nachdem der Bogen bis zum Äußersten gespannt war, folgte eine Reaktion und im Fall des Hegelianismus ein völliger Zusammenbruch. Sogar in Berlin endete die Popularität des Hegelianismus plötzlich, und nach einiger Zeit wollte kein wahrhaft wissenschaftlicher Mann mehr Hegelianer genannt werden. Diese plötzlichen Zusammenbrüche in Deutschland sind sehr lehrreich. Solange ein deutscher Professor an der Spitze der Angelegenheiten steht und etwas für seine Schüler tun kann, sind seine Schüler in ihren Lobpreisungen sowohl in der Öffentlichkeit als auch im Privaten sehr laut. Sie verherrlichen ihn nicht nur, sondern helfen auch, alle herabzusetzen, die anderer Meinung sind als er. So war es bei Hegel, so war es später bei Bopp und Curtius und anderen Professoren, insbesondere wenn sie das Ohr des Bildungsministers hatten. Doch kurz nach dem Tod dieser Männer, insbesondere wenn ein anderer einflussreicher Stern aufstieg, kam es zu einem plötzlichen und überraschenden Tonwechsel; sogar die Verkaufszahlen ihrer Bücher gingen zurück und sie wurden nur noch als Meilensteine bezeichnet, die den rasanten Aufstieg lebender Berühmtheiten zeigten. Vielleicht lässt sich all dies nicht ändern, solange die menschliche Natur so ist, wie sie ist, aber es ist dennoch schmerzlich, dies zu beobachten.

Ich hatte das Glück, den Hegelianismus durch Professor Christian Weisse in Leipzig kennenzulernen, der, obwohl er als Hegelianer galt, ein sehr nüchterner Hegelianer war, ein Kritiker wie ein Bewunderer Hegels. Er hatte ein sehr kleines Publikum, weil seine Vortragsweise sicherlich äußerst anstrengend und verlockend war. Aber durch den persönlichen Kontakt mit ihm konnte man von ihm Hilfe bekommen, wo immer er sie geben konnte. Obwohl Weisse von der Wahrheit der Dialektischen Methode Hegels überzeugt war, unterschied er sich in ihrer Anwendung oft von ihm. Diese dialektische Methode bestand darin, zu zeigen, wie das Denken ständig und unwiderstehlich von einer positiven in eine negative Position getrieben wird, dann die beiden Gegensätze in Einklang bringt und von diesem Punkt aus von vorne beginnt und den gleichen Prozess noch einmal wiederholt. Beispielsweise wurde gezeigt, dass das reine Sein, von dem Hegels ideale Entwicklung ausgeht, dasselbe ist wie das leere Sein, also das Nichts, und beide wurden als identisch dargestellt und geben uns in ihrer Identität den neuen Begriff des Werdens (Werden) .), was Sein und Nichtsein zugleich ist. Für den Laien mag dies alles etwas unklar erscheinen, aber man sollte es nicht ignorieren.

Insoweit folgte Weisse dem großen Denker, und ich besitze in seinen eigenen Schriften noch immer das Bild einer Leiter, auf der der Intellekt dargestellt wird, als klettere er immer höher vom niedrigsten zum höchsten Konzept — eine Art Jakobsleiter, auf der die Kategorien wie Engel Gottes vom Himmel auf die Erde auf- und absteigen. Wir müssen bedenken, dass der wahre Hegelianer die Ideen als die Gedanken Gottes betrachtete. Hegel betrachtete diese Entwicklung des Denkens gleichzeitig als die Entwicklung des Seins, wobei die Idee das einzige war, von dem man sagen konnte, dass es wirklich real sei. Um dies zu verstehen, müssen wir bedenken, dass der historische Schlüssel zu Hegels Idee eigentlich der neuplatonische oder alexandrinische Logos war. Aber von diesem Logos wussten wir unwissenden Studenten, die zu Füßen von Prof. Weisse saßen, absolut nichts, und selbst wenn die Idee uns manchmal als das Absolute, das Unendliche oder das Göttliche präsentiert wurde, war sie für uns, zumindest für die meisten von uns, mich eingeschlossen, *vox et praeterea nihil* . Wir beobachteten die wunderbaren Entwicklungen und Windungen der Idee in ihrer dialektischen Entwicklung, aber von der Idee selbst oder von sich selbst hatten wir überhaupt keine Ahnung. Es war alles Dunkelheit, ein riesiger Abgrund, und wir saßen geduldig da und schrieben auf, was wir von den Erklärungen des Professors erfassen und verstehen konnten, aber die Idee selbst konnten wir nie erfassen. Es wäre nicht so schwierig gewesen, wenn der Professor mutiger gesprochen hätte. Aber wann immer er auf die Beziehung der Idee zu dem kam, was wir unter Gott verstehen, gab es selbst bei ihm, der ein sehr ehrlicher Mann war, immer ein gewisses theologisches Zögern. Hegel selbst scheint gelegentlich vor der Schlussfolgerung zurückzuschrecken, dass die Idee wirklich an der Stelle Gottes steht und dass der ideale Gott sich seiner selbst erst im selbstbewussten Geist der Menschheit bewusst wird. Dennoch ist dies das letzte Wort von Hegels Philosophie, obwohl andere behaupten, dass die Idee für Hegel der Gedanke Gottes war und dass das menschliche Denken nur eine Wiederholung dieses göttlichen Gedankens war. Bei Hegel gibt es zuerst die Entwicklung der Idee im reinen Äther der Logik von der einfachsten zur höchsten Kategorie. Dann folgt Hegels Naturphilosophie, das heißt die Entwicklung der Idee in der Natur, wobei die Idee sich durch den üblichen dialektischen Prozess selbst negiert und in ihr Gegenteil (*Anderssein*) eintritt, einen neuen Prozess von Raum und Zeit durchläuft und in der selbstbewussten menschlichen Seele endet. So wurden Natur und Geist als von der Idee in ihrer logischen Entwicklung beherrscht dargestellt. Die Natur war eine Manifestation der Idee, die Geschichte die andere, und es wurde die Aufgabe des Philosophen, ihre Spuren sowohl im Fortschritt der Natur als auch im historischen Fortschritt des Denkens zu entdecken.

Und hier begannen die stärksten Proteste zu erschallen. Die Naturwissenschaften revoltierten, und bald schloss sich auch die historische Forschung der Rebellion an. Auch Professor Weisse protestierte trotz seiner großen Bewunderung für Hegel in seinen Vorlesungen gegen diese Idealisierung der Geschichte und zeigte, wie oft Hegel, wenn er in der historischen Entwicklung der Idee die gesuchten Spuren nicht finden konnte, durch seine unvollständige Kenntnis der Tatsachen in die Irre geführt wurde und Dinge entdeckte, die nicht da waren, aber seiner Überzeugung nach dort hätte sein müssen. Nirgendwo ist dies so deutlich geworden wie in Hegels *Religionsphilosophie* . Die Vorstellung, in der historischen Entwicklung der Religion eine Wiederholung des dialektischen Fortschritts der Idee zu sehen, war großartig. Aber Tatsachen sind sture Dinge und beugen sich nicht einmal dem Oberbefehl der Idee. Außerdem: Wenn die historischen Tatsachen der Religion wirklich so wären, wie es der dialektische Prozess der Idee erforderte, dann sind diese Tatsachen nicht mehr das, was sie vor 1831 waren , und was würde dann aus der Idee werden, die, wie er im Vorwort zu seiner *Metaphysik* schrieb , unmöglich geändert werden konnte, um den neuen Tatsachen zu gefallen? Es war dieser Teil von Weisses Vorlesungen, es war der Protest des historischen Gewissens gegen die Forderungen der Idee, der mich am meisten interessierte. Ich erkenne die formale Wahrheit ebenso klar wie die materielle Unwahrheit von Hegels Philosophie. Die durch und durch Vortrefflichkeit seiner Methode und die verzweifelte Kahlheit seiner Resultate treffen mich mit gleicher Wucht. Obwohl ich noch nicht wusste, für was für eine Art von Ding oder Person die Idee wirklich bestimmt war, kannte ich mich selbst gut genug mit der antiken griechischen Philosophie und den orientalischen Religionen aus, um es zu wagen, Hegels Darstellung und Anordnung der Tatsachen selbst zu kritisieren. Ich konnte die Antwort meiner entschlosseneren Hegelschen Freunde, *Tant pis pour les faits* , nicht akzeptieren, sondern spürte immer mehr den alten Antagonismus zwischen dem, was sein sollte und dem, was ist, zwischen der Vernünftigkeit der Idee und der Unvernünftigkeit der Tatsachen. Einen starken Unterstützer fand ich in einem jungen Privatdozenten, Dr. Lotze, der damals seine glänzende Karriere in Leipzig begann. Er hatte sich besonders auf Mathematik und Naturwissenschaften spezialisiert und empfand in Hegels *Naturphilosophie denselben Widerspruch zwischen Tatsachen und Theorien, der mir beim Lesen seiner Religionsphilosophie* so aufgefallen war . Ich trat seiner philosophischen Gesellschaft bei und fand vor kurzem in meinen alten Unterlagen mehrere Essays, die ich für unsere Treffen geschrieben hatte. Sie amüsierten mich sehr, aber es würde mir schaden, sie jetzt veröffentlicht zu sehen. Es ist merkwürdig, dass ich als Delegierter des Universitätsverlags in Oxford nach vielen Jahren maßgeblich dazu beitrug, dass die erste englische Übersetzung von Lotzes „ *Metaphysik* " in England veröffentlicht wurde. und es ist noch merkwürdiger, dass Mark Pattison, der verstorbene Rektor von Lincoln, sich mit aller Kraft dagegen ausgesprochen hat, weil es sich um ein nutzloses Buch handelte, das seine Kosten niemals wieder einbringen würde. Ich trat für meinen alten Lehrer ein und freue mich, zur Ehre der englischen Philosophen sagen zu können, dass die Übersetzung mehrere Auflagen erlebte und nicht wenig dazu beitrug, Lotzes Stellung in England und Amerika zu festigen. Er starb 1881.

Es ist erstaunlich, wie die jungen Köpfe an deutschen Universitäten die Stürme und Nebel überleben, durch die sie in ihrer akademischen Laufbahn gehen müssen. Ich gestehe, dass ich selbst eine Zeit lang völlig verwirrt war und an meinem Denkvermögen zu verzweifeln begann. Warum sollte ich nicht verstehen können, fragte ich mich, was andere Leute scheinbar mühelos verstanden? Wir sprechen dieselbe Sprache, warum sollten wir nicht in der Lage sein, denselben Gedanken zu denken? Ich suchte eine Zeit lang Zuflucht in der Geschichte – der Geschichte der Sprache, der Religion und der Philosophie. In Leipzig gab es einen sehr gelehrten Professor, Dr. Niedner, der die Geschichte der griechischen Philosophie lehrte und dessen *Handbuch der Geschichte der Philosophie* mir mein ganzes Leben lang von Nutzen war. Sokrates sagte über Heraklit: „Was ich von seinem Buch verstanden habe, ist ausgezeichnet, und ich nehme daher an, dass auch das, was ich nicht verstanden habe, ausgezeichnet ist; aber man muss ein delischer Schwimmer sein, um darin nicht zu ertrinken." Ich versuchte lange Zeit, diesen Rat in Bezug auf Hegel und Weiße zu befolgen, und obwohl ich entmutigt war, verzweifelte ich nicht. Einiges davon habe ich verstanden, warum sollte das Übrige nicht mit der Zeit folgen? So habe ich das Studium der Philosophie in Leipzig und später in Berlin nie aufgegeben, und meine ersten Beiträge zu philosophischen Zeitschriften stammen aus jener frühen Zeit, als ich Student an der Universität Leipzig war. Meine allerersten, wenn auch sehr erfolglosen Bemühungen, einen Zugang zu den Geheimnissen der Philosophie zu finden, stammen sogar aus meiner Schulzeit.

Ich erinnere mich an einige Jahre zuvor, als ich noch recht jung war, vielleicht nicht älter als fünfzehn Jahre, als ich mit angehaltenem Atem einigen Leipziger Professoren zuhörte, die in meiner Gegenwart sehr aufgeregt über Philosophie sprachen. Ich hatte keine Ahnung, was mit Philosophie gemeint war, und noch weniger konnte ich folgen, als sie begannen, Kants *Kritik der reinen Vernunft zu diskutieren* . Einer meiner Freunde, den ich als große Autorität betrachtete, gestand, dass er das Buch immer wieder gelesen hatte, es aber nicht vollständig verstehen konnte. Meine Neugier war sehr geweckt, und als er einmal mit mir spazieren ging, fragte ich ihn ganz schüchtern, worum es in Kants Buch gehe und wie ein Mann ein Buch schreiben könne, das andere Männer nicht verstehen könnten. Er versuchte zu erklären, worum es in Kants Buch ging, aber vor meinen Augen war alles völlige Dunkelheit; Ich habe versucht, hier und da ein Wort zu fassen, aber alles schwebte wie Nebel vor meinem Kopf, ohne einen einzigen Lichtstrahl, ohne einen Ausweg aus all dem Labyrinth der Wörter. Aber als er schließlich sagte, er würde mir das Buch leihen, fiel ich darauf und brütete stundenlang darüber. Das Ergebnis war das gleiche. Mein kleines Gehirn konnte die einfachsten Ideen der ersten Kapitel nicht erfassen – dass Raum und Zeit nichts für sich seien; dass wir selbst dem, was uns die Sinne gaben, die Form von Raum und Zeit gaben. Aber obwohl ich besiegt war, würde ich nicht nachgeben; Ich habe es immer wieder versucht, aber natürlich war alles umsonst. Die Worte waren da und ich konnte sie interpretieren, aber es gab nichts in meinem Kopf, das die Worte hätten ergreifen können. Es war wie Regen auf hartem Boden, alles lief ab oder blieb in Pfützen und Durcheinander auf meinem armen Gehirn stehen.

Schließlich gab ich es verzweifelt auf, aber ich war fest entschlossen, sobald ich an die Universität ging, herauszufinden, was Philosophie wirklich ist und was Kant meinte, als er sagte, dass Raum und Zeit Formen unserer Sinnlichkeit seien Intuition. Ich sehe also, dass ich im Sommer 1841 Vorlesungen über Ästhetik bei Professor Weisse, über Anthropologie bei Lotze und über Psychologie bei Professor Heinroth hörte und langsam lernte, zu unterscheiden, was in mir vorging, und was ich wurde zu der Vorstellung verleitet, dass es außerhalb von mir oder zumindest ganz unabhängig von mir existierte. Doch bevor ich Kant, seine Formen der Anschauung und die Kategorien des Verstandes richtig verstanden hatte, wurde ich in den Hegelianismus hineingeworfen. Auch dies war zunächst völlige Dunkelheit, aber ich ließ mich nicht entmutigen. Ich besuchte Professor Weisses Vorlesungen über Hegel im Winter 1841/42 und erneut im Winter 1842/43 seine Vorlesungen über Logik und Metaphysik sowie über Geschichtsphilosophie. Er interessierte sich für mich und ich fühlte mich am stärksten von ihm angezogen. Bald darauf trat ich seiner Philosophischen Gesellschaft bei, ebenso der von Professor Drobisch. In diesen Gesellschaften musste jedes Mitglied, wenn es an die Reihe kam, einen

Aufsatz schreiben und ihn gegen den Professor und die anderen Mitglieder der Gesellschaft verteidigen. All dies war sehr hilfreich, aber erst nachdem ich eine Vorlesung über die Geschichte der Philosophie von Professor Niedner gehört hatte, wurde mein Interesse an der Philosophie stark und gesund. Während Weisse ein führender Hegelianischer Philosoph war und Drobisch die entgegengesetzte Philosophie von Herbart vertrat, war Niedner rein historisch, und das gefiel mir am meisten. Dennoch blieben meine philosophischen Studien sehr unzusammenhängend. Schließlich wurde ich auch in Lotzes Philosophische Gesellschaft aufgenommen, und hier lasen und diskutierten wir hauptsächlich Kants *Kritik* . Lotze war damals ein recht junger Mann, der sich noch nicht zwischen Naturwissenschaft und reiner Philosophie entschieden hatte.

Weisse war sicherlich der mitreißendste Vortragende, aber sein Vortrag war furchteinflößend. Er las seine Vorlesungen nicht, wie es viele Professoren taten, sondern hielt sie *spontan* . Er beherrschte die Sprache nicht und nach fast jedem Satz gab es eine Pause. Er dachte während seines Vortrags wirklich über das Problem nach; Er wiederholte ständig seine Sätze, und jeder neue Gedanke, der ihm in den Sinn kam, würde ihn meilenweit von seinem Thema entfernen. In diesen Schwärmereien kam es manchmal vor, dass er sich selbst widersprach, aber als ich nach seinem Vortrag mit ihm nach Hause in ein Dorf in der Nähe von Leipzig ging, in dem er lebte, erklärte er mir bereitwillig, wie es dazu kam, wie er etwas ganz anderes meinte als das, was er gesagt hatte, oder was ich verstanden hatte. Tatsächlich würde er die ganze Vorlesung noch einmal halten, nur viel freier und verständlicher. Ich war damals völlig davon überzeugt, dass Hegels Philosophie die endgültige Lösung aller Probleme war; Ich habe nur gezögert, ob er seine Geschichtsphilosophie auf die Religionsgeschichte anwendet. Ich konnte mich nicht dazu durchringen, zuzugeben, dass die Geschichte der Religion, noch nicht einmal die Geschichte der Philosophie, wie wir sie von Thales bis Kant kennen, wirklich Seite an Seite mit seiner Logik verlief und zeigte, wie die Leitkonzepte des menschlichen Geistes ausgearbeitet wurden in der Logik, hatte sukzessive seinen Ausdruck in der Geschichte und Entwicklung der uns bekannten Philosophieschulen gefunden. Weisse war sowohl in seiner Analyse von Konzepten als auch in seiner Kenntnis der Geschichte stark, und obwohl er Hegel als treuen Interpreten lehrte, warnte er uns immer davor, zu sehr auf die Parallelität zwischen Logik und Geschichte zu vertrauen. Studieren Sie die Schriften der guten Philosophen, würde er sagen, und sehen Sie dann, ob sie in das prokrusteische Bett von Hegels Logik passen oder nicht. Und das war die beste Lektion, die er jungen Männern hätte geben können. Wie begründet und notwendig die Warnung war, erfuhr ich selbst, je mehr ich die Religion und Philosophien des Ostens studierte und dann das, was ich in den Originaldokumenten sah, mit der Darstellung verglich, die Hegel in seiner *Philosophie der Religion gegeben hatte* . Es ist durchaus wahr, dass Hegel zu der Zeit, als er schrieb, keine direkte oder genaue Kenntnis der Hauptreligionen des Ostens erlangen konnte. Aber ich musste feststellen, dass das, was Hegel als Notwendigkeit für das Wachstum des religiösen Denkens darstellte, weit von dem tatsächlichen Wachstum entfernt war, wie ich es in einigen der heiligen Bücher dieser Religionen beobachtet hatte. Dies erschütterte meinen Glauben an die Richtigkeit der Grundprinzipien Hegels mehr als alles andere.

Damals erschien mir Herbarts Philosophie, wie sie Drobisch in Leipzig lehrte, als äußerst nützliches Gegenmittel. Das Hauptziel dieser Philosophie ist, wie man weiß, die Analyse und Klärung unserer Begriffe. Genau das wollte ich, nur dass ich, da ich mich mit den Problemen der Sprache beschäftigte, das Ziel seiner Philosophie sofort in eine Definition von Wörtern übersetzte. Von da an war das Ziel meiner eigenen philosophischen Beschäftigungen die genaue Definition jedes Wortes. Alle Wörter, wie Vernunft, reine Vernunft, Geist, Gedanke, wurden sorgfältig in ihre Einzelteile zerlegt und, wenn möglich, bis zu ihrer ersten Entstehung und dann durch ihre weitere Entwicklung zurückverfolgt. Mein Interesse an diesem analytischen Prozess nahm bald einen historischen, das heißt etymologischen Charakter an, insofern ich herauszufinden versuchte, warum alle Wörter jetzt genau das bedeuten sollten, was sie gemäß unserer Definition bedeuten sollten. Bei der Untersuchung von Wörtern wie *„Vernunft"* oder *„Verstand" zeigte* beispielsweise ein kleiner historischer Rückblick, dass ihre Unterscheidung in Vernunft und Verständnis ganz modern war und hauptsächlich auf eine wissenschaftliche Definition zurückzuführen war, die von der philosophischen Schule von Kant gegeben und beibehalten wurde. Natürlich hat jede Generation das Recht, ihre philosophischen Begriffe zu definieren, aber aus historischer Sicht hätte Kant mit gleichem Recht *„ Vernunft"* für *„Verstand"* und *„Verstand"* für *„Vernunft" verwenden können* . Etymologisch oder historisch haben beide Wörter ziemlich dieselbe Bedeutung. *„Vernunft"* , von *„Vernehmen"* , bedeutete ursprünglich nichts anderes als Wahrnehmung, während *„Verstand"* ebenfalls „Wahrnehmung" bedeutete, aber bald eine Art Verständnis, sogar eine Art technisches Wissen implizierte, obwohl es aus rein etymologischer Sicht nichts gab, was es besser für die Bedeutung geeignet machte, die ihm heute im Deutschen im Unterschied zu *„ Vernunft"* *zugeschrieben wird* , als Verständnis im Unterschied zur Vernunft. Es bedarf natürlich einer sehr genauen historischen Forschung, um die Schritte nachzuvollziehen, durch die Wörter wie Vernunft und Verstand in der Sprache des Volkes und im philosophischen Sprachgebrauch in verschiedene Richtungen auseinander gehen. Dies lehrt uns einen sehr wichtigen Unterschied, nämlich den zwischen der populären Entwicklung der Bedeutung eines Wortes und seiner Bedeutung, wie sie von einem Philosophen oder Dichter in der Fülle seiner Macht definiert und behauptet wird. Etymologische Definitionen sind für die ersten Stadien in der Geschichte eines Wortes sehr nützlich. Es ist zum Beispiel nützlich zu wissen, dass *deus* , Gott, ursprünglich hell, hell bedeutete, ob es nun auf Himmel, Sonne, Mond, Sterne, Morgendämmerung, Tagesanbruch, Frühling des Jahres und viele andere helle Objekte in der Natur angewendet wurde, dass es somit eine ihnen allen gemeinsame Bedeutung annahm, herrlich oder himmlisch, wohltätig, mächtig, sodass dieses Wort eine allgemeinere, umfassendere und erhabenere Bedeutung angenommen hat, als wir in den Veden bereits eine Reihe von Himmelskörpern oder Erdkörpern oder sogar Zeiträumen finden, die Devas genannt werden. Es bedeutete noch nicht das, was die Griechen θεοί oder Götter nannten, aber es bedeutete etwas, das allen diesen θεοί gemeinsam war , und konnte daher natürlicherweise ausdrücken, was die Griechen mit diesem Wort ausdrücken wollten. Es bestand noch keine Notwendigkeit, deva oder θεός im Hinblick auf die Bedeutung von Göttern zu definieren, aber natürlich hatten sich die gegensätzlichsten Bedeutungen darum versammelt. Während ein philosophischer Grieche behaupten würde, dass θεός das bedeutet, was eines und niemals viele ist, würde ein poetischer Grieche oder ein gewöhnlicher Grieche glauben, dass es das bedeutet, was von Natur aus viele sind. Aber während sich in einem solchen Fall philosophische Analyse und historische Genealogie gegenseitig stützen würden, gibt es doch viele Fälle, in denen eine etymologische Analyse ebenso aussichtslos ist wie eine logische. Wer soll schon *romantisch definieren* , in Ausdrücken wie der romantischen Literatur? Etymologisch wissen wir, dass das Wort „romantisch" letztlich auf Rom zurückgeht, aber die Masse der widersprüchlichen Bedeutungen, die willkürlich in den Kessel dieses Wortes geworfen wurden, ist so groß, dass keine Definition gefunden werden kann, die sie alle umfasst. Und wie sollen wir *gotische* oder *romanische* Architektur definieren, wenn wir bedenken, dass weder Goten etwas mit Spitzbögen zu tun hatten, noch Römer für die Flachdächer der deutschen Kirchen der sächsischen Kaiser verantwortlich waren.

Genug, um zu zeigen, was ich meinte, als ich sagte, dass Professor Drobisch in seinen Vorlesungen über Herbart eine große Ermutigung für die besondere Arbeit gab, mit der ich mich bereits als Student beschäftigte, die Wissenschaft der Sprache und Etymologie. Wenn Herbart erklärte, dass Philosophie in einer gründlichen *Bearbeitung von Konzepten oder konzeptuellem Wissen* bestehe , war meine Antwort: Lass es nur historisch, nein, am Anfang etymologisch sein; Ich war nicht so dumm, mir vorzustellen, dass ein Wort, wie es heute verwendet wird, das bedeutet, was es etymologisch bedeutet. *Deus* bedeutete nicht mehr „brillant", aber es sollte das Ziel des wahren Sprachhistorikers sein, zu beweisen, wie „*Deus*", das ursprünglich „brillant" bedeutete, zu dem kam, was es jetzt bedeutet.

Eine Zeitlang dachte ich daran, Philosoph zu werden, und das klang so großartig, dass mir die Vorstellung, mich auf eine einfache Schullehrerstelle vorzubereiten und Griechisch und Latein zu unterrichten, immer mehr zu eng erschien. Doch bald, während ich von einem Lehrstuhl für Philosophie an einer deutschen Universität träumte, begann ich zu spüren, dass ich etwas Besonderes wissen musste, etwas, das kein anderer Philosoph konnte, und das veranlasste mich, Sanskrit, Arabisch und Persisch zu lernen. Ich hatte nur das gehört, was wir im Deutschen das Läuten nennen, nicht das Schlagen der Glocken der indischen Philosophie; ich hatte Friedrich Schlegels erklärendes Buch *Über die Sprache und Weisheit der Inder* (1808) gelesen und in Windischmanns *Die Philosophie im Fortgang der Weltgeschichte* (1827-1834) geblättert. Diese Bücher sind heute kaum aufgeschlagen – sie sind veraltet und mehr als veraltet; sie sind voller Fehler in Bezug auf Fakten und Fehler in Bezug auf die daraus gezogenen Schlussfolgerungen. Aber sie hatten neue Ideen in die Welt des Denkens gebracht und bei vielen, wie auch bei mir, das Gefühl hinterlassen, das der Goldgräber, der nach Mineralien sucht, angeblich hat, dass es unter der Oberfläche Gold geben muss, wenn die Leute nur graben würden. Dieses Gefühl war noch sehr vage und hätte völlig trügerisch sein können, und ich sah auch keinen Weg, über den Punkt hinauszugehen, den diese beiden Träumer oder Entdecker erreicht hatten. Der Gedanke blieb in der Müllkammer meines Geistes und brach, obwohl er damals vergessen war, wieder hervor, als sich eine Gelegenheit bot. Es war ein glücklicher Zufall, dass genau zu dieser Zeit, im Winter 1841, in Leipzig eine neue Professur gegründet und Professor Brockhaus übertragen wurde. Obwohl ich mir über den Kurs, den ich in meinen Studien verfolgen sollte, nicht sicher war, beschloss ich herauszufinden, was es in Sanskrit zu lernen gab. Das Unbekannte hatte einen Reiz, und, das muss ich gestehen, auch das Studium von etwas, das meine Freunde und Mitstudenten nicht kannten. Ich besuchte Professor Brockhaus und fand nur zwei andere Studenten, die seine Vorlesungen besuchten, einen Spiegel, der die Grundlagen des Sanskrit bereits kannte und noch heute in Erlangen lebt [9] , als berühmter Professor für Sanskrit und Zend, obwohl er nicht mehr lehrt, und einen Klengel. Beide waren mehrere Jahre älter als ich, aber beide ihren jüngeren Kommilitonen gegenüber äußerst liebenswürdig. Klengel war Gelehrter, Philosoph und Musiker, und obwohl er nach ein oder zwei Semestern sein Sanskritstudium aufgeben musste, war er mir mit seinen guten Ratschlägen sehr nützlich. Er ermutigte und lobte mich für meine Fortschritte im Sanskrit, die zweifellos schneller waren als seine eigenen, und er bestärkte mich in meiner Überzeugung, dass der Philologe und der Philosoph etwas aus dem Sanskrit machen könnten. Man sollte nicht vergessen, dass es damals unter den klassischen Gelehrten ein starkes Vorurteil gegen Sanskrit gab. Die Zahl der Männer, die sich dafür einsetzten, war, obwohl sie Namen wie W. von Humboldt, F. und A. W. von Schlegel umfasste, noch sehr gering. Sogar

Herders und Goethes prophetische Worte zeigten wenig Wirkung. Es wird gesagt, dass, als die Regierung, hauptsächlich durch die beiden Humboldts, dazu überredet worden war, einen Lehrstuhl für Sanskrit an der Universität Würzburg einzurichten, und Bopp als dessen ersten Inhaber nominiert hatte, die philologische Fakultät der Universität gegen eine solche Entweihung protestierte und die Ernennung scheiterte. Es ist zweifellos wahr, dass die Sanskritstudenten in ihrer ersten Begeisterung viele übertriebene Meinungen geäußert hatten. Sanskrit wurde als Mutter aller Sprachen dargestellt, anstatt als ältere Schwester der arischen Familie. Der Beginn aller Sprache, allen Denkens, aller Religion wurde auf Indien zurückgeführt, und als griechischen Gelehrten gesagt wurde, dass Zeus in den Veden unter dem Namen Dyaus existierte, gab es ein großes Flattern in den Taubenschlägen der klassischen Gelehrsamkeit. Viele dieser enthusiastischen Äußerungen mussten später abgeschwächt werden. Wie sehr haben wir diese enthusiastischen Tage genossen, die selbst in ihren übertriebenen Hoffnungen nicht ohne Nutzen waren. Probleme wie der Beginn der Sprache, des Denkens, der Mythologie und der Religion wurden mit der jugendlichen Hoffnung begonnen, dass der Veda sie alle lösen würde, als ob die vedischen Rishis beim ersten Ausbruch der Wurzeln, der Konzepte anwesend gewesen wären, ja, als ob diese vedischen Dichter wie Pelops und andere Nachkommen des Zeus den täglichen Umgang mit den Göttern genossen und bei der Verstümmelung von Uranos oder beim Überfressen von Kronos dabei gewesen wären. Wir mögen uns heute für einige der Träume aus dem frühen Frühling des Aufenthalts des Menschen auf der Erde schämen, aber es waren bezaubernde Träume, und alle unsere Gedanken über die Natur und das Schicksal des Menschen auf Erden waren mit den Farben eines Morgens gefärbt, der Licht über die graue Dunkelheit warf, die ihm vorausging. Es war erfreulich zu sehen, dass Dyaus ursprünglich den hellen Himmel meinte, etwas, das tatsächlich sichtbar war, aber zu etwas Unsichtbarem werden musste. Alles Wissen, ob individuell oder von der Menschheit als Ganzem, muss mit dem begonnen haben, was die Sinne wahrnehmen können, bevor es sich zu etwas entwickeln konnte, das von den Sinnen nicht wahrgenommen wurde. Erst nachdem der blaue Äther wahrgenommen und benannt worden war, war es möglich, sich den Himmel als aktiv, als einen Akteur, als einen Gott vorzustellen und von ihm zu sprechen. Dyaus oder Zeus könnte somit der Erhabenste genannt werden, er, der im Äther wohnt, α ἰ θ έ ρι να ἰ ων ὑ ψ ἰ ζυγος, der Himmlische, oder ο ὐ ρ ά νιος ὕ πατος und ὕ ψιστος, der Höchste, und schließlich *Jupiter Optimus Maximus* , ein Name, der sogar auf den wahren Gott angewendet wird. Wenn Zeus einmal wie der Himmel geworden war, alles sehend oder allwissend (ἐ π ό ψιος), sollte man dann nicht natürlich annehmen, dass er nicht nur die guten, sondern auch die bösen Taten der Menschen sah, ja, sogar ihre Gedanken, ob rein oder kriminell? Und wenn ja, wäre er nicht der Rächer des Bösen, der Wächter der Eide (ὅ ρκιος), der

Beschützer der Hilflosen (ι κ έ σιος)? Doch wenn wir ihn uns so vorstellen, wie lange Zeit alle Götter vorgestellt wurden und nur vorgestellt werden konnten, nämlich in menschlicher Gestalt, müssten wir dann nicht zwangsläufig jene seltsame Verschmelzung eines Menschen erhalten, der übermenschliche Arbeit leistet – der den Blitz schleudert, im Donner schreit, von dunklen Wolken verborgen ist und im heiteren Blau des Himmels mit seinem strahlenden Funkeln lächelt? All dies und vieles mehr wurde vollkommen verständlich, der Schritt vom Sichtbaren zum Unsichtbaren, vom Wahrgenommenen zum Vorgestellten, von der Natur zu den Göttern der Natur und vom Gott der Natur zu einer erhabeneren unsichtbaren und spirituellen Macht. All dies schien in den Veden vor unseren Augen abzulaufen und sich dann bei Homer und Pindar widerzuspiegeln.

Einige Einzelheiten dieses wiederhergestellten Bildes der Welt der Götter und Menschen in frühen Zeiten, ja, im Frühling der Zeit, müssen vielleicht geändert werden, aber das Bild, das Eidyllion, blieb, und nichts konnte den abenteuerlichen Geist zügeln und ihn davon abhalten, weiter vorzudringen und zu versuchen, was anderen fast unmöglich erschien, nämlich das Wachstum des menschlichen Geistes zu beobachten, wie es sich in den Versteinerungen der Sprache widerspiegelt. Die Sprache selbst sprach zu uns mit einer anderen Stimme und einer früher ungeahnten Bedeutung.

Wir wussten zum Beispiel, dass *ewig* ewig bedeutet, aber woher kommt ewig? Nichts Ewiges wurde jemals gesehen, und es schien dem Philosophen, dass ewig nur durch eine Negation ausgedrückt werden könne, durch eine Negation dessen, was vorübergehend war. Aber wir erfuhren jetzt, dass *ewig* in Wort und daher in Gedanken vom gotischen *aiwar* , Zeit, abgeleitet ist. *Ewigkeit* war daher ursprünglich Zeit, und „für alle Zeit“ bedeutete natürlich „für alle Ewigkeit“. Ewigkeit kam auch von *aeternus* , das heißt *aeviternus* , für Zeit, d. h. für alle Zeit und somit für die Ewigkeit, während *aevum* Leben, Lebenszeit, Alter bedeutete. Aber jetzt kam die Frage auf: Wenn *aevum* die Entwicklung dieses Wortes und seinen Ursprung zeigt und wie es am Ende zum genau entgegengesetzten Pol gelangt, wobei Leben und Zeit Ewigkeit bedeuten, könnten wir dann nicht auf dieselbe Weise den Ursprung und die Entwicklung so kurzer griechischer Wörter wie ά ε ι und a ι e ι entdecken ? Es scheint fast unmöglich, doch wenn wir uns daran erinnern, dass *aevum* ursprünglich Leben bedeutete, finden wir im vedischen Sanskrit *eva* (Lauf, Weg, Leben), dasselbe wie *aevum* , während das Sanskrit *âyush* , das ebenfalls von *i* (gehen) abgeleitet ist, seinen Lokativ *âyushi bildet* . *Âyushi* , oder ursprünglich *âyasi* , würde „im Leben, in der Zeit“ bedeuten und ins Griechische übertragen dann regelmäßig zu a ι e ι (lebenslang oder für immer) werden. Es war nicht schwer, an dieser und anderen Etymologien etwas auszusetzen und nach einer Erklärung für α ιέ ν und α ιέ ς zu fragen, die vom selben Wort *âyus abgeleitet sind* . Es ist merkwürdig, dass die Leute nicht sehen wollen, dass Etymologien und insbesondere die allmähliche Entwicklung der Form und Bedeutung von Wörtern kaum jemals eine Frage mathematischer Gewissheit sein können.

Es gibt historische, ja sogar individuelle Einflüsse, die verhindern, dass die Sprachwissenschaft rein mechanisch wird. Pott, Curtius und andere traten gegen Bopp und Grimm an und behaupteten, dass es in der Sprache, insbesondere in phonetischen Veränderungen, nichts Unregelmäßiges geben könne. Wenn dies nicht mehr bedeutet, als dass unter denselben Umständen immer dieselben Veränderungen stattfinden, wäre dies natürlich eine reine Binsenweisheit. Die Frage ist nur, ob wir jemals alle Umstände kennen können und ob es nicht einige dieser Umstände gibt, die das verursachen, was wir als Unregelmäßigkeiten bezeichnen. Wenn Bopp sagte, dass Sanskrit *d* einem griechischen δ, aber oft auch einem griechischen θ entspricht, bezweifle ich, dass dies oft der Fall ist. Ich sage nur, wenn *deva* θε ὁ ς entspricht, müssen wir versuchen, den Grund oder die Umstände zu finden, die eine so ungewöhnliche Entsprechung verursacht haben. Wenn nichts weiter gemeint ist, als dass es einen Grund für alles geben muss, was unregelmäßig erscheint, würde niemand dem widersprechen, weder Bopp noch Grimm, und niemand hat dies jemals grundsätzlich bezweifelt. Doch diese Gründe festzustellen ist die große Schwierigkeit, mit der sich die Sprachwissenschaft auseinandersetzen muss.

Es gibt kein Wort, für das es keine Etymologie gibt. Wenn wir nur die Zeitspanne bedenken, die uns von den historischen Tatsachen trennt, die wir zu erklären versuchen, sollten wir uns manchmal mit Wahrscheinlichkeiten zufrieden geben und nicht immer absolute Gewissheit vorgeben. Viele der Etymologien von Bopp, Grimm und Pott mussten aufgegeben werden, und doch bleibt unsere Oberhoheit über das ferne Land, das sie erobert haben, über die arische Heimat bestehen. Wenn es eine Etymologie gibt, die etwas Unregelmäßiges enthält und für die bisher kein Grund gefunden wurde, müssen wir warten, bis eine bessere Etymologie vorgeschlagen oder ein Grund für diese offensichtliche Unregelmäßigkeit gefunden wird. Wenn die etymologische Bedeutung von *duhitar* , Tochter, als Milchmädchen angezweifelt wird, lasst uns eine bessere Erklärung haben, nicht eine schlechtere; aber das allgemeine Bild der frühen Familie der Arier „irgendwo in Asien" wird dadurch nicht zerstört. Der Vater, Sk. *pitar* bleibt der Beschützer oder Ernährer, obwohl das *i* für *a* in *pater* und πατ ή ϱ unregelmäßig ist. Die Mutter, *mâtar* , bleibt die Gebärerin der Kinder, obwohl *mâ* in keiner der arischen Sprachen mehr in diesem Sinne verwendet wird. *Pati* ist der Herr, der Starke – also der Ehemann; *vadhû* , der Jochgefährte oder die Frau, wie sie nach Hause gebracht, möglicherweise mit Gewalt entführt wurde. *Vis* oder *vesa* ist das Zuhause, ο ἰ κος oder *vicus* , das, was als Schutz betreten wurde. *Svasura* , ἑ κυϱ ὁ ς, *Socer* , der Schwiegervater, ist der

alte Mann der *Svas* , der *Famuli* oder der Familie oder der Klienten, obwohl
das erste *s* unregelmäßig ist und nur vor Ort verteidigt werden kann einer
falschen Analogie. *Bhrâtar* , *frater* , Bruder, war der Unterstützer; *svastar* , *soror*
, Schwester, die Trösterin usw.

Was bedeuten einige Einwände? Das Gesamtbild bleibt, als könnten wir in
die *vesa* , das o ἰ κoς, das *veih* , das Heim, das Dorf der alten Arier hineinsehen
und sie, die *svas* , das Volk, in ihren gegenseitigen Beziehungen beobachten.
Sogar zusammengesetzte Wörter wie *vis-pati* , Herr einer Familie oder eines
Dorfes, sind bis heute im litauischen *Veszpats* , Herr, ob König oder Gott,
erhalten geblieben. Es genügt uns zu sehen, dass die Beziehung zwischen
Mann und Frau, zwischen Eltern und Kindern, zwischen Brüdern und
Schwestern, ja sogar zwischen Schwiegerkindern und Schwiegereltern durch
Namen anerkannt und geheiligt worden war. Dass es Zweifel und leichte
Meinungsverschiedenheiten über diese prähistorischen Gedanken und
Worte gibt und immer geben wird, ist leicht verständlich. Wir waren lange
Zeit erfreut, in *vidua* , Witwe, das Sanskrit- *Widua zu sehen* , d. h. ohne Mann
oder Ehemann. Wir leiten jetzt *vi-dhavâ* , Witwe, von *vidh ab* , was getrennt
sein, außerhalb sein bedeutet (vgl. *vido* in *divido* und sk. *vidh*), aber das Bild
der arischen Familie bleibt weitgehend dasselbe.

Als Bopp, Grimm und Pott diese und ähnliche Antiquitäten zum ersten Mal
ans Licht brachten, war es kein Wunder, dass wir jungen Männer auf sie
gesprungen sind und vor Freude geschrien haben, noch mehr als die Bagger,
die babylonische oder ägyptische Paläste ausgegraben haben Tempel!
Niemand tat mehr für diese antiquarischen Funde und Restaurierungen als
A. Kuhn, ein einfacher Schulmeister, aber später ein angesehenes Mitglied
der Berliner Akademie. Wie oft saß ich während seiner Arbeit mit ihm in
seinem Arbeitszimmer, umgeben von seinen griechischen, lateinischen und
Sanskrit-Büchern. Auch in späteren Zeiten, als ich selbst einige
Entdeckungen über die mythologischen Namen oder identischen Wesen in
vedischen und griechischen Schriften gemacht hatte, wie angenehm war es,
zu sehen, wie er sich die Hände rieb oder den Kopf schüttelte. Lange bevor
ich meine Ausweise veröffentlicht hatte, wurden sie ihm vorgelegt, und er
teilte mir seine eigenen Vermutungen mit, während ich ihm meine mitteilte.
Kuhn würde sich niemals etwas aneignen, das jemand anderem gehörte, und
selbst in Fällen, in denen wir uns einig waren, machte er immer klar, dass wir
beide unabhängig voneinander zum gleichen Ergebnis gekommen waren.

Es liegt in der Natur der Dinge, dass jede neue Generation von Gelehrten
ihre Werkzeuge perfektioniert und mit diesen Fehler in der Arbeit ihrer
Vorgänger entdeckt. Doch was ist die raffinierte Meißelei späterer Gelehrter
im Vergleich zu den grob behauenen Steinen von Männern wie Bopp oder
Grimm? Wenn die Zyklopensteine der Pelasger nicht wie die vollendeten
Kunstwerke des Phidias sind, was wäre dann der Parthenon ohne die den

Zyklopen zugeschriebenen Mauern? In allen Wissenschaften ist es dasselbe, und wir müssen versuchen, sowohl dem Genie der Schöpfer als auch dem Fleiß derer gerecht zu werden, die poliert und verfeinert haben.

Trotz alledem stieß ich in Leipzig jedoch nur auf wenig Sympathie und Ermutigung; ja, ich musste sehr vorsichtig sein, wenn ich im Seminar von Gottfried Hermann oder in der lateinischen Gesellschaft von Haupt vermeintlich ketzerische oder unwissenschaftliche Ansichten äußerte. Insbesondere letzterer konnte es nicht ertragen, dass seine eigenen Schüler sich mit diesem Thema beschäftigten, obwohl er sehr wohl wusste, wie viel Licht die Forschungen von Bopp, Grimm und Pott auf die Entwicklung der Sprache geworfen hatten, und obwohl Grimm sein enger Freund war, von dem er immer mit echter Verehrung sprach. Und natürlich waren meine Kenntnisse der vergleichenden Philologie damals nur oberflächlich. Wenn er in irgendeiner Etymologie eine falsche Zahl entdecken konnte, war seine Freude groß und sein Sarkasmus wirklich vernichtend, insbesondere wenn er in sehr klassischem Latein vorgetragen wurde. Gottfried Hermann war ein anderer Charakter. Er sah, dass es ein neues Licht gab, und er wollte ihm nicht den Rücken kehren. Er wusste, wie wenig sein Gegner Otfried Müller in seinen mythologischen Aufsätzen auf Sanskrit Wert legte, und er machte sich an die Arbeit und stellte in einem seiner letzten akademischen Programme tatsächlich die Paradigmen der Sanskrit-Verben im Vergleich zu denen des Griechischen dar. Er sah, dass die Übereinstimmungen zwischen den beiden nicht zufällig sein konnten, und wenn sie schon bei der bloßen Beendigung von Verben so überwältigend waren, was konnten wir dann nicht alles von Wörtern und Namen erwarten, selbst von mythologischen Namen? Er entmutigte mich keineswegs, im Gegenteil, es tat ihm leid, mich zu verlieren, als ich in meinem dritten Jahr nach Berlin ging. Er zeigte mir bei mehreren Gelegenheiten große Freundlichkeit, und als die Zeit gekommen war, meinen MA und Ph.D. zu machen, lud er mich als Dekan der Fakultät ein, nach Leipzig zurückzukehren, und bot mir eine Ausstellung an, um die Kosten des Studiums zu decken.

Mein Wunsch, nach Berlin zu gehen, entstand teilweise aus dem Wunsch, Bopp zu hören, aber noch mehr aus dem Wunsch, Schelling kennenzulernen. Meine Neigung zur Philosophie war immer stärker geworden; ich hatte meine eigenen Vorstellungen vom Mythologischen als einer notwendigen Form der antiken Philosophie, und als ich sah, dass der alte Philosoph seine Vorlesungen oder Vorlesungen über Mythologie angekündigt hatte, konnte ich nicht widerstehen und ging 1844 nach Berlin. Ich muss sofort sagen, dass Professor Bopp, obwohl er äußerst freundlich zu mir war, zu dieser Zeit, wenn nicht alt – er war erst dreiundfünfzig –, so doch sehr gebrechlich war. In seinen Vorlesungen las er seine *Vergleichende Grammatik einfach* mit einer Lupe und fügte sehr wenig Neues hinzu. Er lieh mir einige Manuskripte, die er in jüngeren Tagen in Latein abgeschrieben hatte, aber ich konnte bei wirklich schwierigen Passagen nicht viel Hilfe von ihm bekommen. Das, das gestehe ich, verwirrte mich damals, denn ich hielt jeden Professor für allwissend. Es kommt jedoch die Zeit, in der wir erfahren, dass ein Mann selbst mit dreiundfünfzig noch gewisse Dinge vergessen haben kann, ja, dass er viele Bücher und neue Entdeckungen sogar in seinem eigenen Fachgebiet verpasst hat, weil er mit seinen eigenen Studien genug zu tun hat. Wir erinnern uns an die alte Geschichte von dem Professor, der, als ihn ein junger und ziemlich unverschämter Student beschuldigte, dies oder jenes nicht zu wissen, antwortete: „Sir, ich habe mehr vergessen, als Sie je wussten." Und so ist es tatsächlich. Die menschliche Natur und das menschliche Gedächtnis sind in der Jugend und im Erwachsenenalter sehr stark, aber selbst mit fünfzig kommt es bei vielen Menschen zu einem gewissen Rückgang der geistigen Kraft, der sich vor allem auf das Gedächtnis auswirkt. Dinge werden nicht direkt vergessen, aber sie tauchen nicht zur richtigen Zeit auf. Sie hinterlassen nur ein gewisses Wissen darüber, wo die fehlenden Informationen zu finden sind; sie hinterlassen auch eine Art Gefühl, dass der

Boden nicht ganz sicher ist und dass wir uns nicht mehr vollständig auf unser Gedächtnis verlassen dürfen. In einer Hinsicht ist dieses Gefühl sehr nützlich, denn statt wie früher alles aufzuschreiben und uns dabei auf unser Gedächtnis zu verlassen, verspüren wir das Bedürfnis, viele Dinge zu überprüfen, die uns früher auch ohne einen solchen Bezug auf Bücher vollkommen klar und sicher im Gedächtnis lagen.

Ich erinnere mich, dass mich dasselbe im Fall von Professor Wilson, dem bekannten Sanskrit-Professor in Oxford, überraschte. Er war so freundlich, mit mir zu lesen, und ich war sicherlich oft verblüfft, nicht nur darüber, was er wusste, sondern auch darüber, was er vergessen hatte. Ich habe jetzt das Gefühl, dass ich ihn falsch eingeschätzt habe, und dass seine offene Erklärung: „Ich weiß es nicht, lass es uns nachschlagen" ihm wirklich große Ehre machte. Ich besitze noch immer einen Teil von Pâninis vedischer Grammatik, den er übersetzt hatte. Ich legte meine eigene Übersetzung daneben, und er gab offen zu, dass meine mit den Passagen aus dem Veda richtig war. Wilson war kein Schwindler. Er gab sich nie als Gelehrter aus; im Gegenteil, ich erinnere mich, dass er mehr als einmal zu mir sagte: „Sehen Sie, ich bin kein Gelehrter, ich bin ein Gentleman, der Sanskrit mag, und das ist alles." Er mochte Sanskrit sicherlich, und er kannte es besser als viele Professoren, aber auf seine eigene Weise. Er hatte die Unterstützung wirklich gelehrter Pandits genossen und vergaß nie, ihre Dienste aufzuzeichnen. Aber er hatte selbst den Boden frei gemacht – er hatte wirklich originelle Arbeit geleistet. Tatsächlich hatte er nichts als originelle Arbeit geleistet, und dann wurde er beschimpft, weil er nicht immer beim ersten Versuch herausgefunden hatte, was andere entdeckten, wenn sie auf seinen Schultern standen. Wieder wurde ihm vorgeworfen, keine klassische Ausbildung genossen zu haben. Seine Ausbildung war, glaube ich, medizinisch, aber als er einmal im indischen Staatsdienst war, machte er sich auf viele Arten nützlich, pädagogisch und anderweitig. Als er Indien verließ, war er Münzmeister. Ein solcher Mann konnte vielleicht nicht Griechisch und Latein wie F. A. von Schlegel oder ein anderer Professor, aber er kannte sein eigenes Fach, und es ist einfach absurd, wenn klassische Gelehrte glauben, dass jemand sein Griechisch und Latein weiterführen und sich gleichzeitig zu einem perfekten Gelehrten in Sanskrit machen kann. Ein solches Gefühl ist unter kleinen Schulmeistern natürlich, aber es stirbt schließlich unter echten Gelehrten aus. Ich habe sehr gute Sanskrit-Gelehrte gekannt, die überhaupt kein Griechisch und sehr wenig Latein konnten. Und ich habe auch Griechen gekannt, die kein Sanskrit konnten und trotzdem versuchten, die beiden Sprachen miteinander zu vergleichen. Als Lepsius zum Mitglied der Berliner Akademie ernannt wurde, pflegte Lachmann, der es eigentlich besser hätte wissen müssen, über ihn zu sagen: „Er weiß vieles, was niemand weiß, aber er weiß auch vieles nicht, was jeder weiß." Solche Bemerkungen sprechen nie für den Mann, der sie macht.

Ein weiterer Nachteil, unter dem der betagte Gelehrte leidet, ist, dass man ihm vorwirft, in seiner Jugend nicht gewusst zu haben, was im Alter entdeckt wurde, und dass er immer noch heftig für Meinungen angegriffen wird, die er vor fünfzig Jahren geäußert haben mag. Als ganz junger Mann schrieb ich auf Ersuchen von Baron Bunsen einen langen Brief über die turanischen Sprachen. Er wurde 1854 veröffentlicht, wird aber immer noch kritisiert, als wäre er letztes Jahr erschienen. Natürlich ist ein großer Teil dieses Briefes angesichts des raschen Fortschritts der Sprachwissenschaften schon lange veraltet; aber als er zum ersten Mal erschien, enthielt er fast alles, was man damals über diese allophylen, das heißt nicht-arischen und nicht-semitischen Sprachen wissen konnte; und ich darf vielleicht die Meinung von Professor Pott zitieren, der damals keine geringe Autorität war, der meinen Brief nach strenger Kritik für eine der wichtigsten Veröffentlichungen erklärte, die seit vielen Jahren zu sprachwissenschaftlichen Themen erschienen seien. Und doch, obwohl ich immer wieder beteuert habe, dass ich 1854 unmöglich gewusst haben konnte, was seither über eine Reihe dieser turanischen Sprachen entdeckt wurde, scheint jeder, der über eine dieser Sprachen schreibt, darauf erpicht zu sein, zu zeigen, dass er 1894 mehr weiß als ich 1854. Kein Astronom wird dafür verantwortlich gemacht, dass er den Planeten Neptun vor seiner Entdeckung 1846 nicht gekannt hat oder dass er bei der Erklärung der Unregelmäßigkeiten des Saturns falsch lag. Aber lassen wir das beiseite; ich teile nur das Schicksal anderer, die zu lange gelebt haben.

Schließlich ist all unser Wissen, was auch immer wir daraus machen mögen, sehr unvollständig, und je mehr wir wissen, desto besser wird uns klar, wie wenig wir tatsächlich wissen und wie viel unerforschtes Land es jenseits des Landes gibt, das wir erforscht haben. Wir müssen einen Menschen nach dem beurteilen, was er getan hat – nach seiner eigenen Originalarbeit. Es gibt viele Gelehrte, und sie sind auf ihre Weise sehr nützlich, aber wenn man ihre Bücher untersucht, findet man leicht die Quellen, aus denen sie ihr Material entlehnt haben. Sie können einige eigene Anmerkungen und sogar einige Korrekturen hinzufügen, insbesondere Korrekturen der Autoren, von denen sie am meisten entlehnt haben; aber wo ist am Ende das frische Erz, das sie gefördert haben; wo ist das Gold, das sie gewonnen und geprägt haben? Es gibt Fälle, in denen der ursprüngliche Arbeiter völlig vergessen ist, während die Einzelhändler florieren. Nun, Tatsachen sind Tatsachen, ob bekannt oder nicht, und der Triumphwagen der Wahrheit muss von vielen Händen und vielen Schultern gezogen werden.

FUSSNOTEN:

[9] Herr Geheimrath von Spiegel lebt jetzt in München.

KAPITEL V

PARIS

MEIN Aufenthalt in Paris von März 1845 bis Juni 1846 war ein sehr nützliches Intermezzo. Es öffnete meinen Geist und zeigte mir eine neue Welt; zeigte mir tatsächlich, dass es neben Deutschland noch eine Welt gab, obwohl ich selbst von Deutschland und der deutschen Gesellschaft noch sehr wenig gesehen hatte. Ich hatte in der Schule und an der Universität gearbeitet, hatte aber, abgesehen von meinem kurzen Aufenthalt in Berlin, wenig Erfahrung mit Männern und Manieren außerhalb des kleinen Kreises von Dessau und Leipzig.

Ich war etwa neun Monate in Berlin, als mich im Dezember 1844 mein alter Freund Baron Hagedorn besuchte und mich einlud, einige Zeit mit ihm in Paris zu verbringen. Er hatte dort seine eigene Wohnung und versprach, sich um mich zu kümmern. Gleichzeitig bot meine Cousine, Baronin Stolzenberg, von der ich bereits erwähnt hatte, dass sie mir den Eintritt in den österreichischen diplomatischen Dienst wünschte, an, mich auf ihre Kosten als Lehrerin nach England zu schicken. Ich habe einige Tage zwischen diesen beiden Angeboten gezögert. Ich wusste, dass mein eigenes Vermögen in Leipzig und Berlin fast aufgebraucht war und es für mich an der Zeit war, für meinen Lebensunterhalt zu sorgen; und wie sollte ich das in Paris machen? Andererseits hatte ich schon lange das Gefühl, dass für die Fortsetzung meines Sanskrit-Studiums ein Aufenthalt in Paris und später vielleicht auch in London unabdingbar sei. Ich musste auch an die Gefühle meiner Mutter denken, deren ganzes Herz an ihrem einzigen Sohn hing. Allerdings siegten Sanskrit und meine Liebe zu einem unabhängigen Leben, und ich beschloss, Hagedorns Vorschlag anzunehmen. Sobald ich mich entschieden hatte, wollte ich sofort aufbrechen, aber Hagedorn konnte nicht genau sagen, wann er gehen konnte, und sagte mir, ich solle mich bereit halten, wann immer er gehen könne. Ich ging daher zu meiner Mutter und meiner verheirateten Schwester nach Chemnitz und gönnte mir Müßiggang und die ungewohnten Ausschweifungen von Partys, Tänzen und langen Schlittschuhausflügen. Da ich schließlich das Gefühl hatte, dass ich es mir nicht leisten konnte, noch länger zu warten, fuhr ich nach Dessau, um Hagedorn aufzusuchen, und stellte zu meiner großen Enttäuschung fest, dass er wegen wichtiger rechtlicher Angelegenheiten im Zusammenhang mit seinem Grundstück in der Nähe von München aufgehalten wurde und noch keine Lösung finden konnte Termin für seine Abreise. So wurde beschlossen, dass ich ohne ihn nach Paris weiterreisen und mich in seiner Wohnung, 25, Rue Royale St. Honoré, niederlassen sollte.

Ich bekam meinen Pass, in dem ich mit all meinen persönlichen Merkmalen genau beschrieben war, und begann meine Auslandsreise. Zunächst lief alles gut. Ich hielt mich ein paar Tage in Bonn und dann wieder in Brüssel auf, wo ich zum ersten Mal eine fremde Sprache um mich herum hörte und feststellte, dass mein Französisch bedauerlicherweise unzureichend war. Aber von Brüssel an waren meine Erfahrungen alles andere als angenehm. Die Reise nach Paris dauerte vierundzwanzig Stunden, und wir reisten Tag und Nacht ohne eine Essenspause. Die meisten Passagiere waren gut mit Essen und Wein versorgt, aber ohne die Freundlichkeit einiger alter Damen, meiner Mitreisenden, wäre ich wirklich verhungert. Als wir die Grenze überquerten, wurde das Gepäck aller Passagiere sorgfältig untersucht. Aber der *Zöllner* brach beim Versuch, meinen Koffer zu öffnen, das Schloss auf und begann dann fürchterlich zu fluchen und zu schimpfen. Ich war völlig hilflos. Ich konnte kaum verstehen, was die französischen *Zöllner* sagten, geschweige denn ihnen verständlich machen, was ich zu sagen hatte. Sie hatten den Schaden angerichtet, wollten ihn aber nicht wieder gutmachen. Der Zug wartete nicht, und ich wäre sicherlich zurückgeblieben, wenn die anderen Reisenden nicht auf meiner Seite gestanden hätten und ich nach Paris weiterfahren durfte. Ich sah aus wie ein kleiner Junge, sehr harmlos, überhaupt nicht wie der geschickte Schmuggler, für den mich die Beamten hielten. Wenn sie den Koffer aufgebrochen hätten, hätten sie nichts weiter gefunden als die notwendigsten Kleidungsstücke und ein paar Bücher und Papiere, alle in Sanskrit.

Aber mein Elend war noch nicht vorbei, im Gegenteil, es wurde noch viel schlimmer. Bei meiner Ankunft in Paris nahm ich einen *Fiacre* und sagte dem Mann, er solle zur Rue St. Honoré 25 fahren; *Royale* hielt ich für unwichtig; aber ach! Als ich an der richtigen Nummer der Rue St. Honoré ankam, starrte mich der *Concierge* an und teilte mir mit, dass dort kein Baron Hagedorn wohne. Versuchen Sie es mal in Faubourg St. Honoré, sagten sie, aber hier passierte dasselbe. Und das alles geschah an einem verregneten Nachmittag, ich war vom Reisen und Fasten erschöpft und von der Unermesslichkeit von Paris völlig überwältigt. Ich kannte niemanden in Paris, da ich mich in all diesen Dingen auf Baron Hagedorn verlassen hatte, tatsächlich war ich *au désespoir. Als ich dann den Boulevard des Italiens entlangfuhr und aus dem Fenster sah, sah ich eine vertraute Gestalt – einen kleinen Buckligen, den ich in Dessau kennengelernt hatte, wo er bei Schneider Musik studiert hatte. Es war M. Gathy, ein Mann, der für seine musikalischen Schriften, insbesondere sein Dictionary of Music,* bekannt war. Ich schrie: Gathy! Gathy!, und er war ebenso überrascht, als er den kleinen Jungen aus Dessau erkannte, wie ich, als ich in diesem riesigen Paris endlich ein Gesicht entdeckte, das ich kannte. Ich sprang aus meinem Wagen, erzählte Gathy alles, was mir passiert war, und schwankte die ganze Zeit zwischen völliger Verzweiflung und vollkommenem Entzücken. Er kannte Hagedorn und seine Zimmer sehr gut. Es war die Rue Royale St. Honoré.

Der *Concierge* war auf meine Ankunft vorbereitet und führte uns beide in die Zimmer, die *zwar klein* , aber groß und äußerst gut möbliert waren. Ich war so müde, dass ich mich auf das Sofa legte und in meinem besten Französisch rief: *Donnez-moi quelque chose à manger et à boire* . Das war nicht so leicht gesagt wie getan, aber schließlich, nachdem ich fünf Treppen rauf und runter gewandert war, brachte er mir, was ich wollte; ich erholte mich im wahrsten Sinne des Wortes und begann dann, die notwendigsten Dinge mit Monsieur Gathy zu besprechen. Er war ein überaus charmanter Mensch, halb Deutscher, halb Franzose, voller *Esprit* und, was mir noch wichtiger war, voller echter Freundlichkeit und Liebe. Sobald ich ihn sah, fühlte ich mich sicher, und das war es auch, obwohl ich noch einige Kämpfe ausfechten musste. Zunächst einmal hatte ich nur wenig Geld mitgenommen, da ich Hagedorn als meinen Bankier betrachtete. Glücklicherweise erinnerte ich mich an den Namen eines seiner Freunde, von dem Hagedorn oft mit mir gesprochen hatte und der bei der Rothschild Bank arbeitete. Ich ging dorthin und stellte fest, dass er weg war, aber ein anderer Herr dort sagte mir, dass ich so viel haben könnte, wie ich wollte, bis Hagedorn oder sein Freund zurückkämen. Ich hatte also Glück, Pech wie zuvor.

Als nächstes musste ich mir überlegen, was ich zum Frühstück, Mittagessen und Abendessen einnehmen sollte. Frühstück konnte ich zu Hause einnehmen, aber die anderen Mahlzeiten musste ich mir irgendwo anders besorgen. Es war nicht immer das, was ich wollte, denn es musste billig sein, und selbst ein Abendessen *à deux francs* im Palais Royal erschien mir extravagant. Mit der Zeit lernte ich mehr und entdeckte kleinere und einfachere Restaurants, in denen Franzosen speisten und für eine weniger prunkvolle, aber gesündere Ernährung sorgten.

Der Eindruck, den meine erste Erfahrung mit dem Leben in einer der großen Hauptstädte der Welt auf mich machte, ist mir noch frisch in Erinnerung. Mein Hauptvergnügen bestand zunächst darin, Entdeckungstouren durch die Stadt zu unternehmen. Die Schönheit der Stadt selbst und die Hektik und Menschenmenge auf den Straßen entzückten mich, und ich erinnere mich besonders an die Tage nach meiner Ankunft, als ich mir „le tout Paris" bei den Rennen in Longchamps ansah Der Unterschied zwischen diesen Straßen voller Equipagen aller Art, Damen in prunkvollen Kleidern und gepflegten Herren und den ruhigen Straßen, die ich in Dessau und Leipzig gewohnt war, beeindruckte mich so sehr, dass ich mir das Lachen kaum verkneifen konnte laut. Als die Neuheit jedoch nachließ, fiel mir ein anderer Kontrast auf, der mich dieses Mal eher zum Weinen als zum Lachen brachte, und zwar, dass ich zu Hause fast jedes Gesicht kannte, an dem ich vorbeikam, aber hier in dieser Menschenmenge war ich Ich war ein Fremder und kannte niemanden, und ich litt zunächst grausam unter der Einsamkeit.

Ich begann jedoch sofort mit meiner Arbeit und war am dritten Tag nach meiner Ankunft mit einem Empfehlungsschreiben von Humboldt in der Bibliothèque Royale, und schon am nächsten Tag war ich mit der Zusammenstellung der Manuskripte der *Kathaka Upanishad* beschäftigt. Ich musste auch täglich einige Stunden dem Studium der französischen Sprache widmen; denn so sehr ich diese Stunden auch missbilligte, war mir doch völlig klar, dass ich, um den vollen Nutzen aus meinem Aufenthalt in Paris zu ziehen, zunächst Französisch beherrschen musste.

Als nächstes kam die große Frage, wie ich Burnouf kennenlernen sollte. Ich kannte die Welt nicht. Ich wusste nicht, ob ich ihm zuerst schreiben sollte, in welcher Sprache und an welche Adresse. Ich kannte Burnouf aus seinen Büchern und empfand eine verzweifelte Hochachtung vor ihm. Nach einiger Zeit fand Gathy seine Adresse für mich heraus und ich nahm all meinen Mut zusammen und besuchte ihn. Mein Französisch war noch sehr schlecht, aber ich ging hinein und fand einen lieben alten Herrn in seinem *Zimmermantel*, umgeben von seinen Büchern und seinen Kindern – vier kleinen Töchtern, die ihm offensichtlich halfen, eine Anzahl Zettel zu sammeln und alphabetisch zu ordnen, auf denen er alles notiert hatte, was ihm bei seiner Lektüre während des Tages wichtig erschien. Er empfing mich mit großer Höflichkeit, wie ich sie vorher nicht gewohnt war. Er sprach von einem kleinen Buch, das ich veröffentlicht hatte, und erkundigte sich herzlich nach meinen Lehrern in Deutschland, wie Brockhaus, Bopp und Lassen. Er sagte mir, ich könne seine Vorlesungen am Collège de France besuchen und er würde mir jederzeit gern mit Rat und Tat zur Seite stehen.

Ich hatte sofort vollkommenes Vertrauen zu dem Mann und war wirklich *froh*, einen solchen Berater gefunden zu haben. Er war in der Tat ein schönes Beispiel für den echten französischen Gelehrten. Er war klein und sein Gesicht war ausgesprochen deutsch, mit dem *Tête-carrée*, das man in Deutschland so oft sieht, nur erhellt von einem ständigen Funkeln, das eindeutig französisch ist. Ich muss ihm sehr dumm vorgekommen sein, als ich versuchte, ihm zu erklären, was ich in Paris wirklich tun wollte. Er sagte mir später selbst, dass er mich zunächst nicht verstehen konnte. Ich wollte den Veda studieren, aber ich hatte ihm gleichzeitig gesagt, dass ich die vedischen Hymnen sehr dumm fand und dass ich mich hauptsächlich für ihre Philosophie interessierte, das heißt für die Upanishaden. Das war wirklich nicht wahr, aber es kam als erstes im Gespräch zur Sprache, und ich dachte, es würde Burnouf zeigen, dass mein Interesse am Veda nicht nur philologischer, sondern auch philosophischer Natur war. Zweifellos kopierte ich zunächst hauptsächlich die Upanishaden und ihre Kommentare, aber Burnouf war nicht erfreut. „Wir wissen, was in den Upanishaden steht“, pflegte er zu sagen, „aber wir wollen die Hymnen und ihre ursprünglichen Kommentare.“ Ich verstand bald, was er meinte; ich besuchte aufmerksam seine Vorlesungen über die Hymnen des Rigveda und öffnete meinem Geist eine völlig neue Welt. Wir hatten das erste Buch des Rigveda, wie es von Rosen veröffentlicht wurde, und Burnoufs Erklärungen waren wirklich entzückend. Er sprach in seinen Vorlesungen frei und im Plauderton, und man konnte fast bei der Ausarbeitung seiner Gedanken mithelfen. Sein Publikum war sicherlich klein; nichts kam an Renans Beredsamkeit und Witz heran. Aber Burnouf hatte uns so viele neue Fakten mitzuteilen. Er erklärte uns seine eigenen Forschungen, er zeigte uns neue Manuskripte, die er aus Indien erhalten hatte, tatsächlich tat er alles, was er konnte, um uns zu Mitarbeitern zu machen. Oft forderte er uns auf, eine bestimmte Stelle im Veda nachzuschlagen, die Kommentare zu vergleichen und abzuschreiben und ihm das Ergebnis unserer Nachforschungen bei der nächsten Vorlesung mitzuteilen. All das war sehr inspirierend, besonders weil Burnouf bei der Prüfung unserer Arbeit sehr großzügig in seiner Zustimmung war und uns, wenn wir versagt hatten, gerne neue Quellen nannte, die untersucht werden sollten. Er beanspruchte nie seine eigene Autorität, und wenn wir jemals etwas herausfanden, was er vorher nicht gewusst hatte, war er erfreut, uns die volle Anerkennung dafür zuzuschreiben. Schließlich war es ein neues und unbekanntes Land, das erforscht und kartografiert werden musste, und selbst ein Neuling konnte manchmal ein Goldkörnchen finden.

Zu seinem erlesenen Kreis gehörten einige ehrenwerte Männer. Dazu gehörten Barthélemy St. Hilaire, der berühmte Übersetzer des Aristoteles und zeitweise Außenminister Frankreichs, der Abbé Bardelli, R. Roth, Th. Goldstücker und einige andere.

Barthélemy St. Hilaire war ein persönlicher Freund von Burnouf und kam an das Collège de France nicht so sehr, um Sanskrit zu lernen, sondern um Burnoufs klare Darstellung der alten indischen Religion und Philosophie zu hören. Bardelli war ein regelmäßiger italienischer Abbé, der in Paris Sanskrit studierte, sich aber hauptsächlich für Koptisch interessierte. Er war, wie St. Hilaire, viel älter als ich, aber wir wurden gute Freunde, und einmal vertraute er mir an, was mich sicherlich verwirrt hatte – seine Gründe, Geistlicher zu werden. Er war tief in eine junge Dame verliebt; Seine Liebe wurde erwidert, aber er war zu arm, um zu heiraten, und sie wurde überredet und fast gezwungen, einen reichen Mann zu heiraten. Lieber alter Abbé, der immer Schnupftabak nahm, während er mir von seinen Qualen erzählte, und dann mit der Aussage endete, dass er Priester geworden sei, um seiner Leidenschaft für immer ein Ende zu setzen. Wer hätte einen solchen Hintergrund in seinem fröhlichen Gesicht vermutet? Ich weiß nicht, wie es dazu kam, dass Menschen, vor allem ältere Menschen, mir so oft ihre geheimen Leiden anvertrauten. Vielleicht muss ich noch einige andere Fälle erwähnen, und ich habe das Gefühl, dass es keine Indiskretion ist, über ihre Vertraulichkeiten zu sprechen, nachdem meine Freunde gegangen sind und so viele Jahre über ihren Gräbern vergangen sind. Es kann uns vielleicht lehren, uns daran zu erinnern, wie oft unter einem blumenübersäten Grab begraben liegt. Bardellis eigenes Grab sah ich viele Jahre später auf dem berühmten Friedhof von Pisa. R. Roth und Th. Goldstücker waren beide eifrige Sanskrit-Gelehrte. Beide hatten Burnouf viel zu verdanken, Roth noch mehr als Goldstücker, obwohl dieser vielleicht häufiger darüber gesprochen hat, was er Burnouf zu verdanken hat. Roth war mehrere Jahre älter als ich und übte fast die gleiche Arbeit aus wie ich. Aber wir kamen nie gut miteinander klar. Es ist merkwürdig, aus welchen kleinen Dingen und leichten Eindrücken sich oft unsere Vorlieben und Abneigungen bilden. Ich habe Männer als Grund für ihre Abneigung gegen jemanden nennen hören, dass er vergessen habe, die halbe Taxifahrt zu bezahlen. Im Fall von Roth habe ich also nie ein ganz gewöhnliches Erlebnis verwunden. Er, zwei andere junge Studenten und ich hatten, um einen festlichen Anlass zu feiern, ein gutes Mittagessen in einem Restaurant bestellt. Für mich mit meinen begrenzten Mitteln war das eine große Extravaganz, aber ich konnte es nicht ablehnen, mitzumachen. Zu meiner großen Überraschung und, wie ich hinzufügen darf, auch zu meinem Ärger, weil er Austern sehr liebte, nahm Roth einen sehr unfairen Anteil an dieser Delikatesse zu sich, und wann immer ich ihn im späteren Leben persönlich oder schriftlich traf, kam dieser Vorfall immer zur Sprache in meinem Kopf; und als er mir später anbot, mich bei der Herausgabe des Rig-Veda zu unterstützen, lehnte ich ab, vielleicht unter dem Einfluss dieses frühen Eindrucks, den ich nicht loswerden konnte. Ich gebe mir selbst die Schuld für dieses dumme Vorurteil, aber es zeigt, was für ein Geschöpf der Umstände wir sind.

Mit Goldstücker war ich viel intimer. Er war einige Jahre älter als ich und was das Geld anging, ziemlich unabhängig. Er wusste, wie gering meine Mittel waren, und hätte mir gern Geld geliehen. Aber mein ganzes Leben lang habe ich mir nie etwas von meinen Freunden geliehen, oder überhaupt von irgendjemandem, obwohl ich manchmal dazu gezwungen wurde, wenn ich sehr knapp bei Kasse war und wusste, dass das Geld mir zusteht, aber nicht wie erwartet eingetroffen ist es, bei einem Freund einen vorübergehenden Vorschuss zu beantragen. Ich werde versuchen, mich an die Zeilen zu erinnern, in denen ich einmal bei Gathy einen solchen Kredit beantragt habe.

Versuch' ich's wohl, mein herzgeliebter Gathy,
Mit schmeichelndem Sonnet Sie anzupumpen?
Ich bitte nicht um schwere Goldklumpen,
Ich bitte nur um eine echte Ducati.
Auch zahl' ich wieder ultimo Monati.
Auf Wiedersehn bei Morel und Frascati
Und Nachsicht für den Brief, den alles zu plumpen!

Zwar sind reiche Nabobs die tapferen Inder,
doch arme Teufel die Indianisten!
Reich sind schon die Heiden-Kinder,
Doch selig werden nur die armen Christen!
Reimsucher bin ich, doch kein Reimefinder,
Und *sans critique* sind alle die Sanscritisten.

Ich muss gestehen, dass ich auf diese Art einen Kredit aushandeln musste, aber der Gedanke, Geld zu leihen, ohne zu wissen, wann ich es zurückzahlen könnte, kam mir nie in den Sinn. Ich hatte keine Verwandten, die mir hätten helfen können, und mir blieb nichts anderes übrig, als für andere zu arbeiten. Tatsächlich begann mir mein Geldmangel in Paris bald große Sorgen zu bereiten. Je weniger ich ausgab, desto weniger Geld gingen mir die Mittel aus. Ich erhielt nicht wie viele andere Gelehrte Hilfe von meiner Regierung. Ich hatte meinen eigenen Weg eingeschlagen, und anstatt nach dem Verlassen der Universität zu unterrichten, hatte ich beschlossen, nach Paris zu gehen und mein Sanskrit-Studium fortzusetzen, und es lag in meiner eigenen Hand, ob ich schwimmen oder untergehen würde. Es war in der Tat ein harter Kampf, viel härter, als diejenigen, die mich in meinem späteren Leben kannten, glauben würden. Alles, was ich tun konnte, um ein wenig Geld zu verdienen, war, Manuskripte für andere Leute zu kopieren und zu kollationieren. Ich hätte tatsächlich Privatunterricht geben können, aber ich hatte immer eine starke Abneigung gegen diese Art von Plackerei und würde lieber eine ganze Nacht lang abschreiben, als meinen Schülern eine Stunde zu widmen. Mein Plan war folgender: eine Nacht lang wach bleiben, in der nächsten Nacht etwa drei Stunden schlafen, ohne mich auszuziehen, in der dritten Nacht gut schlafen und dann wieder von vorne beginnen. Es war ein harter Kampf und kann mir körperlich nicht sehr gut getan haben, aber jetzt bereue ich es nicht.

Oft musste ich auf mein Abendessen verzichten, da ich mit gekochten Eiern und Butterbrot zufrieden war, die ich auch zu Hause essen konnte, ohne die fünf Treppen zu meinem Zimmer hinauf- und hinunterzusteigen. Manchmal ging ich mit einigen meiner jungen Freunde *hors de la barrière* , das heißt außerhalb von Paris, außerhalb der Barriere, wo man auf Fleisch, Wein usw. *Octroi* zahlen muss. Hier war das Essen freilich besser für den Preis, den ich mir leisten konnte, aber die Gesellschaft war manchmal merkwürdig. Ich erinnere mich, einmal eine seltsame Dame nicht weit von mir sitzen zu sehen, den bekannten Louve aus Eugène Sues *Mystères de Paris* . Einer meiner Begleiter auf diesen Expeditionen war Karl de Schloezer, der damals in Paris Arabisch studierte. Er war immer fröhlich und lustig und ein wunderbarer Gesellschafter. Er wusste viel mehr über die Welt als ich und überraschte mich oft mit seiner diplomatischen Weisheit. „Lasst uns füreinander einstehen“, sagte er eines Tages; „Du sagst alles Gute, was du über mich sagen kannst, ich sage alles Gute, was ich über dich sagen kann." Ich wurde damals sehr wütend und beschuldigte ihn der Heuchelei und ich weiß nicht was. Er jedoch nahm alles in Kauf, und wir blieben die ganze Zeit, die er in Paris war, und sogar bis zu seinem Tod, Freunde. Er war sehr musikbegeistert, aber ich war vielleicht der bessere Klavierspieler. Er hatte mich, eine Geige und ein Violoncello, eingeladen, einige von Mozarts und Beethovens Sonaten zu spielen. Ach! Als wir feststellten, dass er seine Rolle vermasselt hatte, setzte ich mich hin und spielte den ganzen Abend, und er hörte zu, und ich fürchte, er war nicht in der besten Stimmung. Er rächte sich jedoch; und als er mich und die beiden anderen Musiker das nächste Mal in sein Zimmer bat, fanden wir zwar alles bereit, damit wir spielen konnten, aber unser Gastgeber war nirgends zu finden. Er behauptete, er sei weggerufen worden; ich bin jedoch sicher, dass der kleine Trick mit Absicht gespielt wurde.

Danach trat er in den preußischen diplomatischen Dienst und wurde der Protegé der Prinzessin von Preußen, der späteren Kaiserin von Deutschland. Das reichte aus, um Bismarcks Abneigung zu erregen, und als Schloezer als Gesandtschaftssekretär unter Bismarck in St. Petersburg diente, beging er die Unverschämtheit, seinen Chef zu einem Duell herauszufordern. Bismarck lehnte ab, und der diplomatischen Etikette zufolge wäre es ihm auch unmöglich gewesen, nicht abzulehnen. Später jedoch wurde Schloezer *en disponibilité gestellt*, das heißt, er wurde höflich entlassen. Er musste Bismarck, der damals allmächtig war, eine Art Abschiedsbesuch abstatten. Auf Bismarcks Frage, was er zu tun beabsichtige und ob er ihm irgendwie behilflich sein könne, sagte Schloezer sehr ruhig: „Ja, Exzellenz, ich werde mit dem Schreiben meiner Memoiren beginnen, und Sie wissen, dass ich in meinem Leben viel gesehen habe, worüber viele Leute gerne erfahren würden." Bismarck schwieg eine Weile, sah sich einige Papiere an und bemerkte dann ganz unbekümmert: „Sie möchten nicht als Minister in die Vereinigten Staaten gehen?" „Ich bin bereit, morgen zu gehen", antwortete Schloezer, und nachdem er seinen Standpunkt durchgesetzt und Bismarck tatsächlich überlistet hatte, machte er sich sofort auf den Weg nach Washington. Bismarck wusste, dass Schloezer eine scharfe Feder führen konnte, und es gab eine Zeit, in der er auf solche Federstiche empfindlich reagierte. Sie sahen sich danach nicht mehr oft, aber dank des Schutzes der Kaiserin wurde Schloezer später als preußischer Gesandter beim Papst akkreditiert und starb zu früh für seine Freunde im schönen Italien.

Einer meiner ältesten Freunde in Paris war ein Baron d'Eckstein, eine Art diplomatischer Agent, der jeden in Paris kannte und für französische und deutsche Zeitungen schrieb. Er bekam, glaube ich, eine Pension von der französischen Regierung und war als Katholik eng mit der Klerikalpartei verbunden. Das kümmerte mich nicht. Was mich interessierte, war seine

Liebe zum Sanskrit und zur alten Religion Indiens. Er saß stundenlang bei mir oder nahm mich zum Essen in ein Restaurant mit, und wir diskutierten die ganze Zeit über die Veden, die Upanishaden und die Vedanta-Philosophie. Aus dieser Zeit stammen mehrere Artikel von ihm im Journal *Asiatique* , und ich war ihm besonders dankbar, denn er gab mir viel Arbeit, insbesondere das Abschreiben von Sanskrit-Handschriften für ihn, und er bezahlte mich gut und half mir so, in Paris über die Runden zu kommen. Da er jeden kannte, war er sehr darauf bedacht, mich seinen Freunden vorzustellen, wie George Sand, Lamennais, der Comtesse d'Agoult (Daniel Stern), Lamartine, Victor Hugo und anderen; aber ich zog eine halbe Stunde mit ihm oder Burnouf einem formellen Besuch vor. Später hörte ich viele unfreundliche Dinge über Baron d'Ecksteins politische und geistliche Ansichten, aber obwohl er bei seinem Übertritt zum römischen Katholizismus Schwäche gezeigt haben mag und als politischer Autor von seinen engen Freunden und Gönnern beeinflusst worden sein mag, empfand ich ihn immer als freundlich, tolerant und vertrauenswürdig. Sein Leben sollte von Professor Windischmann geschrieben werden, aber auch er starb; und wer weiß, was aus den merkwürdigen Memoiren geworden ist, die er hinterlassen hat? Zur Zeit der Februarrevolution 1848 war er mittendrin. Er kannte Lamartine, der der Held des Tages war, wenn auch nur für wenige Tage. Er nahm an Treffen mit Lamartine, Odilon, Barrot und anderen teil und versicherte mir, dass es keine Revolution geben würde, weil niemand darauf vorbereitet sei.

Lamartine, der von seinen Freunden, allesamt Royalisten und Ordnungsfreunde, gefragt worden war, ob er sich im Bedarfsfall verpflichten würde, als Regent ein Ministerium unter der Duchesse d'Orléans zu bilden, kam zunächst auf eine solche Idee, doch dann Zuletzt versprach er, bereit zu sein, wenn er gebraucht würde. Die Zeit kam früher, als er erwartet hatte, und die Herzogin von Orléans zählte auf ihn, als sie in die Kammer ging und ihre Regentschaft proklamiert wurde. Lamartine war damals so beliebt, dass er die Situation hätte retten können. Aber der Mob brach in die Kammer ein, es wurden Schüsse abgefeuert, und Lamartine war nicht da. Die Duchesse d'Orléans musste fliehen und entkam glücklicherweise unter dem Schutz des Herzogs von Nemours, dem einzigen Sohn von Louis Philippe, der sich damals in Paris aufhielt, und die Dynastie der Orléans war verloren – und kehrte nie wieder zurück. Baron d'Eckstein verlor damals viele seiner einflussreichen Freunde, möglicherweise auch seine Rente, aber er hatte genug zum Leben und starb schließlich als sehr alter Mann in einem römisch-katholischen Kloster, ein äußerst interessanter und charmanter Mann. dessen Memoiren sicherlich sehr wertvoll gewesen wären.

Aber um auf Burnouf zurückzukommen: Ich kann ihm meine Dankbarkeit gegenüber nie angemessen zum Ausdruck bringen. Er war mir eine große

Hilfe dabei, meine Gedanken zu klären und sie in einen Kanal zu lenken. „Entweder das eine oder das andere", sagte er. „Entweder studieren Sie indische Philosophie und beginnen mit den Upanishaden und Sankaras Kommentaren, oder studieren Sie indische Religion und bleiben Sie beim Rig-Veda und kopieren Sie die Hymnen und Sâyanas Kommentare, und dann werden Sie unser großer Wohltäter sein." Ein großer Wohltäter! Das war zu viel für mich, ein bloßer Zwerg in der Gegenwart von Riesen. Aber Burnoufs Worte bestärkten mich immer mehr in meinem Wunsch, mich dem Veda hinzugeben.

Burnouf erzählte mir nicht nur, welche vedischen Handschriften es in der Bibliothèque Royale gab, er brachte mir auch seine eigenen Handschriften und lieh sie mir zum Abschreiben, allerdings unter der Bedingung, dass ich während der Arbeit nicht rauchen sollte. Er selbst rauchte nicht und konnte den Geruch von Rauch nicht ertragen, und er zeigte mir mehrere seiner Handschriften, die für ihn völlig nutzlos geworden waren, weil sie nach abgestandenem Tabakrauch rochen. Ich tat alles, was ich konnte, um diese heiligen Schätze vor einer solchen Entweihung zu schützen.

Eine weitere und noch nützlichere Warnung erhielt ich von Burnouf. „Veröffentlichen Sie nicht nur Auszüge aus dem Kommentar", sagte er; „Wenn Sie das tun, veröffentlichen Sie, was leicht zu lesen ist, und lassen weg, was schwierig ist." Ich dachte sicherlich, dass Auszüge ausreichen würden, aber ich fand bald heraus, dass Burnouf auch hier Recht hatte, obwohl immer die Befürchtung bestand, dass ich für ein so umfangreiches Werk nie einen Verleger finden würde. Diese Befürchtung vertraute ich Burnouf an, aber er behielt stets seine hoffnungsvolle Sicht bei. „Der Kommentar muss veröffentlicht werden, verlassen Sie sich darauf, und das wird auch so sein", sagte er.

Also blieb ich dabei und fuhr mit dem Kopieren und Kollationieren meiner Sanskrit Handschriften fort, immer darauf vertrauend, dass sich zur rechten Zeit ein Verleger finden würde. Natürlich musste ich die ganze Plackerei selbst erledigen, und ich fand bald heraus, dass es nicht in der menschlichen Natur lag, zumindest nicht in meiner Natur, Sanskrit auch nur drei oder vier Stunden lang fehlerfrei von einer Handschrift abzuschreiben. Zu meiner großen Enttäuschung fand ich Fehler, wann immer ich meine Kopie mit dem Original verglich. Ich stellte fest, dass mein Blick wie bei den Kopisten klassischer Handschriften von einer Zeile zur nächsten gewandert war, wo dasselbe Wort vorkam, dass ich ein Wort ausgelassen hatte, während das nächste Wort mit derselben Endung endete, ja dass ich sogar ganze Zeilen ausgelassen hatte. Daher musste ich entweder meine eigene Kopie kolloidieren, was sehr mühsam war, oder ein neues Verfahren erfinden. Dieses neue Verfahren entdeckte ich, indem ich Transparentpapier verwendete und so jeden Buchstaben nachzeichnete. Ich ließ mir ausgezeichnetes *Papier vegetal* anfertigen und zeichnete, anstatt zu kopieren, die gesamte Sanskrit-Handschrift nach. Dies hatte den großen Vorteil, dass nichts ausgelassen werden konnte und dass ich, wenn das Original verschmiert und zweifelhaft war, alles, was klar und durch das transparente Papier sichtbar war, sorgfältig nachzeichnen konnte. Anfangs muss ich zugeben, dass meine Arbeit langsam war, aber bald ging sie so schnell wie das Kopieren und war für die Augen sogar weniger ermüdend als das ständige Hin- und Herschauen zwischen dem Manuskript und der Kopie und zwischen der Kopie und dem Manuskript. Aber der wichtigste Vorteil war, dass ich so ganz sicher sein konnte, dass nichts ausgelassen wurde, sodass mir diese Nachzeichnungen auch jetzt, nach mehr als fünfzig Jahren, genauso nützlich sind wie das Manuskript selbst. Zwischen den Zeilen oder am Rand blieb Platz, um die verschiedenen Lesarten anderer Manuskripte zu notieren; tatsächlich wuchsen meine Materialien sowohl an Umfang als auch an Wert.

Es blieb jedoch noch die Frage nach einem Verleger. Um den Rigveda in sechs Quartbänden mit jeweils etwa tausend Seiten zu drucken und dem Herausgeber während der vielen Jahre, die er seiner Aufgabe widmen musste, ein existenzsicherndes Einkommen zu sichern, war ein beträchtliches Kapital erforderlich. Ich weiß nicht genau, wie viel, aber was ich weiß, ist, dass die zweite Ausgabe des Textes des Veda in vier Bänden auf Kosten des Maharadscha von Vizianagram diesen großzügigen und patriotischen Prinzen viertausend Pfund kostete, obwohl ich meine Arbeit damals unentgeltlich abgab.

Während ich an der Bibliothèque Royale arbeitete, nutzte Humboldt seinen starken Einfluss beim König von Preußen, Friedrich Wilhelm IV., um mir bei der Veröffentlichung meiner Rigveda-Ausgabe in Deutschland zu helfen. Aus diesem Plan wurde jedoch nichts; er erwies sich für jeden privaten Verleger als zu kostspielig, selbst mit königlicher Unterstützung.

Dann kam ein vage Angebot aus St. Petersburg. Boehtlingk, der große Sanskrit-Gelehrte, Mitglied der Kaiserlichen Russischen Akademie, lud mich ein, nach St. Petersburg zu kommen und dort die Veden zu drucken, in Zusammenarbeit mit ihm und auf Kosten der Akademie. Burnouf und Goldstücker warnten mich beide davor, dieses Angebot anzunehmen, aber da ich keine Hoffnung hatte, meine Veden anderswo veröffentlichen zu lassen, erklärte ich mich bereit, zu gehen, unter der Bedingung, dass für mich vor meiner Entscheidung, nach Russland auszuwandern, etwas vorgesorgt würde, da ich absolut nichts besaß außer dem, was ich selbst verdienen konnte. Boehtlingk, glaube ich, schlug der Akademie vor, mich zum stellvertretenden Direktor des Orientalischen Museums in St. Petersburg zu ernennen, aber seine Kollegen hielten einen so jungen Mann und einen bloßen deutschen Gelehrten offenbar nicht für einen geeigneten Kandidaten für einen so verantwortungsvollen Posten. Boehtlingk wollte, dass ich ihm alle meine Materialien schicke, und er würde die Manuskripte des Rigveda und des Kommentars von Sâyana aus der Bibliothek der Ostindischen Kompanie und aus Paris besorgen. Von der Kaiserlichen Akademie kam allerdings kein konkreter Vorschlag, doch im Januar 1846 erschien in den Zeitungen eine Ankündigung Boehtlingks, wonach er in Zusammenarbeit mit Monsieur Max Müller aus Paris eine Gesamtausgabe des Rigveda vorbereite.

All das, das muss ich zugeben, begann mir Angst zu machen. Für mich, einen armen Gelehrten, schien es leichtsinnig, ohne offizielle Einladung, ohne Anstellung nach St. Petersburg zu gehen, und obwohl ich keinen Zweifel daran habe, dass Boehtlingk sein Bestes für mich getan hätte, konnte selbst er nur Privatunterricht vorschlagen, und das war keine erfreuliche Aussicht. Die Akademie wollte nichts für mich tun, wenn ich mich nicht Boehtlingk anschloss, bot mir aber schließlich an, meine Materialien zu kaufen, für die ich so viel Arbeit und das wenige Geld, das mir zur Verfügung stand, aufgewendet hatte. Wenn die Akademie die erforderlichen Manuskripte aus Paris und London hätte besorgen können, wäre ich vollkommen hilflos gewesen. Boehtlingk hätte die ganze Arbeit selbst erledigen können, in mancher Hinsicht sogar besser als ich, denn er war älter als ich, und außerdem kannte er Pânini, den alten indischen Grammatiker, der in Sâyanas Kommentar ständig erwähnt wird, besser als ich. Angesichts all dieser bedrohlichen Wolken um mich herum fiel mir meine Entscheidung keineswegs leicht.

Es war Burnoufs Rat, der mich dazu bewog, ruhig in Paris zu bleiben. Er warnte mich wiederholt davor, Boehtlingk zu vertrauen, und versprach mir, wenn ich nur in Paris bliebe, seine Unterstützung bei Guizot, dem damaligen Außenminister, der sich sehr für Orientalistik interessierte.

Boehtlingk scheint mir nie vergeben zu haben, und er und einige seiner Freunde waren höchst unzufrieden mit meinem letztendlichen Erfolg, einen Verleger für den Rigveda in England zu finden. Ihre Sprache war höchst unpassend, und sie versuchten, meine Ausgabe zu kritisieren, und drängten sogar andere Sanskrit-Gelehrte dazu, obwohl ich ihnen zugutehalten muss, dass sie später zugaben, dass sie alles hatte, was man sich wünschen konnte.

Viele Jahre später veröffentlichte Boehtlingk einen heftigen Angriff auf mich mit dem Titel „*F. Max Müller als Mythendichter*", aber ich hielt es für unnötig, den Streit aufzugreifen, und überließ es lieber meinen Freunden, selbst über mich und diesen Anschuldigungsgeber zu urteilen Legitimität, die er überhaupt nicht feststellen konnte. Wie ich jedoch später herausfand, warf er mir vor, ich hätte mich unhöflich gegenüber der Kaiserlichen Akademie von St. Petersburg verhalten, mit der ich nie direkte Beziehungen gehabt hatte, und erklärte, er habe verhindert, dass diese erlauchte Körperschaft mich jemals zu einem korrespondierenden Mitglied ernannte, Ich hielt es für richtig, dem Sekretär eine Erklärung zu geben, und ich besitze seine Antwort, in der er schrieb, dass die Aussagen von Professor Boehtlingk keinerlei Grundlage hätten.

Dies führte jedoch dazu, dass ich nicht nach St. Petersburg ging, sondern meine Arbeit in der Bibliothek in Paris fortsetzte, bis ich es eines Tages für notwendig erachtete, nach London zu eilen, um bestimmte Manuskripte zu kopieren und zu kollationieren. Dort fand ich die lange gesuchten Gönner, die es mir ermöglichen sollten, das Werk meines Lebens zu vollbringen.

Natürlich war während meines Aufenthalts in Paris nicht daran gedacht, in die Gesellschaft zu gehen oder Karten für Theater oder Konzerte zu kaufen. Ich ging zum Abendessen in ein kleines Restaurant, aber ansonsten blieb ich zu Hause und betrachtete das Pariser Leben von meinen hohen Fenstern aus, mit Blick auf die Chambre des Députés auf der einen Seite, die Madeleine neben mir auf der linken Seite und die Porte St. Martin weit weg am Ende der Boulevards. Baron d'Eckstein war, wie ich bereits sagte, bereit, mich in die Gesellschaft einzuführen, aber ich lehnte seine freundlichen Angebote ab. Tatsächlich war ich mehr oder weniger ein Bär, und ich bedauere jetzt, dass ich viele interessante Persönlichkeiten nicht kennengelernt und mich von anderen ferngehalten habe, weil meine Interessen anderswo in Anspruch genommen waren. Burnouf lud mich manchmal zu sich nach Hause ein; ebenso ein Monsieur Troyer, der in Indien gewesen war und einige Sanskrit-Texte veröffentlicht hatte und dessen Tochter, die Herzogin von Wagram, viel von mir hielt, da sie sehr musikbegeistert war. Es gab auch einige deutsche Familien, einige reich, einige arm, die mir große Freundlichkeit entgegenbrachten.

Ich war zu sehr von Sorgen und Ängsten um mein Leben und meine literarischen Pläne bedrückt, als dass ich viel an Gesellschaft und Vergnügen gedacht hätte. Selbst von den Studenten und dem Studentenleben habe ich nur wenig gesehen, obwohl ich tatsächlich mit ihnen Vorlesungen besuchte. Ich muss jedoch sagen, dass das Wenige, das ich vom Studentenleben in Paris gesehen habe, mir eine ganz andere Vorstellung vermittelt hat, als man allgemein von ihren Launen und Extravaganzen denkt. Ein Franzose kann, wenn er einmal zu arbeiten beginnt, arbeiten und arbeitet sehr hart. Ich erinnere mich, dass ich mehrere Beispiele davon gesehen habe, aber es ist möglich, dass ich nur die Auswahl des Quartier Latin gesehen habe. Einer, der damals ein junger Mann war, der sich auf die Kirche vorbereitete, aber bereits höhere Ziele im Auge hatte, war Renan. Zunächst betrachtete er alle jungen Deutschen noch mit Argwohn, doch dieses Gefühl verschwand bald. Ich erinnere mich hauptsächlich an ihn in der Bibliothèque Royale, wo er einen sehr kleinen Platz in der Orientalischen Abteilung hatte. Hase, der griechische Gelehrte, Reinaud, der Arabist, und Stanislas Julien, der Sinologe, waren damals Bibliothekare. Hase, ein gebürtiger Deutscher, war äußerst zuvorkommend, hatte aber große Angst davor, Deutsch zu sprechen, und bestand darauf, dass wir immer Französisch mit ihm sprachen. Oft rief er Renan an, um MSS zu holen. für mich: „Renan", rief er sehr laut, „allez chercher, pour Monsieur Max Müller, le manuscrit sanscrit, numéro ...", und dann folgte eine Pause, bis er „1637" ins Französische übersetzt hatte. In späteren Jahren wurden Renan und ich gute Freunde, aber wir deutschen Gelehrten waren oft verwirrt über seine große Popularität, die sicherlich eher auf seinen Stil als auf seine Gelehrsamkeit zurückzuführen war. Einige Zeit später, als ich bereits in England ansässig war, kam es zu einer kleinen Kontroverse, und ich druckte einen ziemlich heftigen Angriff auf seine *Grammaire Sémitique ab* . Aber wir waren so vertraut, dass ich ihm meine Broschüre zeigen konnte, und als er mir schrieb: „Pardonnez-moi, je n'ai pas compris ce que vous vouliez dire", unterdrückte ich die Broschüre, obwohl sie gedruckt war, und wir blieben Freunde fürs Leben. Er übersetzte meinen ersten Artikel über Vergleichende Mythologie und ich erhielt eine Reihe äußerst interessanter Briefe von ihm. Es war seine Frau, die die Übersetzung anfertigte, während er sie überarbeitete. Diese französische Broschüre ist jetzt sehr selten; meine eigene Broschüre wurde vollständig unterdrückt; Selbst ich selbst kann im Müll meiner frühen Schriften keine Kopie davon finden, und was ich am meisten bedauere, ist, dass ich seine Briefe weggeworfen habe, ohne daran zu denken, wie interessant sie mit der Zeit werden würden.

Gelehrte des *Instituts* kennenzulernen . Ich ging mit Burnouf, Stanislas Julien oder Reinaud dorthin und träumte kaum davon, dass ich eines Tages derselben erhabenen Körperschaft angehören würde. Viele meiner jungen französischen Freunde, die später *Membres de l'Institut wurden* , erlangten diese Würde erst viel später. Ich wurde 1869 nicht nur zum korrespondierenden, sondern auch zum echten Mitglied der Académie des Inscriptions et Belles Lettres ernannt, bevor meine Freunde, wie G. Perrot 1874, Michel Bréal 1875, Gaston Paris 1876 und Jules Oppert 1881, ihren Brunnen besetzten - verdiente akademische *Fauteuils* . Der Kampf, als ich 1869 gewählt wurde, war ernst; es war zwischen Mommsen und mir, zwischen klassischer und orientalischer Gelehrsamkeit, und ausnahmsweise setzte sich die orientalische Gelehrsamkeit durch. Mommsen wurde jedoch 1895 gewählt, und es besteht kaum ein Zweifel daran, dass seine starken und ausgesprochenen politischen Antipathien etwas mit dem späten Datum seiner Wahl zu tun hatten.

Leider muss ich sagen, dass die Tatsache, dass ich so wenig vom französischen Leben gesehen habe, dazu geführt hat, dass mein Französisch nicht die erwarteten Fortschritte gemacht hat. Obwohl ich mich „*tant bien que mal*" ausdrücken konnte , fühlte ich mich in einem langen Gespräch immer behindert. Natürlich waren die Franzosen selbst immer höflich genug zu sagen, dass sie nicht hätten erkennen können, dass ich ein Deutscher sei, aber ich wusste es besser und habe selbst in späteren Jahren nie die perfekte Konversationsbeherrschung dieser schwierigen Sprache erlangt Sprache.

KAPITEL VI

ANKUNFT IN ENGLAND

WÄHREND meiner Arbeit in Paris verspürte ich ständig das Bedürfnis nach wichtigen MSS. die sich in der Bibliothek der East India Company in London befanden, und mein Wunsch, England zu besuchen, wurde dadurch immer stärker; aber ich hatte nicht die Mittel, um die Reise zu bezahlen, geschweige denn für einen Aufenthalt von auch nur zwei Wochen in London. Endlich (Juni 1846) dachte ich, ich hätte genug zusammengekratzt, um meinen Start zu rechtfertigen. Zu dieser Zeit hatte ich noch nie das Meer gesehen und wollte es unbedingt tun. Ich erinnere mich noch gut an meine grenzenlose Verzückung, als ich den silbernen Strom zum ersten Mal sah, und wie Xenophons Griechen hätte ich rufen können: θ ά λαττα, θ ά λαττα. Als ich an Bord war, brach meine Verzückung bald zusammen und wurde von dem wohlbekannten Gefühl des Elends abgelöst, das ich seitdem so oft erlebt hatte, und ich kauerte mich in einer Ecke des Decks zusammen.

Dort sah ein junger Mitreisender das arme Bündel Elend und versuchte, mich zu trösten, und brachte mir, was er für gut hielt, allerdings nicht ohne ein gewisses fröhliches Funkeln in den Augen und ein paar nette Witze auf meine Kosten. Wir landeten an den Docks in London, es war ein richtiger Nieseltag, Regen und Nebel, und eine solche Menschenmenge drängte an Land, dass ich meinen fröhlichen Freund vermisste und mich ganz verloren fühlte. Außerdem war ein Gepäckträger mit meinem Koffer weggelaufen, in dem sich meine Bücher und Manuskripte befanden, eigentlich all meine weltlichen Güter. In diesem Moment tauchte mein junger Freund wieder auf, und als er sah, in welcher Not ich war, kam er mir zu Hilfe. „Sie bleiben hier", sagte er, „und ich werde alles für Sie arrangieren"; und das tat er. Er holte ein Quad, lud mein Gepäck darauf, packte mich hinein und fuhr mit mir durch ein Labyrinth von Londoner Straßen zu seinen Räumen im Temple. Dann bat er mich, obwohl er noch immer nichts über mich wusste, die Nacht in seinem Zimmer zu verbringen, gab mir ein Bett und alles andere, was ich für die Nacht brauchte. Am nächsten Morgen nahm er mich mit auf die Suche nach einer Unterkunft, die wir in der Essex Street fanden, einer kleinen Straße, die vom Strand wegführt.

Das Zimmer, das ich nahm, war fast vollständig von einem riesigen Himmelbett ausgefüllt. Ich hatte noch nie zuvor ein solches Gebilde gesehen und in der ersten Nacht, die ich darin schlief, hatte ich ständig Angst, dass das Bettoberteil herunterfallen und mich ersticken könnte, wie in dem deutschen *Märchen* . Als die Vermieterin am Morgen zu mir kam und mich fragte, wie ich geschlafen hätte, war das Erste, was sie sagte: „Aber, Sir, möchten Sie nicht noch eine ‚Säule'?" Ich sah mich verwirrt an und sagte:

„Na, was soll ich mit einer weiteren Säule machen? Und wo werden Sie sie hinstellen?" Dann berührte sie die Kissen unter meinem Kopf und sagte: „Gut, Sir, morgen sollen Sie eine weitere ‚Säule' haben." „Wie soll ich jemals Englisch lernen", sagte ich mir, „wenn eine ‚Säule' wirklich ein weiches Kissen bedeutet?"

Aber um auf meinen unbekannten Freund zurückzukommen: Er kam jeden Tag, um mir Dinge zu zeigen, die ich in London sehen sollte, und brachte mir Karten für Theater und Konzerte, die ihm, wie er sagte, zugeschickt wurden. Sein Name war William Howard Russell, der unter dem Namen „Billy" Russell bei so vielen Menschen beliebt war, dem ersten und brillantesten Kriegskorrespondenten der *Times* während des Krimkrieges. Er blieb mein ganzes Leben lang mein herzlicher und treuer Freund, und selbst jetzt, wo wir beide verkrüppelt sind, freuen wir uns über sehr lange Tage hinweg, uns zu treffen und zu reden.

Ich war nach London gekommen und hatte damit gerechnet, etwa zwei Wochen zu bleiben, aber ich arbeitete dort schon seit fast einem Monat in der Bibliothek in der Leadenhall Street und meine Arbeit war noch lange nicht getan, als ich dachte, ich sollte vorbeikommen und meine Aufwartung machen an den preußischen Minister Baron Bunsen. Als ich in seine Gegenwart geführt wurde, hätte ich kaum gedacht, dass diese Bekanntschaft zum Wendepunkt meines Lebens werden würde. Wenn ich Burnouf viel zu verdanken habe, wie kann ich dann sagen, was ich Bunsen schuldete? Ich war erstaunt über die Freundlichkeit, mit der er mich vom ersten Moment an empfing. Ich hatte keinerlei Anspruch auf ihn und hatte als Gelehrter bisher nur sehr wenig getan. Es stimmt, dass er meinen Vater in Italien gekannt hatte und dass Humboldt ihm mit seiner gewohnten Freundlichkeit in meinem Namen ein starkes Empfehlungsschreiben geschrieben hatte, aber das war kaum ein ausreichender Grund, um die echte Freundschaft zu erklären, mit der er sofort verbunden war hat mich geehrt.

Baronin Bunsen schreibt über das Leben ihres Mannes: „Die Seelenverwandtschaft, ihre Sympathie im Herzen, die Einheit in den höchsten Bestrebungen, die Übereinstimmung in den Grundsätzen, die Gemeinschaft im Streben nach den Lieblingszielen, die Bunsen zu seinem jungen Freund (also mir) hinzogen und verbanden, machten diese Verbindung zu einer der glücklichsten seines Lebens." Ich bin stolz, dass es so war.

Die wichtigste Verbindung zwischen uns bestand zunächst darin, dass ich mit einem Werk beschäftigt war, das er sich als junger Mann als Werk seines Lebens vorgestellt hatte, nämlich der *editio Princeps* des Rig-Veda. Er hat mir oft erzählt, dass zu der Zeit, als er sein Studium in Göttingen fortsetzte, die Existenz eines solchen Buches in Deutschland noch unbekannt war. Der

Name Veda war zweifellos bekannt, und es lag ein Hauch von Geheimnis um ihn, da er das älteste Buch der Welt war. Aber was es war und wo es zu finden war, konnte niemand sagen. Herr Astor, ein Schüler Bunsens in Göttingen, hatte vereinbart, Bunsen nach Indien zu bringen, um dort seine Forschungen fortzusetzen. Aber Bunsen wartete und wartete in Italien, bis er schließlich, nachdem er sich durch Privatunterricht über Wasser gehalten hatte, nach Rom ging, von Brandes und Niebuhr, dem dortigen preußischen Botschafter, aufgenommen wurde und der Freund des zukünftigen Friedrich Wilhelm IV. wurde allmählich in die Diplomatie abdriftete und alle Hoffnungen aufgab, den Rig-Veda zu entdecken oder zu retten.

Die Menschen haben heute kaum noch eine Vorstellung davon, wie Indien selbst trotz der Eroberung und Herrschaft Indiens durch die Ostindien-Kompanie eine *Terra incognita blieb*, unzugänglich für die Studenten Englands und Europas. Dass es in Indien literarische Schätze zu entdecken gab und dass die Brahmanen die Bewahrer alter Weisheiten waren, wurde durch die Arbeit einiger der bedeutendsten Diener der Ostindien-Kompanie bekannt. Durch die interessanten Mitteilungen römisch-katholischer Missionare in Indien war schon vorher bekannt, dass die Manuskripte selbst, zumindest die des Veda, nicht zur Verfügung standen. Noch zu Zeiten von Sir W. Jones, Colebrooke und Professor Wilson waren die Brahmanen äußerst unwillig, sich von MSS zu trennen. des Veda, mit Ausnahme der Upanishaden. Professor Wilson erzählte mir, dass er einmal, als er die Bibliothek eines einheimischen Râjah untersuchte, auf einige Manuskripte stieß. des Rig-Veda und begann, sie umzudrehen; aber „ich bemerkte", sagte er, „die bedrohlichen und bedrohlichen Blicke einiger der anwesenden Brahmanen und hielt es für klüger, einen Rückzug anzutreten." Dr. Mill hatte von einem Herrn gewusst, der in Kalkutta eine sehr heilige Hymne des Veda, das Gayatri, drucken ließ. Die Brahmanen waren über diese Entweihung wütend, und als der Herr bald darauf starb, betrachteten sie seinen vorzeitigen Tod als Rache der beleidigten Götter. Colebrooke durfte jedoch mehrere der wertvollsten vedischen Manuskripte besitzen, und er stellte fest, dass Brahmanen durchaus bereit waren, mit ihm nicht nur die klassischen Texte, sondern auch Teile des Veda zu lesen. „Sie verbergen uns nicht einmal", schreibt er, „die heiligsten Texte des Veda." Seine eigenen Aufsätze über den Veda erschienen bereits 1801 in den *Asiatic Researches. Doch die Menschen träumten weiterhin vom Veda, anstatt Colebrookes Aufsätze zu lesen.*

Es war jedoch merkwürdig, dass zu der Zeit, als ich meine Ausgabe des Rig-Veda vorbereitete, die vedische Wissenschaft in Bengalen selbst auf einem sehr niedrigen Stand war und es dort nur wenige Brahmanen gab, die den gesamten Rig-Veda auswendig kannten , wie sie es noch im Süden Indiens taten. Manuskripte galten in Indien nie als von sehr hoher Autorität; Sie wurden immer von den mündlichen Überlieferungen bestimmter Schulen außer Kraft gesetzt. Es gab jedoch solche Manuskripte, gute und schlechte, aber größtenteils schlechte, und nach einiger Zeit gelangten einige von ihnen nach England, Frankreich und sogar nach Deutschland. Teile davon in Berlin und Paris hatte ich kopiert und zusammengestellt, um Bunsen genau das Buch zeigen zu können, nach dem er in seiner Jugend gesucht hatte. Dies öffnete mir sein Herz und die Türen seines Hauses. „Ich bin froh", sagte er, „den Veda noch erlebt zu haben." Was auch immer Sie wollen, lassen Sie es mich wissen; Ich betrachte dich als eine Person, die wieder jung geworden ist." Und er hat mir geholfen, wie nur ein Vater seinem Sohn helfen kann.

Vielleicht erwartete er zu viel vom Veda, wie es viele andere Menschen zu dieser Zeit und vor dem Druck der *Verba ipsissima taten*. Als ältestes Buch, das jemals verfasst wurde, sollte der Veda uns ein Bild davon geben, wie der Mensch in seinem primitivsten Zustand war, mit seinen primitivsten Ideen und seiner primitivsten Sprache. Jeder, der sich für den Ursprung und die erste Entwicklung von Sprache, Denken, Religion und sozialen Institutionen interessierte, freute sich auf den Veda als eine neue Offenbarung. Alle diese Träume, die natürlich genug waren, bevor der Veda bekannt war, wurden dadurch zerstreut, dass ich frevelhafte Hände auf den Veda selbst legte und ihn tatsächlich veröffentlichte, wodurch ich ihn zum öffentlichen Eigentum machte, zum Entsetzen der Brahmanen in Indien und zur Freude des gesamten Sanskrit Wissenschaftler in Europa. Die gelehrten Aufsätze von Colebrooke in Indien und die von Rosen, dem orientalischen Bibliothekar des British Museum, veröffentlichten Auszüge hätten den Menschen tatsächlich beibringen können, dass der Veda kein Buch ohne Vorgeschichte war, dass er uns nicht die Geheimnisse Adams und Adams verraten würde Eva oder von Deukalion und Pyrrha. Ich selbst hatte sowohl gesagt als auch geschrieben, dass der Veda wie eine alte Eiche Hunderte und Tausende von Kreisen innerhalb von Kreisen zeigt; und doch wurde ich später dafür verantwortlich gemacht, die wildesten Hoffnungen unter den Archäologen geweckt zu haben, obwohl ich mein Bestes getan hatte, sie wenn nicht zu zerstören, so doch auf jeden Fall auf das richtige Niveau zu reduzieren. Schelling schien ziemlich enttäuscht zu sein, als ich ihm einige Übersetzungen der Hymnen des Rig-Veda zeigte; und Bunsen, der immer noch unter Schellings Einfluss stand, hatte offensichtlich noch viel mehr solcher philosophischen Hymnen erwartet wie den berühmten, der beginnt:

„Damals gab es nichts und auch nichts."

Für den Gelehrten blieb und bleibt der Veda zweifellos das älteste echte Buch, das uns auf fast wundersame Weise erhalten geblieben ist. Mit Buch meine ich jedoch, wie ich oft erklärt habe, ein Buch, das in Kapitel und Verse unterteilt ist, einen Anfang und ein Ende hat und uns in alphabetischer Schreibweise überliefert wird. China besaß möglicherweise ältere Bücher in einer halb phonetischen, halb symbolischen Schrift; Ägypten besaß sicherlich ältere Hieroglypheninschriften und Papyri; Babylon hatte seine keilförmigen Denkmäler; und bestimmte Teile des Alten Testaments dürften zur Zeit Josias in schriftlicher Form existiert haben, als Hilkija, der Hohepriester, das Gesetzbuch im Heiligtum fand (2. Könige 22, 8). Aber der Veda mit seinen zehn Büchern oder *Mandalas* , seinen 1017 Hymnen oder *Suktas* , in denen jeder Konsonant, jeder Vokal und jeder Akzent klar geschrieben ist, war etwas anderes. Man kann es getrost als Buch bezeichnen. Zweifellos existierte es lange Zeit, wie es auch heute noch der Fall ist, in der mündlichen Überlieferung, aber wie es in der Überlieferung war, so war es auch, als es auf das Schreiben reduziert wurde, und ich bezweifle, dass es in irgendeiner Form mit einem anderen wirklichen Buch mithalten kann Antike. Wichtiger als das rein chronologische Alter des Buches ist jedoch das Alter oder die Primitivität der darin enthaltenen Gedanken. Auch wenn sich die Menschen des Veda nicht als ganz so wild erwiesen, wie man hoffte und erwartete, so offenbarten sie uns dennoch eine Gedankenschicht, die nirgendwo anders erforscht werden kann. Die vedischen Dichter schämten sich nicht, ihre Angst, die Sonne könnte vom Himmel fallen, zum Ausdruck zu bringen, und meines Wissens gibt es keinen anderen Dichter, der noch vor dem gleichen, nicht ganz unnatürlichen Gedanken zitterte. Ich finde auch nicht einmal Wilde, die sich immer noch wundern und ihre Überraschung darüber zum Ausdruck bringen, dass schwarze Kühe weiße Milch produzieren sollten. Ist das nicht kindisch genug für einen alten oder modernen Wilden? Bloße Chronologie nützt hier ebenso wenig wie bei modernen Wilden, deren Bräuche und Überzeugungen, obwohl sie erst von gestern bekannt waren, uns als älter dargestellt werden als der Veda, älter als babylonische Zylinder, älter als alles Geschriebene. Wenn bestimmte moderne Wilde die Beziehung zwischen Vaterschaft, Mutterschaft und Blutsverwandtschaft erkennen, nennt man das sehr alt. Wenn sie traditionelle Einschränkungen in Bezug auf Ehe, Essen, die Behandlung der Toten, ja sogar ein zukünftiges Leben zulassen, ist auch dies zweifellos sehr alt; aber es kann auch von gestern sein. Es gibt sogar ganz neue Götter, deren Entstehung von lebenden Missionaren beobachtet wurde. Die große Schwierigkeit bei all diesen Untersuchungen besteht darin, zwischen dem, was der menschlichen Natur gemeinsam ist, und dem, was wirklich ererbt oder traditionell ist, zu unterscheiden. All diese Fragen sind bisher nur gestreift worden, und sie müssen auf ihre Antwort warten, bis echte Gelehrte das Studium der Sprache der lebenden Wilden in demselben gelehrten Geist beginnen, in dem sie das Studium des Vedischen und Babylonischen aufgenommen haben Wilde. Aber wir müssen Geduld haben und lernen zu warten. Unter Anthropologen ist es eine beliebte Idee, dass die wilden Rassen, die Teile Indiens bewohnen, uns eine korrekte Vorstellung davon vermitteln, was die Arier Indiens waren, bevor sie zivilisiert wurden. Man kann davon wie von anderen bloßen Ideen getrost sagen, dass es wahr sein mag, es aber keinen Beweis dafür gibt, dass es wahr ist. Auf jeden Fall geht sie davon aus, dass vieles selbstverständlich ist, und vernachlässigt, wie es scheint, genau die Lehren, die uns die Evolutionstheorie gelehrt hat. Es liegt in der Natur der Evolution, kontinuierlich zu sein und nicht *per Saltum* fortzuschreiten . Darin liegt die Schönheit der genealogischen Evolution, dass wir die Fasern erkennen können, die die oberen Schichten mit den unteren verbinden, bis wir die unterste erreichen, oder zumindest das, was scheinbar die Samen und Keime früher Gedanken, Worte und Taten enthält . Wir können die modernsten Formen der Sprache auf Sanskrit zurückführen, oder vielmehr auf die postulierte Sprachschicht, deren prominentester Vertreter Sanskrit war, ebenso wie wir das französische *Dieu* auf lateinisch *Deus* und Sanskrit *Devas zurückführen können* , die brillanten Wesen hinter dem Naturphänomene; und wieder dahinter *Dyaus* , der strahlende Himmel, der griechische *Zeus* , der römische *Iovis* und *Iuppiter* , der natürlichste aller arischen Naturgötter. Das ist eine echte Evolution, ein echter Kausalzusammenhang zwischen Gegenwart und Vergangenheit. Früher nannte man es Geschichte oder pragmatische Geschichte, egal ob wir Geschichte im Sinne der Beschreibung der Evolution oder im Sinne der Evolution selbst verstehen. Geschichte muss im Allgemeinen mit der Gegenwart beginnen, in die Vergangenheit zurückgehen und die spürbaren Schritte aufzeigen, durch die die Vergangenheit immer wieder zur Gegenwart wurde. Die Evolution hingegen geht lieber von der fernen Vergangenheit aus, postuliert Gestaltungen, auch wenn sie keine Spuren hinterlassen haben, und spricht von jenen fast unmerklichen Veränderungen, durch die die postulierte Vergangenheit zur wahrnehmbaren Gegenwart wurde, nicht nur als notwendig, sondern auch als echt. Vielleicht ist der Unterschied ohne Bedeutung, aber die historische Methode scheint aus rein wissenschaftlicher Sicht sicherlich die genauere und zufriedenstellendere zu sein.

Bei all diesen evolutionären Forschungen war die Sprache immer das nützlichste Instrument, und man kann mit Recht sagen, dass das Studium der Sprachwissenschaft die erste Wissenschaft war, die nach evolutionären oder historischen Prinzipien behandelt wurde. Auch hier gehen zweifellos Zwischenglieder, die es gegeben haben muss, manchmal unwiederbringlich verloren, und wenn wir zu den Wurzeln der Sprache vordringen, haben wir das Gefühl, dass es vor dieser radikalen Periode ganze Äonen gegeben haben könnte. Hier muss die Wissenschaft ihre unvermeidlichen Horizonte erkennen, aber auch hier könnte uns kein erhaltenes literarisches Denkmal so weit bringen wie der Veda. Daher ist er von höchster Bedeutung für die arische Philologie – für die Philologie der wichtigsten Sprachen der historischen Menschheit. Andere Sprachen, ob babylonisch oder akkadisch, ob Hottentotten oder Maori, mögen, soweit wir wissen, viel älter oder viel primitiver sein; aber als wissenschaftliche Forscher können wir nur über das sprechen, was wir wissen, und wir müssen auf alle Vermutungen verzichten, die über die Fakten hinausgehen.

Bei all diesen Forschungen zeigte niemand ein lebhafteres Interesse und ermutigte mich mehr als Bunsen. Wenn einige meiner Übersetzungen der vedischen Hymnen einigermaßen zufriedenstellend schienen, pflegte ich sie ihm zu bringen, und er war immer erfreut, etwas mehr von diesem alten arischen Torso zu sehen, obwohl er sich damals mehr für die ägyptische Chronologie und Archäologie interessierte. Wenn ich mit ihm allein war, diskutierten wir oft die chronologischen und psychologischen Daten der ägyptischen und arischen Antike. Bunsen war zwar gutherzig, konnte aber beim Streiten sehr aufgeregt, ja sogar ziemlich heftig werden, und obwohl diese Anfälle bald vorübergingen, machten sie Diskussionen zwischen Seiner Exzellenz dem preußischen Minister und einem jungen deutschen Gelehrten doch etwas schwierig. Damals war über die früheste ägyptische Chronologie viel weniger bekannt als heute. Aber bloße Daten beeindruckten mich nie besonders. Wenn ein König 5.000 Jahre vor unserer Zeitrechnung gelebt haben soll, „was geht uns das an?" Ich sagte immer: „Er sitzt auf seinem Thron *im Vakuum* , und es gibt nichts, woran man ihn festmachen könnte, nichts Zeitgenössisches, das allein die Geschichte interessant macht. In Indien haben wir keine Daten; aber welche Daten und Königsnamen und Schlachtberichte uns auch immer die ägyptischen Inschriften liefern mögen, als Buch gibt es in Ägypten nichts, das so alt ist wie der Veda in Indien. Außerdem haben wir im Veda Gedanken; und in der Chronologie des Denkens scheint mir der Veda sogar älter als das Totenbuch."

Was das tatsächliche Datum des Veda angeht, räumte ich bereitwillig ein, dass er chronologisch gesehen nicht so alt war wie die Pyramiden, aber angenommen, das wäre so gewesen, hätte das seinen Wert für unsere Studien in irgendeiner Weise erhöht? Wenn wir es auf 5000 v. Chr. ansetzen würden, bezweifle ich, dass irgendjemand ein solches Datum widerlegen könnte, während ich bezweifle, ob wir über den Veda hinausgehen und die für die Bildung des Sanskrit und der protoarischen Sprache erforderliche Zeit messen würden sehr wohl, ob dafür sogar 5.000 Jahre ausreichen würden. Es gibt eine unergründliche Tiefe in der Sprache, Schicht für Schicht, lange bevor wir bei den Wurzeln ankommen, und was für eine Zeit und welcher Aufwand für ihre Ausarbeitung und für die Ausarbeitung der darin zum Ausdruck gebrachten Ideen erforderlich gewesen sein müssen.

Unsere Kämpfe wurden manchmal sehr heftig, aber im Allgemeinen kamen wir am Ende zu einer Einigung. Als junger Mann hatte Bunsen die Bedeutung des Veda für ein historisches Studium der Menschheit und der Entwicklung des menschlichen Geistes klar erkannt, aber er ließ sich nicht entmutigen, als er sah, dass er uns weniger gab als erwartet. „Es ist eine Festung", pflegte er zu sagen, „die belagert und eingenommen werden muss, wir können sie nicht hinter uns lassen." Aber er wusste nicht, wie viel Zeit es kosten würde, sich ihr zu nähern, sie zu umzingeln und sie schließlich einzunehmen. Sie ist bis heute nicht aufgegeben worden und wird es auch zu meiner Zeit nicht. Es stimmt, dass es mehrere Übersetzungen des gesamten Rigveda gibt, und ihre Autoren verdienen höchste Anerkennung für das, was sie geleistet haben. Die Leute haben sich gewundert, warum ich keine davon in meinen Heiligen Büchern des Ostens wiedergegeben habe. Ich dachte, es wäre ehrlicher, in Zusammenarbeit mit Oldenburg nur Beispiele in den Bänden zu geben. xxxii und xlvi dieser Reihe, und aus den Anmerkungen lässt sich erkennen, wie viel Unsicherheit noch besteht und wie viel weitere harte Arbeit erforderlich ist, bevor wir uns Herren der alten vedischen Festung nennen können.

Bunsens Interesse an meiner Arbeit hatte jedoch mehr praktische Bedeutung als bloße Ermutigung. Es hatte keinen Sinn, mich zu ermutigen, Sanskrit-Handschriften zu kopieren und zu kollationieren, wenn sie nicht veröffentlicht werden sollten. Er sah, dass die East India Company die richtige Organisation war, um diese Arbeit zu übernehmen. Bunsens Name war in England eine Macht, und seine Schirmherrschaft war die allerbeste Einführung, die ich hätte bekommen können. Es war keine leichte Aufgabe, den Vorstand – alles rein praktische und kommerzielle Männer – davon zu überzeugen, eine so beträchtliche Ausgabe zu genehmigen, nur um ein altes Buch zu redigieren und zu drucken, das keiner von ihnen verstehen konnte und von dem viele von ihnen vielleicht noch nie gehört hatten. Bunsen wies darauf hin, was für eine Schande es für sie wäre, wenn ein anderes Land als England diese Ausgabe der Heiligen Bücher der Brahmanen veröffentlichen würde.

Auch Professor Wilson, Bibliothekar der Gesellschaft, unterstützte mein Projekt und schließlich, knapp ein Jahr nach meiner Ankunft in England, wurde nach langem Ringen und vielen Ängsten vor einem Scheitern vereinbart, dass die East India Company die Kosten für den Druck der Veden tragen und mir in der Zwischenzeit ermöglichen würde, in London zu bleiben und mein Werk für den Druck vorzubereiten.

Ich hatte bereits fünf Jahre lang mit dem Kopieren und Sortieren gearbeitet und mein erster Band des Rigveda machte Fortschritte, aber erst als alles erledigt war, wurde mir klar, wie viel noch zu tun war und dass ich tatsächlich sehr viel Arbeit vor mir hatte, bevor ich mit dem Drucken beginnen konnte. Ich muss auf einige Einzelheiten eingehen, um die wirklichen Schwierigkeiten zu zeigen, mit denen ich konfrontiert war.

Ich war davon überzeugt, dass das erste, was wir tun mussten, darin bestand, einen korrekten Text des Rig-Veda zu veröffentlichen. Das war nicht so schwierig, brachte mir aber das größte Lob ein. Das MSS. waren sehr korrekt, und der Text konnte durch Vergleich der Pada- und Sanhitâ-Texte leicht wiederhergestellt werden, d. e. der Text, in dem jedes Wort getrennt wurde, und der Text, in dem die Wörter gemäß den Regeln von Sandhi vereint wurden. Das hätte jeder tun können, doch dies war, wie gesagt, der Teil meiner Arbeit, für den ich das größte Lob erhalten habe.

Als meine Ausgabe des Rig-Veda, die Text und Kommentare enthielt, fast fertig war, kam ein anderer Gelehrter, der mich bei meiner Arbeit unterstützt hatte und der stets meine Manuskripte, meine Indizes, ja sogar meinen gesamten *Apparat genutzt hatte Critus* veröffentlichte eine Abschrift des Textes in lateinischen Buchstaben und nahm damit einen Teil des letzten Bandes meiner Ausgabe vorweg. Seine Freunde, die vielleicht nicht zu meinen gehörten, schienen erfreut darüber zu sein, ihn den ersten Herausgeber des Rig-Veda zu nennen, hörten jedoch damit auf, als sie Druckfehler oder Fehler meiner eigenen Ausgabe entdeckten, die sich in seiner wiederholten. Er selbst stand weit über solchen Taktiken. Er wusste, und sie wussten ganz genau, dass meine eigentliche Arbeit, was auch immer der *vulgus profanum* denken mag, die kritische Ausgabe von Sâyanas Kommentar zum Rig-Veda war. Ich hatte beschlossen, dass auch dies nach den strengsten Regeln der Kritik bearbeitet werden sollte. Ich wusste, wie viel Arbeit das bedeuten würde, aber ich weigerte mich, dem Druck meiner Kollegen nachzugeben, schneller, aber weniger kritisch vorzugehen.

Sâyana zitiert eine Reihe von Sanskrit-Werken, die zu dem Zeitpunkt, als ich mit meiner Ausgabe begann, noch nicht herausgegeben worden waren. Dies waren die Nirukta, das Glossar des Rig-Veda; das Aitareya-brâhmana, eine sehr alte Erklärung des vedischen Opfers; die Âsvalâyana Sûtras über das Zeremoniell; und verschiedene Werke desselben Charakters. Sâyana spielt im Allgemeinen nur sehr kurz auf diese Werke an und setzt voraus, dass sie uns bekannt sind, so dass für seine Zwecke eine kurze Erwähnung ausreichen würde. Um solche Hinweise zu finden und zu verstehen, war es jedoch nicht nur erforderlich, dass ich diese Werke kopierte, was ich tat, sondern auch, dass ich Indizes erstellte und so in der Lage war, den Ort der Passagen zu finden, auf die er anspielte. Das habe ich auch getan, aber immer wieder wurde ich durch einen kurzen, rätselhaften Hinweis auf Pâninis Grammatik oder Yaskas Glossar aufgehalten, den ich nicht identifizieren konnte. Alle diese Hinweise sind nun meiner Ausgabe hinzugefügt, und wer sie in den Originalen nachschlägt, wird sehen, welche Art von Arbeit ich leisten musste, bevor eine einzige Zeile meiner Ausgabe gedruckt werden konnte. Wie oft war ich völlig verzweifelt, weil es in Sâyana eine Anspielung gab, die ich nicht verstehen konnte und bei deren Aufklärung mir kein anderer Sanskrit-Gelehrter, nicht einmal Burnouf oder Wilson, helfen konnte. Es dauerte oft ganze Tage, ja sogar Wochen, bis ich das Licht sah. Ein großer Teil des Kommentars war einfach genug. Es war, als würde man auf der Landstraße marschieren, als sich plötzlich eine Festung erhebt, die eingenommen werden muss, bevor an einen weiteren Vormarsch gedacht werden kann. Im rein mechanischen Teil konnten mir andere Männer helfen und haben es auch getan. Doch wann immer eine wirkliche Schwierigkeit auftauchte, musste ich mich alleine damit auseinandersetzen, obwohl ich nach einiger Zeit gerne zugab, dass ihr Rat auch hier oft für mich wertvoll war. Tatsächlich habe ich herausgefunden, und alle meine Assistenten schienen das Gleiche herausgefunden zu haben, dass die Arbeit, die sie für mich geleistet haben, auch für sie nützlich war, wenn sie mir nützlich waren, und ich bin stolz, sagen zu können, dass fast alle von ihnen danach aufgestiegen sind zu großer Bedeutung in der Sanskrit-Wissenschaft. Von Zeit zu Zeit arbeitete ich auch an der Interpretation und Übersetzung einiger vedischer Hymnen, obwohl ich immer gehofft hatte, dass dieser Teil der Arbeit von anderen Gelehrten übernommen würde.

Bunsen war auch mein gesellschaftlicher Förderer in London, und meine ersten Einblicke in die englische Gesellschaft erhielt ich in der preußischen Gesandtschaft. Er lud mich oft zu seinen Frühstücks- und Abendessen ein, und als ich zum ersten Mal die prächtigen Räume voller Minister, Herzöge und Bischöfe und Damen in ihren prächtigsten Kleidern sah, war ich wie in einem Traum und fühlte mich, als wäre ich in eine andere Welt entrückt worden. Man machte mich auf Männer wie Sir Robert Peel, den Herzog von Wellington, Van der Weyer, den belgischen Minister, Thirlwall, Bischof von St. David und Autor der *Geschichte Griechenlands*, Erzdiakon Hare, Frederick Maurice und viele andere aufmerksam, die ich damals noch nicht kannte, obwohl ich einige von ihnen später kennenlernte. Jeder, der etwas Eigenes vorzuweisen hatte, war in Bunsens Haus willkommen, und zu den Männern, die ich bei seinen Frühstückspartys kennengelernt habe, gehörten, soweit ich mich erinnere, Rawlinson, Layard, Hodgson, Birch und viele andere. Diese Frühstückspartys waren damals für mich eine ganz neue Institution, und es ist merkwürdig, wie sehr sie aus der Mode gekommen sind, obwohl Sir Harry Inglis, Mitglied für Oxford, Gladstone, Mitglied für Oxford, Monckton Milnes (später Lord Houghton), sie bis zuletzt aufrechterhielt, während sie in Oxford vielleicht länger überlebten als anderswo. Sie hatten einen großen Vorteil, die Leute kamen morgens ganz frisch zu ihnen; aber sie dauerten zu lange im Tagesverlauf, besonders wenn sie, wie in Oxford, mit Bier, Champagner und Zigarren endeten, wie es manchmal in Studentenzimmern der Fall war.

Wie ich in diesem neuen Bach schwimmen konnte, kann ich bis heute kaum verstehen. Ich war an diese Art von Gesellschaft völlig ungewohnt und kannte ihre einfachsten Regeln nicht. Bunsen ließ sich jedoch von meinen Gaunereien nie verärgern, sondern gab mir freundliche Hinweise, wie ich mich durch das, was mir wie ein perfektes Labyrinth vorkam, tasten sollte.

Er erzählte mir, dass ich die Leute beleidigt hätte, indem ich ihre Anrufe nicht erwiderte oder ihnen nach dem Essen keine Karte hinterließ und ihnen den sogenannten Verdauungsbesuch abstattete. Woher soll ich das wissen? Niemand hatte es mir jemals gesagt, und ich fand es aufdringlich, anzurufen. Ich wusste auch nicht, dass es in England genauso tödlich war, einen Fisch mit einem Messer anzufassen oder sich mit einer Gabel Kartoffeln zu nehmen, wie ein *Wasser fallen zu lassen oder hineinzustecken* . Ich habe auch nie verstanden, warum es schlechtere Manieren ist, knuspriges Gebäck auf dem Teller mit einem Messer zu schneiden, als es mit einer Gabel zu teilen und es oft über den Teller und möglicherweise über das Tischtuch zu verteilen. Ich muss auch gestehen, dass mir Fischmesser beim Teilen von Fisch immer zivilisierter vorkamen als Gabeln, aber Fischmesser gab es noch nicht, als ich zum ersten Mal nach England kam. Das wirklich Interessante an all dem ist es, zu beobachten, wie sich die Bräuche verändern – das Ein- und Ausgehen – und in welch einem langsamen und unmerklichen Prozess sie abgeschafft werden. Hoffen wir, dass es durch das Überleben des Stärksten geschieht. Als ich zum ersten Mal nach Oxford ging, trank jeder mit seinen Nachbarn Wein, heute ist der alte Brauch nur noch an so konservativen Colleges wie meinem eigenen – All Souls – erhalten geblieben. Aber wir haben die Wachskerzen noch nicht einmal aufgegeben und betrachten Gas als eine höchst verwerfliche Innovation.

Eine weitere große Schwierigkeit bestand für mich darin, Briefe zu schreiben und meine Freunde richtig mit Sir, Mr. Smith oder Smith anzusprechen. Man sagte mir, die Regel sei sehr einfach und man spreche jeden genau so an, wie er einen anrede. Was war die Konsequenz? Als ich eine Einladung zum Abendessen beim Bischof von Oxford erhielt, der mich mit „Mein lieber Herr" ansprach, schrieb ich zurück „Mein lieber Herr" und sagte, dass ich sehr glücklich sein würde. Wie muss Samuel Wilberforce geschmunzelt haben, als er meinen Brief las. Aber wie soll ein Fremder alle Feinheiten der Gesellschaftsliteratur kennen, besonders wenn er von den höchsten Autoritäten falsch informiert wurde. Ich muss gestehen, dass ich selbst später im Leben oft verwirrt war, wie ich meine Freunde richtig ansprechen sollte. Mit engen Freunden ist das kein Problem, aber wenn man älter wird, kennt man so viele Leute mehr oder weniger gut, und je nach ihrem unterschiedlichen Charakter und ihrer Lebenslage weiß man oft nicht, ob man durch zu große oder zu geringe Vertrautheit anstößig wird. Ich schrieb einmal an einen sehr angesehenen Mann in London, der mir in Oxford außerordentlich freundlich gegenübergestanden hatte, und ich sprach ihn mit „Mein lieber Professor H." an. Am Ende seiner Antwort schrieb er: „Nennen Sie mich nicht Professor." Es hängt alles vom Ton ab, in dem solche Worte gesagt werden. Ich nahm an, dass er, da er in der vornehmen Gesellschaft Londons lebte, den etwas schulmeisterlichen Titel Professor nicht mochte, der insbesondere in London immer einen Beigeschmack von verwässerter

Allwissenheit und Einbildung hat. Ich sprach ihn daher in meinem nächsten Brief mit „Mein lieber Herr" an, und das, so muss ich leider sagen, löste bei ihm eine ziemliche Kälte und Steifheit aus, da mein Freund offensichtlich annahm, dass ich es ablehnte, mit ihm auf vertrauterem Fuß zu stehen, da ich mein Leben lang immer einer seiner ergebensten Bewunderer gewesen war. Ich tat mein Bestes, mich allen britischen Institutionen so gut wie möglich anzupassen, obwohl ich am Anfang zweifellos furchtbare Fehler gemacht und den wahrhaft engstirnigen Briten möglicherweise beleidigt haben muss. Bunsen hatte offenbar Freude daran, mich zu fragen, wann immer Prinzen oder andere Granden zu Mittag oder zu Abend aßen.

Eines Tages nahm er mich mit, um bei Erzdiakon Hare in Hurstmonceux zu übernachten, und es war eine wunderbare Zeit. In jedem Zimmer, auf der Treppe und in jeder Ecke des Hauses gab es Bücher, und der Erzdiakon kannte jedes einzelne davon, und sobald ein Buch erwähnt wurde, holte er es. Er kannte im Allgemeinen genau die Stelle, an der die besprochene Passage vorkam, und übertraf sogar den berühmten Hund, der bei einer dieser literarischen Frühstückspartys – ich glaube in Hallams Haus – spontan den Auftrag bekam, den fünften Band von Gibbons *Geschichte zu holen* , und sofort die Leiter hinaufkletterte und genau den Band vom Regal holte, in dem die umstrittene Passage vorkam. Man hatte ihm diesen einen Trick beigebracht, einen bestimmten Band aus den Regalen der Bibliothek zu holen, und das Gespräch drehte sich immer wieder, bis es auf eine Passage in genau diesem Band kam. Die Gäste waren zweifellos erstaunt, aber da es vor der Zeit von Darwin und Lubbock war, führte es zu nicht mehr als einem guten Lachen. Ich war überrascht und erfreut über die Ehrlichkeit, mit der der Archidiakon die Schwachstellen des anglikanischen Systems und die Gefahren zugab, die nicht nur die Kirche, sondern die Religion Englands bedrohten. Die wahre Gefahr, dachte er offensichtlich, ginge von der Geistlichkeit und ihrer Sehnsucht nach Rom aus. „Sie haben ihre Geschichte vergessen", sagte er, „und die Leiden, die die Herrschaft der römischen Priesterschaft ihrem Land jahrhundertelang zugefügt hat." Ich glaube, er war es, der mir die Geschichte eines jungen romanisierenden Vikars erzählte, der erklärte, er könne nie erkennen, was der Nutzen der Laien sei.

Eines Tages, als ich Bunsen mit meinen Büchern aufsuchte, und ich rief ihn häufig an, wenn ich ihm etwas Neues zeigen wollte, sagte er: „Sie müssen mit mir nach Oxford zum Treffen der British Association kommen." Das war im Jahr 1847. Natürlich wusste ich nicht, was für eine Sache diese Britische Vereinigung war, aber Bunsen sagte, er würde mir alles erklären, nur dass ich mich sofort hinsetzen und einen Aufsatz schreiben müsse. Er, Bunsen, sollte einen Aufsatz über die „Ergebnisse der jüngsten ägyptischen Forschungen in Bezug auf die asiatische und afrikanische Ethnologie und die Klassifikation der Sprachen" lesen, und er wollte, dass Dr. Karl Meyer und ich ihn unterstützten, ersterer mit einem Aufsatz über keltische Philologie und ich selbst mit einem Aufsatz über die arischen und indigenen Sprachen Indiens. Ich versicherte ihm, dass das für mich völlig unvorstellbar sei. Ich war kaum ein Jahr in England und selbst wenn ich schreiben könnte, wusste ich nur zu gut, dass ich einen Aufsatz nicht vor einem großen Publikum lesen konnte. Bunsen würde jedoch keine Ablehnung akzeptieren. „Wir müssen ihnen zeigen, was wir in Deutschland für die Geschichte und Philosophie der Sprache getan haben", sagte er, „und ich rechne mit Ihrer Hilfe." Es gab kein Entrinnen und ich musste nach Oxford. Ich war furchtbar nervös, denn da Prinz Albert anwesend sein sollte, waren sehr viele angesehene Leute zu dem Treffen gekommen, und auch einige nicht sehr freundliche Ethnologen, wie Dr. Latham und Mr. Crawford, bekannt unter dem Namen der Generalverweigerer. Den Vorsitz in unserer Sektion hatte der berühmte Dr. Prichard inne, der Autor des klassischen Werkes „ *Researches into the Physical History of Mankind*"in fünf Bänden, und er war es, der mich ritterlich vor den etwas leichtfertigen Einwänden einiger Mitglieder schützte, die ... waren gegenüber Prinz Albert, Chevalier Bunsen und allem, was in der Wissenschaft als deutsch bezeichnet wurde, nicht besonders freundlich. Es lief jedoch alles gut. Bunsens Rede war äußerst erfolgreich, und es ist bedauerlich, dass sie in den *Transaktionen der British Association für 1847 begraben wurde* . Damals galt es als große Ehre, dass seine Rede dort *in extenso erscheinen sollte* . Als Bunsen erklärte, dass er es nicht geben würde, es sei denn, Dr. Meyers Aufsatz und mein eigener würden gleichzeitig in den *Transaktionen veröffentlicht, gab es erneuten Widerstand.* Ich war so wenig stolz auf meinen eigenen Aufsatz, dass ich ihn lieber für weitere Verbesserungen zurückbehalten hätte, aber er wurde in den *Transactions abgedruckt* und damals in verschiedenen Zeitschriften häufig besprochen.

Ich hatte immer Zweifel an den Vorteilen dieser öffentlichen Treffen, soweit es um wissenschaftliche Ergebnisse ging. Jeder, der eine Guinea zahlt, kann Mitglied werden und sich Gehör verschaffen, unabhängig davon, ob er sich mit dem Thema auskennt oder nicht. Die unwissendsten Männer nehmen oft die meiste Zeit in Anspruch. Manche Leute betrachten diese Kongresse lediglich als Mittel zur Werbung für sich selbst, und ich habe tatsächlich gesehen, dass unter den Titeln eines Mannes die Tatsache zitiert wurde, dass er Mitglied bestimmter Kongresse gewesen sei. Ein weiterer Nachteil besteht darin, dass niemand, nicht einmal der beste Gelehrte, vor einem gemischten Publikum ganz er selbst ist. Während sich ein Mann in einem privaten Gespräch über jede neue Information freut, lässt sich in der Öffentlichkeit niemand gerne sagen, dass er dies oder jenes hätte wissen müssen oder dass jeder Schüler es weiß. Dann folgt im Allgemeinen ein Streit, und der beste Verfechter wird das Gelächter sicher auf seiner Seite haben, wie unwissend er auch sein mag über das Thema, das besprochen wird. Aber Dr. Prichard war ein ausgezeichneter Präsident und Moderator, und obwohl er es mit widerspenstigen Geistern zu tun hatte, gelang es ihm, einen gewissen Anstand unter ihnen aufrechtzuerhalten. Dr. Prichards Autorität war sehr hoch, und das zu Recht, und seine *Forschungen zur physikalischen Geschichte der Menschheit* sind in der Ethnologie immer noch beispiellos. Seine sorgfältige Abwägung von Fakten und Schwierigkeiten geriet aus der Mode, als die Evolutionstheorie populär wurde und jede Veränderung vom Floh zum Elefanten durch unmerkliche Grade erklärt wurde. Er beschäftigte sich hauptsächlich mit dem, was wahrnehmbar war, mit wohlbeobachteten Tatsachen, und viele der Tatsachen, die er so gut zusammengestellt hat, erfordern selbst jetzt, in diesen post-darwinistischen Tagen, möchte ich sagen, eine erneute Betrachtung. Wie alle großen Männer war er wunderbar bescheiden und erlaubte mir, ihm zu widersprechen, der stolz sein sollte, ihm zuzuhören und von ihm zu lernen.

Aber obwohl ich nicht sagen kann, dass das Ergebnis dieser Treffen und Auseinandersetzungen sehr großartig oder wertvoll war, habe ich ein paar wundervolle Tage in Oxford verbracht, und ich könnte mir keinen vollkommeneren Lebenszustand vorstellen, als ein Student, ein Stipendiat oder … zu sein ein Professor dort. Eine Art stille Liebe entstand in meinem Herzen, obwohl ich sie mir selbst kaum gestand, geschweige denn dem Gegenstand meiner Zuneigung gegenüber. Ich wusste, dass ich zurückgehen musste, um Universitätsdozent oder sogar Master an einer öffentlichen Schule in Deutschland zu werden, und das war ein hartes Leben im Vergleich zu der Freiheit von Oxford. Unabhängig und frei zu sein und so zu arbeiten, wie ich wollte, das war für mich alles, aber wie es mir jemals gelungen ist, mein Ideal zu verwirklichen, weiß ich kaum. Zu dieser Zeit sah ich nichts als ein Leben voller Plackerei und harter Kämpfe vor mir, aber ich erlaubte mir nicht, darüber nachzudenken; Ich habe einfach weitergearbeitet, ohne nach rechts oder links, nach hinten oder vorne zu schauen.

Als ich bei meinem ersten Stippvisite in Oxford war, hatte ich ein Zimmer im University College, dem College, an dem mein Sohn später studieren sollte. Mein Gastgeber war Dr. Plumptre, der Rektor des College, ein großer, steifer und meiner Meinung nach sehr imposanter Mensch. Er war damals Vizekanzler, und ich glaube, ich habe ihn nie gesehen, außer in seiner Mütze und seinem Talar und mit zwei Bedels, die vor ihm gingen, der eine mit einem goldenen, der andere mit einem silbernen Schürhaken in der Hand. Wir haben keine Esquire-Bedels mehr! Auch alle Professoren und sogar die Studenten, gekleidet in ihre mittelalterliche akademische Tracht, sahen für mich sehr großartig aus und so anders als die deutschen Studenten in Leipzig oder noch mehr in Jena, die in rosa Baumwollhosen und gekleidet durch die Straßen gingen. Kleider. Es schien mir eine ganz andere Welt zu sein und ich machte jeden Tag neue Entdeckungen. Zusammen mit Bunsen wurde ich zu allen offiziellen Abendessen während des Treffens der British Association eingeladen, und auch hier spielte der Vizekanzler seine Rolle mit Würde. Er hat sich nie gebeugt; Er machte nie Witze und stimmte auch nicht in das Gelächter seiner Nachbarn ein. Als ich seine unbeweglichen Gesichtszüge bemerkte, sagte man mir, dass er in gestärkten Laken schlief – und ich glaubte es. Bei einem dieser Abendessen sorgte Prinz Louis Lucien Bonaparte für Aufsehen, als er eine Rede über die Freiheit hielt, die die Menschen in England genossen. „In Frankreich", sagte er, „gibt es bei all den Deklamationen über *Liberté*, *Égalité*, *Fraternité* sehr wenig Freiheit, und bei all den Bäumen der *Liberté*, die entlang der Boulevards gepflanzt werden, gibt es sehr wenig wirkliche Freiheit." dort zu finden sein!" „Aber Sie in England", beendete er, „haben Sie Ihren alten Baum der Freiheit, der immer blüht und die ganze Welt mit *Erbsen überschüttet.*" Er wollte Frieden sagen. Wir versuchten, ernst auszusehen, aber es gelang uns nicht, und ein unterdrücktes Lachen ging durch die Runde, bis es den Vizekanzler erreichte. Da hörte es auf. Er war viel zu gut erzogen, um auch nur einen Muskel seines Gesichts bewegen zu können. „Er wirft eine kalte Decke auf alles", sagte mein Nachbar; und meine Englischkenntnisse waren noch so unvollständig, dass ich viele dieser metaphorischen Bemerkungen im wörtlichen Sinne akzeptierte und immer mehr über meinen Gastgeber rätselte. Offensichtlich war es für meine Freunde eine Freude zu sehen, wie leicht ich aufgenommen wurde. An den Hauswänden in Oxford sah ich die Buchstaben F. P. etwa zehn Fuß über dem Boden. Natürlich war es für Fire Plug gedacht, aber mir wurde gesagt, dass es die Größe des Vizekanzlers markierte, dessen Name Frederick Plumptre war.

Mein Besuch in Oxford war viel zu schnell vorbei und ich kehrte nach London zurück, um in dem kleinen Zimmer, das mir im Old East India House in der Leadenhall Street zugewiesen worden war, an meinen Sanskrit-Manuskripten zu arbeiten. Auch dieses Gebäude, in dem die Zügel des mächtigen indischen Kaiserreichs größtenteils in den Händen von Kaufleuten lagen, ist verschwunden und sein Ort kennt ihn nicht mehr. Ich dachte jedoch wenig an Indien, ich dachte nur an die Bibliothek im East India House, ein wahres Eldorado für einen eifrigen Sanskrit-Studenten, der solche Schätze noch nie zuvor gesehen hatte. Sonst sah ich dort wenig, ich erinnere mich nur an Tippoo Sahibs Tiger, der einen englischen Soldaten in seinen Klauen hielt und regelmäßig zum Wohle der Besucher aufgezogen wurde und dann ein lautes Quietschen ausstieß, das ausreichte, um selbst den vertieftesten Studenten zu stören. Ich war ganz benommen von all den Büchern und Manuskripten, die mir zur Verfügung gestellt wurden, und schwelgte jeden Tag darin, bis es dunkel wurde und ich durch Ludgate Hill, Cheapside und den Strand nach Hause gehen musste, wobei ich normalerweise jede Menge Bücher und Papiere unter meinen Armen trug. Ich kannte niemanden in der Stadt, und niemand kannte mich; und was kümmerte mich die Welt, solange ich meine geliebten Manuskripte hatte?

Im März 1848 musste ich nach Paris, um dort einige Arbeiten zu Ende zu bringen, und kam gerade zur Revolution. Von meinen Fenstern aus hatte ich einen schönen Blick auf alles, was vor sich ging. Ich erinnere mich noch gut an den Tumult in den Straßen, den Anblick des wilden Mobs, das mutwillige Abfeuern von Schüssen auf stille Zuschauer, das Hissen von Louis-Philippes Nankeen-Hosen am Fahnenmast der Tuilerien. Als die Kugeln durch meine Fenster einschlugen, dachte ich, es wäre an der Zeit, aufzuhören, solange es noch möglich war. Dann kam die Frage, wie ich meine Kiste voller wertvoller Manuskripte usw. der Ostindien-Kompanie zum Zug bringen könnte. Die einzige offene Eisenbahnstrecke war die Strecke nach Havre, die in der Nähe des Bahnhofs unterbrochen war, aber weiter hinten intakt war, und um dorthin zu gelangen, mussten wir drei Barrikaden erklimmen. Ich bot meinem *Concierge* fünf Francs für den Transport meiner Kiste an, aber seine Frau wollte nichts davon hören, dass er sein Leben auf der Straße riskierte; zehn Franken – das gleiche Ergebnis; Doch beim Anblick eines Louis d'Or änderte sie ihre Meinung und schickte ihren Mann mit einem „Allez, mon ami, allez toujours" auf seine gefährliche Expedition. In London angekommen, begab ich mich direkt zur preußischen Gesandtschaft und überbrachte Bunsen als Erster die Nachricht von Louis Philippes Flucht aus Paris. Bunsen nahm mich mit zu Lord Palmerston, und ich konnte ihm eine Kugel zeigen, die ich in meinem Zimmer als Beweis für die blutigen Szenen in Paris aufgehoben hatte. Selbst ein armer Gelehrter musste also seinen kleinen Teil zu den Ereignissen beitragen, die die Geschichte ausmachen.

KAPITEL VII

DIE ANFÄNGE IN OXFORD

ES war vereinbart worden, dass meine Ausgabe des Rig-veda bei der Oxford University Press gedruckt werden sollte, und ich stellte fest, dass ich oft dorthin gehen musste, um den Druck zu überwachen. Nicht, dass die Druckereien viel Aufsicht erforderten, denn ich muss sagen, dass die Druckqualität bei der Universitätsdruckerei ausgezeichnet war und ist – weitaus besser als alles, was ich in Deutschland kannte. Bei der Bereitstellung von Kopien für ein sechsbändiges Werk mit jeweils etwa 1000 Seiten war es nur natürlich, dass von Zeit zu Zeit *Lapsus calami* vorkam. Was mich überraschte, war, dass einige davon in den mir zugesandten Korrekturbögen korrigiert wurden. Schließlich fragte ich, ob es in Oxford einen Sanskrit-Gelehrten gäbe, der meine Korrekturbögen überprüft hätte, bevor sie zurückgegeben wurden. Mir wurde gesagt, dass dies nicht der Fall sei, sondern dass die Abfragen vom Drucker selbst gestellt worden seien. Dieser Drucker war ein außergewöhnlicher Mann. Sein rechter Arm war leicht gelähmt und er musste daher schwierige, langsame Arbeiten wie Sanskrit verrichten. Es gibt mehr als 300 Typen, die ein Drucker beim Verfassen von Sanskrit kennen muss. Viele der Buchstaben im Sanskrit sind inkompatibel, d. e. Sie können nicht aufeinander folgen, oder wenn doch, müssen sie geändert werden. Wenn beispielsweise jedes *d von einem t gefolgt wird* , wird es in *t geändert* ; Jedes *dh* verliert seinen Anspruch, wird ebenfalls zu *t* oder verwandelt das nächste *t* in *dh* . Aus *budh* + *ta* ergibt sich also *Buddha* , d. h. e. erwacht. Beim Schreiben hatte ich diese Änderungen manchmal vernachlässigt, aber in den Korrekturblättern wurden diese Fälle immer entweder nachgefragt oder korrigiert. Als ich den Drucker, der natürlich kein Wort Sanskrit kannte, fragte, wie er zu diesen Korrekturen gekommen sei, sagte er: „Nun, mein Herr, mein Arm schwingt regelmäßig von einem Typenfach zum anderen und dort sind bestimmte Bewegungen, die nie stattfinden. Wenn ich also plötzlich Typen aufgreifen muss, die eine neue Bewegung mit sich bringen, spüre ich das und stelle eine Frage." Ein englischer Drucker könnte möglicherweise auf die gleiche Weise überrascht sein, wenn er auf Englisch ein *s* unmittelbar nach einem *h* beginnen müsste . Aber es war sicherlich außergewöhnlich, dass eine ungewöhnliche Bewegung der Muskeln des gelähmten Arms zur Entdeckung eines Fehlers beim Schreiben von Sanskrit geführt haben sollte. Trotz der extremen Genauigkeit meines Druckers erkannte ich jedoch, dass es für mich und den Veda doch besser wäre, wenn ich vor Ort wäre, und beschloss, von London nach Oxford zu migrieren.

Schon bei meinem ersten Besuch war ich von der wunderschönen Altstadt begeistert, die ich als ideales Zuhause für einen Studenten ansah. Außerdem fand ich, dass ich in London zu fröhlich wurde, und um meine Abende der Gesellschaft widmen zu können, musste ich kurz nach fünf aufstehen und mit der Arbeit beginnen. Im Mai ließ ich mich daher zum ersten Mal in Oxford nieder, in einem kleinen Zimmer in der Walton Street. Der Umzug meiner Bücher und Papiere aus London dauerte nicht lange. Meine Bibliothek konnte damals noch in meinem Koffer untergebracht werden, sie war noch nicht auf 12.000 Bände angewachsen und drohte mich aus meinem Haus zu vertreiben. Es war eine glückliche Zeit, als ich keine Bücher besaß, die ich nicht gelesen hatte, und niemand mir Bücher schickte, die ich nicht wollte, und dennoch musste ich einen Platz für sie in meinen Zimmern finden und dem Autor für seine Freundlichkeit danken.

Ich stellte sofort fest, dass meine Arbeit in Oxford schneller vonstatten ging als in London, obwohl ich das sicherlich nicht tun durfte, wenn ich damit gerechnet hätte, jeglicher Gastfreundschaft zu entkommen. Obwohl ich an die spartanische Ernährung eines deutschen *Konviktoriums* oder ein Abendessen im Palais Royal *à deux francs gewöhnt war* , überraschten mich die Abendessen, zu denen einige der Fellows in Hall oder im Gemeinschaftsraum eingeladen wurden, nicht wenig. Der alte Teller, die alten Möbel und der gesamte Lebensstil haben mich tief beeindruckt, insbesondere die After-Dinner-Eisenbahn, eine geniale Erfindung, um den Gästen, die im Gemeinschaftsraum Wein tranken, die Mühe zu erleichtern. Vor dem Kamin war eine kleine Eisenbahn befestigt, auf der ein Wagen mit den Flaschen hin und her fuhr und vor jedem Gast anhielt, bis er sich bedient hatte. Ich fürchte, diese Eisenbahn ist jetzt verschwunden; Und was noch schlimmer ist: Die angenehmen, gesprächigen Abende im Gemeinschaftsraum gehören ebenfalls der Vergangenheit an. Verheiratete Fellows kehren nach dem Abendessen nach Hause zurück, wenn sie in der Halle speisen, und Junior Fellows gehen zu ihren Büchern oder Schülern. In meinen frühen Oxford-Tagen hätte ein verheirateter Fellow wie ein Solezismus geklungen. Die Geschichte besagt, dass verheiratete Fellows nicht völlig unbekannt waren und dass man sogar ein Fellowship innehaben konnte, wenn man den Mund halten konnte. Junge Menschen jedoch, die diese Gabe des Schweigens nicht besaßen, mussten oft bis zu ihrem fünfzigsten Lebensjahr warten, bevor ein Studentenwohnheim frei wurde und der fünfzigjährige Fellow ein junger Ehemann und ein junger Pfarrer wurde.

Was mich jedoch noch mehr beeindruckte als die große Gastfreundschaft Oxfords, war die echte Freundlichkeit, die einem unbekannten deutschen Gelehrten entgegengebracht wurde. Schließlich hatte ich bis jetzt sehr wenig getan, aber die freundlichen Worte, die Bunsen und Dr. Prichard auf der Versammlung der British Association über mich gesprochen hatten, hatten offensichtlich einen weit über meinen verdienten Eindruck zu meinen

Gunsten gemacht. Ich muss wie ein sehr seltsamer Vogel gewirkt haben, einer, der noch nie zuvor sein Nest in Oxford gebaut hatte. Ich war sehr jung, aber ich sah noch jünger aus, als ich war, und meine Kenntnisse der Sitten der Gesellschaft, insbesondere der englischen Gesellschaft, waren praktisch gleich Null. Nur wenige Leute wussten, woran ich arbeitete. Einige hatten den vagen Eindruck, dass ich eine sehr alte Religion entdeckt hatte, älter als die jüdische und die christliche, die den Schlüssel zu vielen der Geheimnisse enthielt, die die alte, ja sogar die moderne Welt verwirrt hatten. Wenn ich durch die Straßen Oxfords ging, bemerkte ich häufig, wie die Leute mich anstarrten und mir Informationen über mich zuzuflüstern schienen. Die Händler vertrauten mir nicht immer, obwohl ich nie jemandem einen Penny schuldete; wenn ich Geld brauchte, konnte ich es immer verdienen, indem ich schneller mit dem Drucken des Rigveda fortfuhr, wofür ich vier Pfund pro Blatt erhielt. Das erschien mir damals wie eine große Summe, obwohl ich anfangs mehr als eine Woche brauchte, um viele Blätter vorzubereiten, zu kopieren, zu kollationieren, zu verstehen und schließlich zu drucken. Wenn ich mich für ein anderes Thema interessierte, litt meine Kasse entsprechend – aber ich konnte meine Verluste immer wieder ausgleichen, indem ich bis spät in die Nacht aufblieb. Obwohl ich arm war, machte ich mir nie Sorgen um Geld, und als ich einmal begann, auf Englisch für englische Zeitschriften zu schreiben, hatte ich wirklich mehr, als ich brauchte. Mein erster Artikel in der *Edinburgh Review* erschien im Oktober 1851.

Der Gedanke, mich in Oxford niederzulassen und in diesem akademischen Paradies zu bleiben, kam mir damals nie in den Sinn. Ich war hier, um mein Rig-Veda zu drucken und im Bodleian zu arbeiten; Dass ich in ein paar Jahren ein Magister der Christ Church, ein Fellow der exklusivsten aller Colleges, ja ein verheirateter Fellow – ein damals noch nicht einmal erfundenes Wesen – und ein Professor der Universität sein würde, kam mir nie in den Sinn. Ich konnte es nur bewundern und von ganzem Herzen bewundern. Alles schien perfekt, die Gärten, die Spaziergänge in der Nachbarschaft, die Colleges und vor allem die Bewohner der Colleges, sowohl Fellows als auch Studenten. Meine Vorstellungen waren immer noch so rein kontinental, dass ich nicht verstehen konnte, wie die Universität so etwas tun konnte, wie einen ausländischen Wissenschaftler aufzunehmen – sich tatsächlich selbst regieren konnte, ohne dass ein Bildungsminister die Professoren ernennt und ohne einen königlichen Kommissar, der sich um sie kümmert Studenten und ihre moralischen und politischen Gefühle. Und hier in Oxford wurde mir gesagt, dass die Regierung Oxford nicht kenne und Oxford die Regierung nicht kenne, dass die einzige herrschende Macht in den Statuten der Universität bestehe, dass Professoren und Tutoren vollkommen frei seien, solange sie sich an diese Statuten hielten, und dass sicherlich kein Minister jemals einen Professor ernennen oder entlassen könnte, außer den Regius-Professoren. „Wenn wir etwas erledigen wollen“, erklärten mir meine Freunde, „machen wir es selbst, solange es nicht im Widerspruch zur Satzung steht.“

Aber Oxford verändert sich mit jeder Generation. Es wird immer älter, aber es wird immer wieder jung. Vor vierhundert Jahren gab es ein altes Oxford, und vor fünfzig Jahren gab es ein altes Oxford. Für einen Mann, der seinen MA-Abschluss macht, scheint Oxford, wie es war, als er ein Studienanfänger war, der Vergangenheit anzugehören. Von der breiten Öffentlichkeit wird angenommen, dass kein Ort so konservativ, so unveränderlich, ja, so hartnäckig im Widerstand gegen neue Ideen ist wie Oxford; Und doch finden Menschen wie ich, die es vor vierzig oder fünfzig Jahren kannten, es heute so verändert, dass sie im Rückblick kaum glauben können, dass es derselbe Ort ist. Auch architektonisch haben sich die Straßen der Universität verändert, und zwar nicht immer zum Besseren. Leider lehnen Architekten die bloße Nachahmung des alten Oxford-Baustils ab; Sie wollen etwas völlig Eigenes schaffen, das für sich genommen zwar sehr gut ist, aber nicht immer mit dem Gesamtton der College-Gebäude harmoniert. Ich erinnere mich noch an den Aufschrei gegen die Taylor Institution, das einzige Palladio-Gebäude in Oxford, und doch hat sich inzwischen jeder damit abgefunden, und sogar Ruskin hielt dort Vorträge, was er nicht getan hätte, wenn er ihre Architektur missbilligt hätte. Er hielt nie Vorlesungen am Indian Institute und schrieb mir einen Brief, in dem er mich traurig dafür tadelte, dass ich dafür gesorgt hatte, dass die Broad Street durch ein solches Gebäude verunstaltet wurde, obwohl ich überhaupt nichts damit zu tun hatte. Auch andere Neubauten verurteilte er lautstark. Er missbrauchte sogar das Neue Museum, obwohl er selbst viel damit zu tun hatte. Er hatte gehofft, dass es die Architektur der Zukunft sein würde, gestand jedoch nach einiger Zeit, dass er mit dem Ergebnis nicht zufrieden war.

Zu seiner Zeit gab es noch die alte Magdalenenbrücke, die unrestaurierte Bodleian-Brücke und keine Straßenbahnen. Ruskin war von der neuen Brücke, der restaurierten Bodleian-Brücke und den Straßenbahnwaggons so beleidigt, dass er, wenn er seine Vorlesungen halten musste, so weit umherging, um diesen Schandflecken auszuweichen; und das war keineswegs eine einfache Pilgerreise. Es hatte natürlich keinen Sinn, mit ihm zu streiten. Den meisten Menschen gefällt die neue Magdalenenbrücke, weil sie besser zur Breite der Hauptstraße passt; Sie halten das Bodleian für gut restauriert, besonders jetzt, wo der neue Stein allmählich die Farbe der alten Mauern annimmt, und was die Straßenbahnwagen betrifft, so anstößig sie in vielerlei Hinsicht auch sind, so beleidigen sie das Auge sicherlich weniger als die alten, schmutzigen und klapprige Omnibusse. Die neuen Gebäude von Merton im Stil einer Londoner Polizeistation beleidigten ihn zutiefst, und das umso mehr, als er neben ihnen wohnen musste, als er im Corpus Zimmer hatte.

An diesen neuen Gebäuden konnte in Oxford nichts geändert werden. Der Stein, aus dem die meisten alten Colleges gebaut wurden, stammte aus einem Steinbruch in der Nähe von Oxford und begann sich auf sehr merkwürdige Weise abzulösen und zu zerbröckeln. Künstler mögen diese karierten Wände, und im Mondlicht sind sie sicherlich malerisch, aber die Hochschulen mussten darüber nachdenken, was sicher war. Mein eigenes College, All Souls, hat sehr viele Zinnen, und wir haben absichtlich einen Architekten beauftragt, zu überwachen, welche davon unsicher waren und restauriert oder durch neue ersetzt werden mussten. Jede einzelne dieser Zinnen kostete uns etwa fünfzig Pfund, und bei jedem unserer Treffen wurde uns gesagt, dass so viele Zinnen getestet worden seien und repariert oder ersetzt werden müssten. Vor vielen Jahren, als ich den ganzen langen Urlaub in Oxford verbrachte, konnte ich von meinem Fenster aus einen Mann beobachten, der die Stärke dieser Gipfel testen sollte. Er war mit einer großen Brechstange bewaffnet, mit der er mit aller Kraft gegen den unglücklichen Gipfel rannte. Ich bezweifle, dass die Mauern eines römischen Kastells einem solchen Widder hätten widerstehen können. Ich habe mit einigen der Fellows gesprochen, und als der Bauunternehmer uns das nächste Mal Bericht erstattete, bemängelten wir eher die große Zahl der Invaliden. Er ließ sich jedoch nicht so leicht zum Schweigen bringen, sondern sagte uns mit sehr ernster Miene, dass er die Verantwortung nicht übernehmen könne, da jeden Tag ein Gipfel auf unseren Aufseher fallen könnte, wenn er in die Kapelle ging. Damit, so dachte er, wäre die Sache erledigt. Aber nein, auf die jüngeren Fellows machte es überhaupt keinen Eindruck, und die Zahl der jährlichen Krüppel verringerte sich dadurch sicherlich erheblich.

Es stimmt, dass Oxford das Alte immer mehr liebte als das Neue und sich bis zuletzt gegen die meisten Neuerungen wehrte. Ein bekannter liberaler Staatsmann pflegte zu sagen, dass er sich immer freute, wenn eine Reformmaßnahme vor dem Parlament lag, wenn Oxford eine Petition dagegen einreichte, denn diese Maßnahme würde mit Sicherheit sehr bald angenommen werden. Man sollte jedoch nicht vergessen, dass es in Oxford immer eine liberale Minderheit gab. Es wird immer noch als etwas ganz Vorsintflutliches bezeichnet, dass Oxford, d. h. der Hebdomadal Council, eine Petition gegen die Great Western Railway einreichte, die in seine heiligen Bezirke eindrang; aber es ist ebenso wahr, dass es nicht viele Jahre später eine Petition für eine Zweigstrecke einreichte, um die Universität mit dem Rest der Welt in Verbindung zu halten.

Natürlich hat sich vieles verändert und verändert sich jedes Jahr vor unseren Augen; doch was sich trotz einiger jüngster Gräueltaten in Sachen Ziegel und Mörtel nie ändern kann, ist die natürliche Schönheit der Gärten und der historische Charakter der Architektur. Ob Bruder Bacon schon im 13. Jahrhundert die Colleges, Kapellen und Gärten von Oxford bewunderte, wissen wir nicht, und selbst wenn, könnten nur wenige davon so gewesen sein, wie wir sie heute bewundern. Wir dürfen nicht vergessen, dass Greenes „*Honourable History of Friar Bacon*" uns kein Bild davon vermittelt, wie Oxford aus der Sicht dieses berühmten Philosophen war, der manchmal als Fellow des Brasenose College bezeichnet wird, wahrscheinlich lange bevor dieses College existierte; aber was in diesem Stück zum Lob der Universität gesagt wird, kann zumindest als Erinnerung daran verstanden werden, was Greene selbst sah, als er 1578 seinen Abschluss als Bachelor of Arts machte. In seinem Stück „Geschichte *des Bruders Bacon* " stellt Greene den deutschen Kaiser Heinrich II. (1212–1250) als jemanden vor, der Heinrich III. von England (1216–1273) einen Besuch abstattet, und legt ihm die folgenden Zeilen in den Mund, die, obwohl sie sich nicht mit denen von Shelley oder Mat Arnold vergleichen lassen, jedenfalls das früheste Zeugnis der natürlichen Reize von Oxford sind. Wie dem auch sei, die Zeilen von Shelley und Mat Arnold sind wohlbekannt und werden immer zitiert, sodass ich es wage, Greenes Zeilen zu zitieren, nicht weil sie schön wären, sondern einfach, weil sie wahrscheinlich nur sehr wenigen meiner Leser bekannt sind:

„Vertrau mir, Plantagenet, diese Oxford-Schulen
liegen dicht am Flussufer:
die Berge voller Fett- und Damhirsche,
die kämpfenden Weiden voller Kühe und Herden,
die Stadt wunderschön mit hoch gebauten Colleges
und anständigen Gelehrten in ihrer Grabkleidung.“

Die Berge rund um Oxford müssen wir als kühne poetische Lizenz akzeptieren, egal ob sie für Headington Hill oder Wytham Woods bestimmt waren. Der deutsche Reisende Hentzner, der Oxford im Jahr 1598 beschrieb, ist naturgetreuer, wenn er von den bewaldeten Hügeln spricht, die die Ebene umgeben, in der Oxford liegt.

Doch während die natürliche Schönheit Oxfords schon immer von Fremden bewundert und gelobt wurde, schnitten die Ärzte und Professoren der alten Universität bei englischen und ausländischen Kritikern nicht immer so gut ab. Ich werde nicht Giordano Bruno zitieren, der 1583–1585 England besuchte und Oxford „die Witwe der wahren Wissenschaft" nennt [11] ", aber Milton kann sicherlich nicht verdächtigt werden, Vorurteile gegenüber Oxford zu haben. Dennoch schreibt er 1656 in einem Brief an Richard Jones: „Wenn Sie dort sind, gibt es in der Tat jede Menge Annehmlichkeiten und Gesundheit." Es gibt genug Bücher für den Bedarf einer Universität: Wenn nur die Annehmlichkeit des Ortes ebenso viel zum Genie der Bewohner wie zum angenehmen Leben beitragen würde, würde dem Glück des Ortes nichts fehlen."

Diese bösartigen Bemerkungen über die Oxford Dons scheinen sich bis zum Anfang unseres Jahrhunderts zu erstrecken. Die Gebäude und Gärten werden gelobt, aber im Gegensatz dazu, so scheint es, oder aus einer Art Eifersucht, werden ihre Bewohner immer lächerlich gemacht. Vor nicht allzu langer Zeit wurde ein Buch veröffentlicht, *Memoirs of a Highland Lady* . Obwohl die Memoiren bereits 1898 veröffentlicht wurden, sollte man bedenken, dass sie bis ins Jahr 1809 zurückreichen. Es darf auch nicht vergessen werden, dass die Autorin zu diesem Zeitpunkt kaum älter als dreizehn Jahre war und sicherlich von sehr mädchenhafter, um nicht zu sagen frivoler Natur , Disposition. Sie blieb einige Zeit bei dem damaligen Master of University, Dr. Griffith, und man muss sagen, dass sie ihm immer einen gewissen Respekt entgegenbringt. Aber niemand sonst in Oxford wird verschont. Sie kam dort an, als Lord Grenville zum Kanzler der Universität ernannt wurde. Obwohl sie noch so jung war, wurde sie ins Theater mitgenommen, und so beschrieb sie, was sie sah und hörte: „Es war ein Schock für mich; Ich hatte erwartet, von einem Theaterstück verzaubert zu werden, anstatt von den lateinischen Reden auf einer Kanzel fast in den Schlaf versetzt zu werden. Es gab etwas Purpur und einiges Gold, einige Roben und einige Perücken, eine große Menschenmenge und manchmal Aufregung, während auf eine Menge eintöniger Reden und dummes Schauspiel die lautstarken Demonstrationen der Studenten folgten, während sie applaudierten oder verurteilten verliehene Ehrungen; Aber im Großen und Ganzen war ich der Hitze und dem Pöbel und den Sorgen dieser Morgen überdrüssig, und das Gleiche galt, darauf verlassen Sie sich, auch für den armen Lord Grenville, der wie der Großlama auf dem Staatsstuhl unter den Würdenträgern saß Tempel, der von seinen Priestern bewacht wird." Nur eines gefiel ihr, nämlich der Gesang von Catalani bei einem der Konzerte. Doch selbst hier kann sie ihre Bemerkung nicht unterdrücken, dass sie „Gott save the King" gesungen hat. Offensichtlich war sie eine leichtfertige junge Dame oder ein leichtfertiges Kind, und zusammen mit ihrer Schwester, die sich ihr später in Oxford anschloss, schien sie in der ernsten Gesellschaft der Universität ein ziemlicher Fisch ohne Wasser gewesen zu sein.

Der Raum in der Master's Lodge, der sie am meisten entsetzte und offenbar als eine Art Schulzimmer genutzt wurde, war die Bibliothek, voller göttlicher Bücher, aber ohne Vorhänge, Teppich und Kamin. Hier erhielten sie Unterricht in Musik, Zeichnen, Rechnen, Geschichte, Geographie und Französisch. „Und der Meister", fügt sie hinzu, „öffnete uns das, was bis dahin ein versiegeltes Buch war, das Neue Testament, so dass sich dieser Besuch in Oxford wirklich als eine der glücklichen Gelegenheiten meines Lebens erwies."

Das spricht gut für die junge Dame, die im späteren Leben offenbar eine höchst angesehene und einflussreiche Position in der schottischen

Gesellschaft innehatte. Aber die Oxforder Gesellschaft fand in ihren Augen offenbar keinen Gefallen.

Ihr Onkel und ihre Tante waren, wie sie uns erzählt, häufig mit anderen Hausoberhäuptern zum Abendessen auswärts, denn es gab natürlich keine andere Gesellschaft. Diese Abendessen scheinen sehr üppig gewesen zu sein, obwohl ihr eigenes häusliches Leben sicherlich sehr einfach war. Zum Frühstück gab es Tee und Butter aufs Brot und zum Abendessen ein kleines Glas Bier, selbst gebrautes College-Bier. „Wie fett sind wir geworden!" ruft sie. Der Meister scheint ein Mann von raffiniertem Geschmack gewesen zu sein, der sich für das Zeichnen und die sogenannte Schürhakenmalerei interessierte. er widmete sich auch dem Karikieren und dem Schreiben von Zündpillen. Die beiden jungen Damen mochten offensichtlich seine Gesellschaft, aber von der anderen Gesellschaft in Oxford erwähnt sie nur die ultra-toryische Politik und die Dummheit und Frivolität der Oberhäupter. „Die verschiedenen Oberhäupter", schreibt sie, „mit ihren jeweiligen Frauen waren meinem Onkel und meiner Tante weit unterlegen." Mehr als die Hälfte der Doktoren der Theologie stammten aus einfachen Verhältnissen, waren Söhne kleiner Adliger oder Landgeistlicher oder sogar von niedrigerem Rang. Viele von ihnen blieben der Liebe ihrer Jugend treu und brachten Damen von minderwertigem Benehmen auf den ihnen so würdig erscheinenden Stand. Es war kein guter Stil; Es gab wenig Talent, weniger Gewandtheit und keinerlei Weltkenntnis. Und doch war die Unwissenheit dieser Klasse weniger anstößig als die Annahme einer anderen, als sich eine hochrangige Dame in den Erzieher ihres Bruders verliebte und ihn in der Kirche großzügig versorgte, damit sie sich entschuldigen konnte, ihn geheiratet zu haben. Unter den niederen Geistlichen gab es junge, witzige – abscheuliche; junge Gelehrte – langweilig; und ältere – pompös; Alle jedoch aller Klassen, freundlich und gastfreundlich. Aber der christliche Pastor, bescheiden, sanft, rücksichtsvoll und aufopfernd, hatte, soweit ich sehen konnte, keinen Vertreter unter diesen Händlern mit alten Weinen, reichhaltigen Abendessen, feinem Porzellan und riesigen Tellern."

„Die Religion von Oxford schien damals darin zu bestehen, den König und seine Minister zu ehren und ständig in die Kapelle zu gehen und sie zu verlassen. Die Ankunft der Kapelle wurde durch die Schläge eines großen Hammers angekündigt, den ein Pfadfinder eine halbe Stunde zuvor auf jede Treppe geschlagen hatte. Die Ausbildung war der Göttlichkeit angemessen. Es hieß, dass über die junge, aufrührerische Gemeinschaft eine Art Aufsicht herrschte, und bis zu einem gewissen Grad sorgten die Rektoren der Universität und die Dekane der verschiedenen Colleges dafür, dass kein sehr offener Skandal begangen wurde. Es gab Regeln, die im Allgemeinen befolgt werden mussten, und Vorlesungen, die besucht werden mussten, aber was die Sorge um hohe Ziele, verfeinernde Vergnügungen und den würdigen Ton für den Charakter verantwortungsbewusster Wesen anging, gab es überhaupt keine gedacht an. Die eigentliche Bedeutung des Wortes „Bildung" schien nicht verstanden zu werden. Das College war eine passende Fortsetzung der Schule. Die jungen Männer drängten sich zusammen; Sie lebten in ihren Zimmern, und sie lebten außerhalb davon, in den benachbarten Dörfern, wo viele über komfortable Einrichtungen verfügten ... Es wurden alle möglichen Vorrichtungen eingesetzt, um es den Ausschweifenden zu ermöglichen, die ganze Nacht draußen zu bleiben, um einen Täter zu beschützen die Würdenträger täuschen." Das war im Jahr 1809 und sogar noch später.

Und dennoch, trotz alledem und obwohl man uns erzählt, dass die Vorlesungsteilnehmer ausgelacht wurden, scheint es seltsam, dass die besten Geistlichen, Anwälte und Politiker der ersten Hälfte unseres Jahrhunderts, von denen wir einige vielleicht selbst gekannt haben, unter diesem System ausgebildet worden sein müssen. Wir können kaum glauben, dass es so schlimm war, wie hier beschrieben, und wir müssen bedenken, dass viele der *Memoiren* dieser schottischen Dame nur aus dem Gedächtnis und lange nach der Zeit geschrieben worden sein können, als sie und ihre Schwester am University College lebten. Das Leben dort muss zweifellos sehr langweilig gewesen sein, da es in Oxford keine anderen jungen Damen gab, und es kann für diese jungen Mädchen nicht sehr unterhaltsam gewesen sein, mit sechzehn Hauslehrern zu speisen, die alle weite seidene Soutanen, Schals und Bänder trugen, ein oder zwei gepuderte Perücken, so dass sie, wie man uns erzählt, oft weinend nach Hause gingen. Jeglicher Verkehr mit den jungen Männern war streng verboten, obwohl es anscheinend nicht völlig unmöglich war, vom Garten der Master's Lodge aus mit den jungen Männern zu kommunizieren, indem man sich aus den Fenstern des Colleges bückte oder in den Garten hinunterkletterte.

Einer dieser jungen Männer, der zur gleichen Zeit am University College war, wäre sicherlich nicht als sehr wünschenswerter Begleiter für diese beiden schottischen Mädchen angesehen worden. Es war niemand anderes als Shelley. Was sie über ihn sagen, sagt uns nicht viel Neues, verdient aber, wiederholt zu werden. „Mr. Shelley", lesen wir, „der später so gefeiert wurde, war halb verrückt. Er begann seine Karriere mit allen möglichen wilden Streichen in Eton. An der Universität war er sehr aufsässig und verstieß immer gegen irgendeine Regel, deren Bruch, wie er wusste, nicht übersehen werden konnte. Er war schlampig gekleidet, und wenn man ihn auf diese und andere Unregelmäßigkeiten ansprach, hatte er die Angewohnheit, so außergewöhnliche Gesten zu machen, die seine Demut unter Tadel zum Ausdruck brachten, dass er zuerst die Ernsthaftigkeit und dann die Laune des Dozenten aus dem Gleichgewicht brachte. Als er so weit ging, atheistische Plakate an die Kapellentüren zu kleben, hielt man es für notwendig, ihn privat auszuweisen, aus Rücksicht auf Sir Timothy Shelley, den Vater, der sofort herbeikam. Er und sein Sohn verließen Oxford gemeinsam."

Niemand würde auf diesem Bild die Universität Oxford erkennen, wie sie derzeit ist. *Nous avons changé tout cela* könnten die Oberhäupter, Professoren und Fellows der Gegenwart mit großer Wahrheit sagen. Und doch bezieht sich das, was die Highland-Dame, oder besser gesagt das Highland-Mädchen, beschreibt, auf Zeiten, die noch nicht so lange her sind, in denen einige der Männer, die wir kannten, sie aber möglicherweise miterlebt haben. Wie diese Veränderung zustande kam, kann ich nicht sagen, obwohl ich einige Überreste des alten Zustands bezeugen kann.

Das Oxford von 1848 war noch immer das Oxford der Hausvorstände und des Hebdomadal Board. Dieses Board bestand fast ausschließlich aus Hausvorständen und war ein äußerst wichtiges Board, wenn man bedenkt, dass die gesamte Verwaltung der Universität tatsächlich in seinen Händen lag. Die Colleges hingegen waren sehr eifersüchtig auf ihre Unabhängigkeit; und selbst die Autorität der Proctors, die die Universität als solche vertraten, wurde innerhalb der Tore eines Colleges oft angefochten. Es ist erstaunlich, dass dieses alte System der Verwaltung der Universität durch die Hausvorstände so lange und so reibungslos funktionierte. Da ihm von den Fellows seiner eigenen Gesellschaft beträchtliche Macht in der Verwaltung seines eigenen Colleges anvertraut worden war, ging man davon aus, dass sich der Rektor in der Verwaltung der Universität als ebenso nützlich erweisen würde. Ein Hausvorstand wurde sofort Mitglied des Rates. Und im Großen und Ganzen gelang es ihnen, Kutsche und Pferde sehr gut zu lenken. Aber oft, wenn ich Ausländer zu einer Universitätspredigt mitnehmen musste und sie eine höchst außergewöhnliche Gruppe alter Herren in Prozession in St. Mary's einziehen sahen, mit einer höchst überraschenden Kombination von Farben – Schwarz und Rot, Scharlachrot und Rosa – auf ihren schweren Talaren und Ärmeln, fiel es mir schwer zu erklären, wer sie waren. „Sind das Ihre Professoren?", wurde ich gefragt. „Oh nein", sagte ich, „die Professoren tragen keine roten Talare, nur Doktoren der Theologie und des Zivilrechts, und da jedes Oberhaupt eines Hauses etwas haben muss, das es in der Öffentlichkeit tragen kann, wird er ausnahmslos zum Doktor ernannt." Ich erinnere mich nur an eine Ausnahme, und zwar zu einem viel späteren Zeitpunkt, nämlich an den Master of Balliol, der es wie Canning auf dem Wiener Kongress zu seinen wertvollsten Auszeichnungen zählte, nie die Robe eines DCL oder DD getragen zu haben. Es ist bekannt, dass Marschall Blücher, als er in Oxford zum Doktor ernannt wurde, in der Unschuld seines Herzens darum bat, dass General Gneisenau, seine rechte Hand, wenigstens zum Chemiker ernannt werden möge. Er hatte jedenfalls ein äußerst wirksames Pulver für die französische Armee unter Napoleon gemischt.

„Aber", würde mein Freund fragen, „haben Sie keinen *Senatus Academicus* , haben Sie keine Fakultäten mit Professoren, wie es sie an allen anderen christlichen Universitäten gibt?" „Ja und nein", sagte ich. „Wir haben Professoren, aber sie sind nicht in Fakultäten unterteilt und sie bilden ganz sicher nicht den *Senatus Academicus* oder die höchste Autorität der Universität."

Es scheint sehr merkwürdig, aber es ist dennoch eine Tatsache, dass ein guter Tutor, sobald er zum Professor ernannt wird, für die eigentliche Lehrtätigkeit an den Colleges als unbrauchbar angesehen wird. Seine Vorlesungen sind im Allgemeinen verlassen; und ich könnte die Namen einiger Professoren nennen, die später zu großem Ansehen gelangten, die aber in Oxford einfach ignoriert wurden und deren Hörsäle verlassen waren. Der eigentliche Unterricht oder das Lernen oder das Pauken für Prüfungen wird den Tutoren und Fellows jedes Colleges überlassen, und auch die Prüfungen liegen hauptsächlich in ihren Händen. Viele Studenten sehen nie einen Professor, und was die Lehrtätigkeit an der Universität betrifft, könnten die Professuren getrost abgeschafft werden. Und doch, wie ich meinen ausländischen Freunden ehrlich versichern kann, sind die besten Männer, die in Oxford einen Ehrentitel erwerben, den besten Männern in Paris oder Berlin durchaus ebenbürtig. Die Professoren mögen nicht so angesehen sein, aber das liegt zu einem gewissen Grad an den geringen Gehältern, die mit einigen der Lehrstühle verbunden sind. England hat sowohl in der Wissenschaft als auch in der Philosophie und Gelehrsamkeit große Namen hervorgebracht, aber diese sind im Allgemeinen in attraktivere oder lukrativere Zentren abgewandert. Als ich zum ersten Mal nach Oxford kam, erhielt ein Professor 40 Pfund pro Jahr, ein anderer 1.500 Pfund, und niemand beschwerte sich über diese Ungleichheiten. Ein König oder Bischof hatte eine bestimmte Menge Land für die Stiftung eines bestimmten Lehrstuhls zur Verfügung gestellt, und jeder Inhaber dieses Lehrstuhls erhielt, was die Stiftung einbrachte. Die Art und Weise, Professoren zu ernennen, war damals sehr merkwürdig. Oft ähnelten die Wahlen Parlamentswahlen, wobei politischer oder theologischer Parteizugehörigkeit weit mehr Beachtung geschenkt wurde als wissenschaftlichen Qualifikationen. Jeder MA hatte eine Stimme, und diese Wähler waren über das ganze Land verstreut. Die Stimmenwerbung wurde ganz offen betrieben. Die Reisekosten wurden freiwillig übernommen, und in jedem College wurden Listen der Männer geführt, von denen man sich darauf verlassen konnte, dass sie für den liberalen oder den konservativen Kandidaten stimmen würden. Stellen Sie sich einen Professor der Medizin oder der griechischen Sprache vor, der gewählt würde, weil er ein Liberaler ist! Einige Ernennungen lagen in den Händen des Premierministers oder, wie man es nannte, der Krone; und es wurde zu Ehren des Herzogs von Wellington zitiert, dass er, als er Kanzler der Universität war, einmal darauf bestand, dass die Wähler den besten Mann wählen sollten, und sie mussten nachgeben, obwohl es Wähler gab, die ihren eigenen Kandidaten zum besten Mann erklärten, was auch immer die Meinung wirklich qualifizierter Richter sein mochte. Dieser gesamte Wahlapparat ist heute viel besser, obwohl noch kein unfehlbares System zur Wahl der besten Männer gefunden wurde. Ein einziger Wähler, der nicht von einem allzu weichen Gewissen geplagt wird, kann sogar heute noch eine ganze Wahl vereiteln; ganz zu schweigen von der peinlichen Lage, in die ein Wähler gerät, wenn er gegen einen persönlichen Freund oder ein Mitglied seines eigenen Colleges stimmen muss, insbesondere wenn das Gefühl, dass es unehrenhaft ist, die Stimme jedes Wählers bekannt zu geben, nicht mehr stark genug ist, um die besten Interessen der Universität zu schützen.

Es hat einige Zeit gedauert, bis ich einen Einblick in all das gewinnen konnte. Das alte System verschwand vor meinen Augen, nicht ohne offensichtliche Spannungen zwischen meinen verschiedenen Freunden, und dann kam die Schwierigkeit, die Funktionsweise der neuen Maschinerie verstehen zu lernen, die vom Parlament entwickelt und genehmigt worden war. Sogar unter den Oberhäuptern der Häuser traten Reformatoren auf, wie zum Beispiel Dr. Jeune, der Meister des Pembroke College, dem das Verdienst zugeschrieben wurde, dass er *rajeuni l'ancienne université habe* . Aber er war keineswegs der einzige und nicht einmal der Hauptakteur bei der Universitätsreform. Viele meiner persönlichen Freunde, wie Dr. Tait, später Erzbischof von Canterbury, Rev. H. G. Liddell, später Dekan der Christ Church, Professor Baden-Powell, und Rev. G. H. S. Johnson, später Dekan von Wells, mit Stanley und Goldwin Smith leisteten als Sekretäre ehrliche Dienste in den verschiedenen königlichen und parlamentarischen Kommissionen und verbrachten einen Großteil ihrer wertvollen Zeit damit, der Universität und dem Land zu dienen. Ich konnte nicht mehr tun, als die Fragen zu beantworten, die mir die Kommissare und meine Freunde gestellt hatten, und das ist eigentlich der einzige Anteil, den ich damals an der Reform der Universität oder an dem, was man die Germanisierung der englischen Universitäten nannte, hatte. Einst war die Unbeliebtheit dieser Reformatoren an der Universität selbst so groß, dass einer von ihnen einen der Juniorprofessoren bat, ihn zum Abendessen einzuladen, weil die Oberhäupter ihn nicht mehr in ihre gastfreundlichen Gremien aufnehmen wollten.

Es muss sicherlich ein herrliches Leben gewesen sein, in jenen vorreformatorischen Tagen Mitglied des viel gescholtenen Hebdomadal Board und Rektor eines Colleges zu sein. Vor der Zeit der landwirtschaftlichen Notlage gab es in den Colleges reichliche Einkünfte; die Autorität der Rektoren wurde in ihren eigenen Colleges nicht in Frage gestellt; nicht nur Studenten, sondern auch Fellows mussten sich unterordnen. Kein Junior Fellow hätte es damals gewagt, sich bei College-

Sitzungen seinem Rektor zu widersetzen. Gab es zufällig einen aufsässigen Junior, wurde er leicht zum Schweigen gebracht oder zum Rücktritt aufgefordert. Die Tage waren noch nicht gekommen, als ein Master of Trinity es wagte zu bemerken, dass sogar ein Junior Fellow sich möglicherweise irren könnte. Colleges schienen Eigentum der Rektoren zu sein, und in manchen von ihnen wurden die Fellows tatsächlich von ihnen ausgewählt, und der Rest der Fellows nach einer Art Prüfung. Die Verwaltung der Universitätsangelegenheiten lag ebenfalls vollständig in den Händen der Collegeleiter, und nur in seltenen Fällen erregte eine theologische Frage das Interesse nicht ansässiger MAs und brachte sie nach Oxford, um ihre Stimme für oder gegen die eingesetzten Behörden abzugeben. Männer wie der Dekan von Christ Church, Dr. Gaisford, der Rektor von Wadham, Dr. Parsons, und der Rektor von Oriel, Dr. Hawkins, waren in ihren Herrschaftsgebieten die Oberhoheit, bis der rebellische Geist bei Männern wie Dr. Jeune, Professor Baden-Powell, A. P. Stanley, Goldwin Smith und anderen zutage trat.

Auch gab es unter dem alten Regime nicht viele sehr eklatante Missbräuche. Es war eher der Mangel an Leben, über den man sich beklagte. Man begann zu spüren, dass Oxford seinen Platz als gleichwertiger Partner an der Seite ausländischer Universitäten einnehmen sollte, nicht nur als Hochschule, sondern auch als Heimat dessen, was damals zum ersten Mal „originelle Forschung" genannt wurde. Es kann kein Zweifel daran bestehen, dass Oxford als Lehrkörper, als Hochschule an der Spitze aller öffentlichen Schulen in England seine Pflicht ehrenhaft erfüllte. Ein Mann, der damals einen Double First ablegen konnte, war in der Tat ein starker Mann, der für jede Arbeit im späteren Leben gut geeignet war. Er würde nicht unbedingt ein origineller Denker, Gelehrter oder Entdecker in den Naturwissenschaften werden, aber er würde wissen, was es heißt, etwas gründlich zu wissen. Um gleichzeitig in den klassischen Fächern und in Mathematik Auszeichnungen zu erhalten, waren Kraft und Auffassungsgabe erforderlich, und die Anstrengung war sicherlich beträchtlich, wie ich herausfand, als ich gelegentlich mit einem jungen Freund, der im Grundstudium studierte, einen griechischen oder lateinischen Autor las. Was mich am meisten beeindruckte, war das genaue Wissen, das ein Kandidat über besondere Autoren und besondere Bücher erlangte, aber auch der Mangel an Sprachkenntnissen, Griechisch oder Latein, die es ihm ermöglichen würden, jeden neuen Autor relativ mühelos zu lesen. Die jungen Männer, die ich kannte, als sie ihre Abschlussprüfung ablegten, waren sicherlich gut in den klassischen Büchern bewandert, und was sie wussten, wussten sie gründlich.

Die persönlichen Beziehungen zwischen den Studierenden und ihren Tutoren waren sehr innig. Ein Lehrer war stolz auf seine Schüler und wurde oft ihr lebenslanger Freund. Der Unterricht war fast Privatunterricht, und die Idee, einer Klasse im College eine schriftliche Vorlesung vorzulesen, gab es noch nicht. Es war echter Unterricht mit Fragen und Antworten; während Vorlesungen, geschrieben und vorgelesen, als gut genug für Professoren, aber als völlig nutzlos für die Schulen angesehen wurden. Der soziale Ton an der Universität war ausgezeichnet. Viele der Tutoren und Studenten stammten aus guten Familien, und der Kampf ums Leben, um einen Lebensunterhalt an der Universität oder um ein Amt an der Universität war noch nicht so heftig wie später. Hochschullehrer schufteten ein Leben lang und erledigten ihre Arbeit sicherlich bis zum Schluss mit größter Gewissenhaftigkeit. Es gab vielleicht wenig Ehrgeiz, wenig Intrigen oder Drängen, aber die Arbeit der Universität, so wie das Land sie haben wollte, war gut gemacht. Obwohl die Ehrenlisten klein waren, war die Zahl der völligen Misserfolge auch nicht sehr groß.

Für einen jungen Gelehrten wie mich, der in jenen fernen Tagen nach Oxford kam, um dort zu leben, waren der Frieden und die Gelassenheit des Lebens äußerst angenehm, obwohl einige meiner Freunde zu den ersten gehörten, die sich Sorgen machten und sich mehr Arbeit wünschten getan werden und der Reichtum und die Möglichkeiten der Universität besser genutzt werden können. Mein Eindruck war damals derselbe wie seitdem, dass eine Reform der Universitäten unmöglich war, solange die öffentlichen Schulen nicht gründlich reformiert worden waren. Die Universitäten müssen nehmen, was die Schulen ihnen schicken. Es gibt jedes Jahr eine begrenzte Anzahl von Jungen aus den besten Schulen, die sich an einer Universität bewerben würden. Aber eine große Zahl der jungen Männer, die zur Immatrikulation nach Oxford geschickt werden, verfügen nicht über einen akademischen Standard. Sofern sich die Hochschulen nicht damit einverstanden erklären, ein oder zwei Jahre lang leer zu stehen, können sie nicht anders, sondern müssen das Niveau der Immatrikulationsprüfung niedrig halten und tatsächlich weitgehend die Arbeit erledigen, die in der Schule hätte erledigt werden sollen . Denken Sie an Jungen, die nach Oxford geschickt werden und nach durchschnittlich sechs Jahren an einer öffentlichen Schule immer noch nicht in der Lage sind, eine Zeile Griechisch oder Latein zu lesen, die sie zuvor nicht gelesen haben. Doch so war es und so ist es auch, es sei denn, ich bin völlig falsch informiert. Für einige Colleges, die einen hohen Immatrikulationsstandard aufrechterhalten, ist es einfach, erstklassige Männer hervorzubringen; Die wahre Last liegt bei den Hochschulen und den Tutoren, die hart arbeiten müssen, um ihre Schüler auf den Standard eines bestandenen Abschlusses zu bringen, und nur wenige Menschen haben eine Vorstellung davon, wie wenig ein bestandener Abschluss bedeuten kann. Diese Tutoren haben in der Tat harte Arbeit zu leisten und bekommen dafür wenig Anerkennung, obwohl ihre Hingabe an ihr College und ihre Schüler sehr lobenswert ist. Vor fünfzig Jahren war sogar das Bestehen eines Abschlusses schwieriger als heute, da die Kandidaten nicht zu unterschiedlichen Zeiten in verschiedenen Fächern bestehen durften, sondern die gesamte Prüfung auf einmal oder gar nicht absolvieren mussten.

Ich hatte es mir in Oxford natürlich zur Regel gemacht, mich aus den Konflikten der Parteien herauszuhalten, ob akademisch, theologisch oder politisch. Ich hatte meine eigene Arbeit zu erledigen, und es schien mir nicht geschmackvoll, meine Ansichten aufzudrängen, die natürlich von denen in Oxford abwichen. Die meisten Leute waschen ihre schmutzige Wäsche gern unter sich; und obwohl ich solche Dinge gern mit meinen Freunden besprach, die mich oft konsultierten, fühlte ich mich nicht dazu berufen, mich in den Streit einzumischen. Ich erlebte in Oxford mehrere schwere Krisen, und obwohl ich auf beiden Seiten einige enge Freunde hatte, blieb ich die ganze Zeit über ein Zuschauer.

Selten hat eine Universität einen so umfassenden Wandel durchgemacht wie Oxford seit dem Jahr 1854. Und doch war der Wandel nie gewaltsam, und die Universität hat diese Tortur wirklich verjüngt und gestärkt überstanden. Es wurde gesagt, dass unsere Verfassung mittlerweile zu demokratisch geworden sei und dass eine Universität von einem Senatus und nicht von einem Juventus Turin regiert werden sollte. Das stimmt bis zu einem gewissen Grad. Es gab zu viel Unruhe, zu ständige Veränderungen und einen Mangel an Kontinuität im Studium und in der Leitung der Universität. Alle drei Jahre kam eine neue Welle junger Meister, führte eine Reform des Lehr- und Prüfungssystems durch und machte dann Platz für eine neue Welle, die neue Ideen brachte, bevor die alten einen fairen Prozess hatten. Ältere Mitglieder der Universität, Hauslehrer und Professoren haben nicht mehr Stimmrecht als die jungen Männer, die gerade ihren Abschluss gemacht haben, ja, sie haben in Wirklichkeit weniger Einfluss als diese jungen Meister, die sich immer treffen und eine Art Pakt bilden Phalanx, wenn abgestimmt werden soll. Es gab sogar einen Non-Placet-Club, der bereit war, jede Maßnahme zu verwerfen, die von der Reformpartei auszugehen schien oder die drohte, etablierte Bräuche zu ändern, egal ob sie der Universität nützten oder nicht. Die Universität als solche wurde weitaus weniger berücksichtigt als die Colleges, und Geld, das von den Colleges für Universitätszwecke abgezogen wurde, wurde als Raub betrachtet, obwohl natürlich die Colleges von der Verbesserung der Universität profitierten und die Interessen beider niemals im Interesse der beiden sein sollten geteilt worden sein, so wenig wie die Interessen einer Armee von den Interessen jedes Regiments getrennt werden können.

Als ich nach Oxford kam, gab es praktisch noch keine Gesellschaft außer der der Oberhäupter, und es gab keine jungen Damen, die ihre Abendessen bereicherten. Jeder Schulleiter kam nacheinander an die Reihe und hatte während der Schulzeit zwei- oder dreimal Zeit, seine Kollegen zu ernähren. Diese Abendessen waren üppige Mahlzeiten, obwohl sie oft schon um fünf Uhr stattfanden. Zu ihnen eingeladen zu werden galt als große Auszeichnung, und obwohl ich ein sehr junger Mann war, durfte ich hin und wieder dabei sein, und ich schätze die Ehre sehr. Die Gesellschaft bestand fast ausschließlich aus Hausoberhäuptern, Kanonikern und Professoren; manchmal waren auch ein paar angesehene Persönlichkeiten aus London und sogar Damen unterschiedlichen Alters und Grades anwesend. Ich gestehe, dass ich oft unter ihnen gesessen habe, wie man auf Deutsch sagt: „*verrathen und verkauft*" . Nach dem Abendessen sah ich eine Reihe junger Männer hereinströmen und dachte, der Abend würde jetzt lebhafter werden. Aber weit gefehlt. Diese jungen Männer mit weißen Krawatten und im Abendkleid standen in ihren knappen Talaren zusammengedrängt auf einer Seite des Raumes. Sie erhielten eine Tasse Tee, aber niemand bemerkte sie oder sprach sie an, und sie trauten sich kaum, miteinander zu sprechen. Wie mir gesagt wurde, nannte man dies „die Senkrechte machen", und sie müssen sich sehr erleichtert gefühlt haben, als sie gegen zehn Uhr gehen durften und die Senkrechte gegen eine bequemere Position eintauschen konnten, während sie sich Liedern und angenehmen Gesprächen hingaben , zu der ich manchmal eingeladen wurde.

Zu dieser Zeit erinnere ich mich nur an sehr wenige Häuser außerhalb des Kreises der Hausoberhäupter, in denen es eine Dame und ein gewisses Maß an gesellschaftlichem Leben gab – die Häuser von Dr. Acland, Dr. Greenhill, Professor Baden-Powell, Professor Donkin und Herr Greswell. In ihren Häusern herrschte weniger strenge akademische Etikette, und da sie Musik liebten, insbesondere die Donkins, verbrachte ich einige wirklich schöne Abende mit ihnen. Ja, während ich auf dem Pianoforte spielte, begannen sogar die Oberhäupter, die Musik auf ihren Abendpartys zu fördern, obwohl zu dieser Zeit kein Gentleman in Oxford gespielt hätte. Da ich Deutscher und Professor Donkin ein bestätigter Invalider war, durften wir spielen, und wir hatten auf jeden Fall ein anerkennendes, wenn auch nicht immer stilles Publikum.

In einer Hinsicht war das alte System der Oxford Fellowships in der Gesellschaft der Universität noch sehr präsent. Kein Fellow durfte heiraten, und die natürliche Folge war, dass die meisten von ihnen auf eine College-Stelle, eine Professur oder eine Stelle als Bibliothekar warteten, die sie im Allgemeinen erhielten, wenn sie keine jungen Männer mehr waren. Auch auf die Leitungspositionen von Colleges musste man so lange warten, dass die meisten von ihnen im Allgemeinen von sehr alten und meist unverheirateten Männern besetzt wurden. Außerdem wurden Leitungspositionen nur selten für herausragende Leistungen in Gelehrsamkeit, Wissenschaft oder sogar Theologie vergeben, sondern aus Gründen der persönlichen Beliebtheit und aus geschäftlichen Gründen. Einige der Fellows gaben angenehme und, wie ich fand, sehr lukullische Abendessen im College; und ich erinnere mich noch an meine Überraschung, als ich zum ersten Abendessen im Common Room des Jesus College eingeladen wurde. Mein Gastgeber war Mr. Ffoulkes, der später römisch-katholischer und dann wieder anglikanischer Geistlicher wurde. Die Teppiche, die Vorhänge, die gesamten Möbel und das Geschirr verwirrten mich völlig, und ich war noch verwirrter, als ich plötzlich aufgefordert wurde, eine Rede zu halten, zu einem Zeitpunkt, an dem ich kaum zwei englische Wörter aneinanderreihen konnte.

Die Stadtgesellschaft war völlig von der Universitätsgesellschaft getrennt, so dass selbst reiche Bankiers und andere Herren es niemals gewagt hätten, Mitglieder der Universität zum Essen einzuladen.

Angesichts der damaligen Stellung der Oberhäupter der Häuser bin ich der Ansicht, dass ich einige Seiten der Beschreibung einiger der bedeutendsten von ihnen widmen sollte. In meinem Alter kann ich mich durchaus an die Maxime „ *senior priores* " *halten* und werde daher mit Dr. Routh beginnen, dem hundertjährigen Präsidenten von Magdalen, denn obwohl die Führung eines Hauses ein ausgezeichnetes Rezept für ein langes Leben zu sein scheint, gab es niemanden, der den Anspruch des ehrwürdigen Doktors auf Vorrang in dieser Hinsicht bestritt. Er war damals fast hundert Jahre alt und starb im hundertsten Jahr. Sein Wunsch, das *C, anno centesimo* , auf seinem Grabstein zu haben, wurde erfüllt, denn obwohl er des Lebens müde war, erklärte er oft, wie man mir sagte, dass er sich in dieser Hinsicht nicht von einem anderen sehr alten Mann übertreffen lassen würde, der ein Dissident war; er mochte es nie, wenn die Kirche geschlagen würde. Ich hätte ihn persönlich kennenlernen können, da einige Freunde des alten Präsidenten anboten, mich ihm vorzustellen. Aber ich nahm ihr Angebot nicht an, weil ich wusste, dass der alte Mann es nicht mochte, als Kuriosität vorgeführt zu werden. Wenn ich ihn an seinem Fenster sitzen sah, trug er immer eine Perücke, und nur wenige hatten ihn ohne Perücke und Talar gesehen. Er war zweifellos ein außergewöhnlicher Mann, und ich glaube, er war der einzige in der gesamten Literaturgeschichte, der im Abstand von siebzig Jahren Bücher veröffentlichte. Seine Ausgabe der *Enthymeme* und *Gorgias von Platon* wurde 1784 veröffentlicht, seine Abhandlungen über die *Ignatianischen Briefe* 1854. Seine *Reliquia Sacra* erschienen erstmals 1814, und sie sind ein Werk, das damals jedem Gelehrten und Theologen einen guten Ruf verschafft hätte. Seine Ausgaben historischer Werke, wie Burnets *History of his own Time* und die *History of the reign of King James* , zeigen seine beträchtliche Kenntnis der englischen Geschichte. Ich habe bereits erwähnt, dass er von Ereignissen lange vor seiner Zeit, wie der Hinrichtung von Charles I., zu sprechen pflegte, als sei er dabei gewesen; auch zögerte er nicht, zu erklären, dass selbst Bischof Burnet ein großer Lügner sei. Er hatte zweifellos viele Dinge gesehen, die ihn mit der Vergangenheit verbanden. Er hatte gesehen, wie Samuel Johnson die Stufen des Clarendon-Gebäudes in der Broad Street hinaufstieg, und obwohl er Karl I. nicht selbst gesehen hatte, als dieser sein Parlament in Oxford abhielt, kannte er eine Dame, deren Mutter den König bei einem Spaziergang durch die Parks von Oxford gesehen hatte.

Wir dürfen jedoch nicht vergessen, dass viele Geschichten über den alten Präsidenten mehr oder weniger mythisch waren, wie es tatsächlich viele Oxford-Geschichten sind. Mir wurde erzählt, dass er tatsächlich mit Perücke, Talar und Mütze schlief, so dass er einmal, als im Innenhof seines Colleges Feueralarm ausgeschlagen wurde, in unglaublich kurzer Zeit seinen Kopf aus dem Fenster steckte, voll ausgestattet wie oben beschrieben. Viele dieser Geschichten oder „Common-Roomers", wie sie genannt wurden, lebten zu meiner Zeit noch in den Gemeinschaftsräumen, als sich die Fellows jedes Colleges regelmäßig nach dem Abendessen trafen, um Wein und Nachtisch einzunehmen und über alles Mögliche zu reden, außer über das, was man „ *Shop" nannte* , d. h. Griechisch und Latein. Niemand fragte nach der Wahrheit dieser Geschichten, solange sie gut erzählt wurden. An einem Ort wie Oxford werden regelmäßig gute Geschichten vererbt. Ich erinnere mich an Geschichten, die über Dr. Jenkins als Rektor von Balliol erzählt und später an seinen Nachfolger, Mr. Jowett, weitergegeben wurden. Bodleian-Geschichten wurden auf ähnliche Weise von Dr. Bandinell an Mr. Coxe weitergegeben und werden wahrscheinlich von den folgenden Bibliothekaren erzählt, bis sie völlig unpassend werden. Ich bin alt genug, um den Abstieg der Geschichten in Oxford miterlebt zu haben, so wie man in College-Zimmern, in denen aufeinanderfolgende Generationen von Studenten wohnten, dieselben Möbel wiedererkennt. Auf mich wirken sie manchmal abgenutzt wie die alten türkischen Teppiche in den College-Zimmern, aber ich verderbe sie nie, indem ich ihr Alter verrate, und wenn sie gut erzählt werden, kann ich sie so genießen, als hätte ich sie nie zuvor gehört.

Dr. Hawkins, Rektor von Oriel, war ein echter Vertreter des alten Oxford und eine bekannte Persönlichkeit an der Universität. Ich war ihm von Baron Bunsen vorgestellt worden und er zeigte mir viel Gastfreundschaft. Ich wurde gewarnt, dass ich ihn sehr steif und abweisend finden würde. Seine eigenen Fellows nannten ihn den Ostwind. Aber obwohl er sicherlich herablassend war, behandelte er mich mit großer Höflichkeit. Er hatte eine sehr eigenartige Angewohnheit; wenn er Leuten die Hand schütteln musste, die er als seine Untergebenen betrachtete, streckte er zwei Finger aus, und wenn einige von ihnen, die diese Eigenart von ihm kannten, ihm im Gegenzug zwei Finger anboten, wurde das Händeschütteln ziemlich unbeholfen. Einer der Fellows seines Colleges erzählte mir, dass er, solange er nur Fellow war, nie mehr als zwei Finger erhielt; als er jedoch Schulleiter einer Schule wurde, wurde er mit drei Fingern oder sogar mit der ganzen Hand belohnt, aber sobald er diese Stelle aufgab und zurückkehrte, um am College zu leben, wurde er sofort auf die gesetzlich vorgeschriebenen zwei Finger reduziert. Ich weiß nicht mehr genau, wie viele Finger ich bekommen habe, und vielleicht habe ich sie mit der ganzen Hand geschüttelt. Jedenfalls bin ich mir jetzt durchaus bewusst, wie oft ich gegen die akademische Etikette verstoßen haben muss. Woher soll ein Mann zum Beispiel wissen, dass Leute, die während des Semesters in Oxford wohnen, sich während des Semesters nur einmal die Hand schütteln? Ich bezweifle tatsächlich, dass diese Etikette schon existierte, als ich zum ersten Mal nach Oxford kam, aber sie existierte sicherlich schon eine Weile, bevor ich sie entdeckte.

Dr. Jenkins, Meister von Balliol, war auch der Held vieler Anekdoten. Von ihm wurde zuerst erzählt, wie er einmal einen Studenten bemängelte, denn wann immer er aus dem Fenster schaute, sah er den jungen Mann unweigerlich im Innenhof herumlungern; Darauf antwortete der Student: „Wie merkwürdig, denn wann immer ich den Innenhof überquere, sehe ich immer Sie, Sir, wie Sie aus dem Fenster schauen." Er hatte seinen eigenen ruhigen Humor und genoss es, Dinge zu sagen, die andere zum Lachen brachten, aber niemals einen Muskel in seinem eigenen Gesicht störten. Einer seiner Studenten hieß Wyndham und er musste ihm beim „Händeschütteln", also am Ende des Semesters, ein paar scharfe Worte sagen. Nachdem er alles gesagt hatte, was er wollte, endete er auf Latein: „Et nunc valeas Wyndhamme", wobei die letzten beiden Silben mit großer Betonung ausgesprochen wurden. Die Achtung des Meisters vor seiner eigenen Würde war sehr groß. Als er einmal von einem einsamen Spaziergang zurückkehrte, rutschte er aus und fiel hin. Zwei Studenten, die den Unfall sahen, rannten ihm zu Hilfe und legten ihm gerade die Hände auf, um ihn hochzuheben, als er bemerkte, dass ein Master of Arts kommen würde. „Halt", rief er, „stopp, ich sehe einen Master of Arts die Straße entlangkommen." Und er entließ die Studenten mit großem Dank, und der Magister half ihm auf die Beine

Unfälle oder Versprecher können jedem passieren, sogar einem Oberhaupt eines Hauses. Einer dieser alten Herren, Dr. Symons aus Wadham, musste bei einer Missionarsversammlung Sir Peregrine Maitland vorstellen, einen höchst angesehenen Offizier und durch und durch guten Menschen. Als er über die christliche Arbeit sprach, die Sir Peregrine in Indien geleistet hatte, nannte er ihn immer wieder Sir Peregrine Pickle. Das wirkte höchst lächerlich, denn jeder kannte *Roderick Random offensichtlich gut* , und Sir Peregrine hatte große Mühe, ernst zu bleiben, als der Vorsitzende Sir Peregrine Pickle noch einmal aufforderte, vor seinem etwas verwirrten Publikum zu sprechen.

Doch was auch immer über die alten Oberhäupter gesagt werden mag, die meisten von ihnen waren mit Sicherheit Gentlemen von Geburt und Natur. Sie sind heute vergessen, aber sie haben zu ihrer Zeit Gutes geleistet, und ein Großteil ihrer guten Arbeit ist noch heute vorhanden. Wenn ich bedenke, wer der Dekan, die Kanoniker und die Studenten waren, die ich in Christ Church traf, als ich zum ersten Mal Mitglied des Hauses wurde, müsste ich einen ganz anderen Bericht geben als den, den die Dame aus den Highlands in ihren *Memoiren* gibt. Der Dekan von Christ Church, der mich empfing, mich für den MA-Abschluss vorschlug und mir später erlaubte, Mitglied des Hauses zu werden, war Dr. Gaisford, ein echter Gelehrter, wenn auch vielleicht von der alten Schule. Er galt als sehr rau und unhöflich, aber ich kann nur sagen, dass er mir damals mehr echte Höflichkeit entgegenbrachte als jeder andere in Oxford. Er war, glaube ich, ein wenig schüchtern und geriet leicht aus der Fassung, wenn er den Verdacht hegte, dass es jemandem, insbesondere den jungen Männern, an Rücksicht fehlte. Ich kann mir gut vorstellen, dass er, als ein Student ihn ansprach und auf den Kaminvorleger trat, auf dem er stand, vielleicht sagte: „Geh runter von meinem Kaminvorleger", was so viel bedeutet wie „Halte den gebotenen Abstand". Ich kann nur sagen, dass ich ihn nie anders als freundlich und höflich empfand. Es traf sich, dass er zum Mitglied der Bayerischen Akademie ernannt worden war, und ich, obwohl noch sehr jung, hatte dieselbe Auszeichnung als Belohnung für meine Sanskrit-Arbeit erhalten, und der Dekan war ziemlich erfreut, als er das hörte. Als ich ihn fragte, ob er meinen Namen in die Bücher des Hauses eintragen würde, zögerte er sicherlich ein wenig und bat mich schließlich, am nächsten Tag wiederzukommen und mit ihm zu Abend zu essen. Ich ging, aber ich muss gestehen, dass ich ziemlich befürchtete, dass der Dekan Schwierigkeiten machen würde. Er sprach jedoch sehr nett mit mir: „Ich habe die Bücher durchgesehen", sagte er, „und ich finde zwei Präzedenzfälle für Deutsche, die Mitglieder des Hauses waren, einer mit dem Namen Wernerus und ein anderer mit dem Namen Nitzschius" oder so ähnlich. „Aber", fuhr er lächelnd fort, „selbst wenn ich diese Namen nicht gefunden hätte, hätte ich nichts dagegen gehabt, Ihren Fall als Präzedenzfall zu nutzen." Die Leute in Oxford waren erstaunt, als sie von der Höflichkeit des Dekans hörten, aber ich kann nur wiederholen, dass ich ihn immer als höflich empfunden habe.

Die meisten Hausoberhäupter baten mich, mit ihnen zu speisen, indem sie mir eine Einladung schickten. Der Dekan allein kam zuerst und besuchte mich. Ich lebte damals in einem kleinen Zimmer in der Walton Street, in dem ich arbeitete, aß und rauchte. Mein Schlafzimmer war in der Nähe, und ich stand normalerweise früh auf, rasierte mich und war gegen 11 Uhr mit der Toilette fertig. Ich war gerade in mein Schlafzimmer gegangen, um mich zu rasieren, mein Gesicht war halb mit Schaum bedeckt, als meine Vermieterin hereinstürmte und mir sagte, der Dekan habe angerufen und meine Hunde würden ihn herumziehen. Tatsache war, dass ich einen schottischen Terrier mit einem Wurf Welpen in einem Korb hatte, und als der Dekan in voller akademischer Kleidung eintrat, flogen die Hunde auf ihn zu, zogen an den Ärmeln seines Kittels und bellten wütend. Da ich mit Schaum bedeckt war, musste ich hineinstürmen, um die Hunde zu beruhigen, und in diesem Zustand musste ich den Hochwürdigsten, den Dekan, empfangen und ihm die Art der Arbeit erklären, die mich nach Oxford gebracht hatte. Es war sicherlich unangenehm, aber trotz der Unordnung in meinem Zimmer, trotz des Tabakrauchs, den der Dekan nicht billigte, lief alles gut, obwohl ich mich, wie ich gestehen muss, etwas schämte. Im selben Interview fragte mich der Dekan nach einem isländischen Wörterbuch, das Cleasby und Dasent der Presse angeboten hatten. „Sicher ist es eine kleine barbarische Insel", sagte er, „und wie können sie überhaupt Literatur haben?" Ich versuchte, so gut ich konnte, dem Dekan den Umfang und den Wert der isländischen Literatur zu erklären, und bald darauf akzeptierte die Presse, die damals der Dekan war, das Wörterbuch, das später von Dr. Vigfusson herausgebracht wurde äußerst sorgfältige und wissenschaftliche Art. Es könnte tatsächlich getrost sein Wörterbuch genannt werden, wenn man bedenkt, wie viele Wörterbücher nicht nach dem Namen des Compilers oder der Compiler, sondern nach dem ihres Herausgebers benannt werden.

Dieser Dr. Vigfusson war ein echter Charakter. Er war völlig blass und blutleer und hatte nur einen Wunsch: allein gelassen zu werden. Er kam zunächst nach Oxford, um Dr. Dasent zu unterstützen, dem Cleasby nach seinem Tod seine Sammlungen übergeben hatte; aber danach blieb er und ging davon aus, dass die Universität ihm das Wenige geben würde, das er wollte. Aber selbst das Wenige war schwierig bereitzustellen, da es keine Mittel gab, die für diesen Zweck verwendet werden konnten, so nutzlos andere Gelder auch verschwendet erscheinen mochten. Das führte zu ständigem Murren seinerseits. Immer wieder wurden Versuche unternommen, ihn zufriedenzustellen, doch keines gelang ihm ganz. Schließlich wurde er krank und starb, und als er Patient im Acland Home war, wo die Krankenschwestern alles für ihn taten, was sie konnten, sagte er mehrmals zu mir, als ich bei ihm saß, dass er in seinem Heim noch nie so glücklich gewesen sei Leben wie in diesem Zuhause. Manchmal mache ich mir selbst Vorwürfe, weil ich in Oxford nicht mehr von ihm gesehen habe. Aber er kam mir immer argwöhnisch und sehr leicht beleidigt vor, und das machte jeden freien Verkehr mit ihm schwierig und alles andere als angenehm. Vielleicht war es auch meine Schuld. Vielleicht hatte er das Gefühl, dass er genauso gut Anspruch auf eine Professur für Isländisch hätte erheben können wie ich, und vielleicht missbilligte er meine feste Stellung in Oxford, meine Unabhängigkeit und meine Freiheit. Wann immer wir zusammenarbeiteten, fand ich ihn anfangs immer angenehm, aber sehr bald wurde er eigensinnig und sensibel, tat, was ich wollte, und ich musste ihn seinen eigenen Weg gehen lassen, so wie ich meinen ging.

Ich erinnere mich an ein Abendessen mit dem berühmten Dr. Bull, Kanoniker von Christ Church, dem es zweifellos gelang, ein Abendessen zuzubereiten, das jedem französischen Koch zur Ehre gereicht hätte. Er war einer der letzten Pluralisten, und es wurden viele Geschichten über ihn erzählt. Eine Geschichte, die jedoch vollkommen wahr war, zeigte jedenfalls seinen großen Scharfsinn. Ein bekannter Bankier war jahrelang der Bankier von Christ Church gewesen. Dr. Bull, der Schatzmeister des College, musste alle Finanzgeschäfte mit ihm abwickeln. Niemand verdächtigte das Bankhaus, das er vertrat. Als Dr. Bull ihn jedoch das letzte Mal zum Abendessen einlud, war er von seinen sehr frommen und orthodoxen Bemerkungen und von dem veränderten Ton in seiner Unterhaltung beeindruckt, der einem Kanoniker von Christ Church, aber nicht einem luxuriösen Bankier aus London gepasst hätte. Ohne ein Wort zu sagen, ging Dr. Bull am nächsten Tag nach London, hob das gesamte Geld des Colleges ab, nahm alle seine Papiere von der Bank, und am Tag darauf ging die Bank zum Entsetzen Londons pleite, die Einleger verloren ihr Geld, aber Christ Church blieb unverletzt.

Ein anderer Kanoniker der Christ Church hatte zu dieser Zeit ein halbes Jahrhundert an diesem Ort verbracht und dort zweimal täglich die Lektionen gelesen. Natürlich kannte er das Gebetbuch auswendig, und solange er lesen konnte, schadete das Lesen nicht. Aber wenn sein Sehvermögen nachließ und er sich ganz auf sein Gedächtnis verlassen musste, wechselte er oft von einem Wort im Abendgebet zum selben Wort im Trauungsgottesdienst und von dort zum Begräbnisgottesdienst, wobei er gelegentlich in die Taufe verfiel . Die Folge davon war, dass er den Gottesdienst in der Kapelle nicht mehr lesen durfte, außer während der langen Ferien, wenn die jungen Männer weg waren. Ich blieb in den Ferien oft in Oxford und dachte natürlich, dass der Abendgottesdienst nie enden würde, bis ich schließlich gebeten wurde, dem Kind einen Namen zu geben, und dann ging ich nach Hause.

Ich erinnere mich, wie ich eines Sonntags in die Kapelle ging und nach Beginn der Gebete folgende Unterhaltung stattfand, die so laut war, dass man sie in der ganzen Kapelle hören konnte. Der alte Kanoniker trat ein, ihm voran ein Kirchendiener. Er ging geradewegs zu seinem Stand und als er feststellte, dass dieser von einem bekannten DD aus London besetzt war, der tief in sein Gebet vertieft war, stand er auf und sah den Eindringling an. Als dies keine Wirkung zeigte, sagte er zu dem Kirchendiener: „Sagen Sie diesem Mann, dies sei mein Stand; sagen Sie ihm, er soll verschwinden.“

Beadle: „Herzliche Grüße von Dr. A., und fragen Sie, ob Sie freundlicherweise einen anderen Stand besetzen würden."

DD: „Tut mir sehr leid, ich werde mich sofort umziehen."

Der alte Kanoniker lässt sich in seinem Stall nieder, betet weiter und ruft nach etwa zehn Minuten: „Bedler, sagen Sie diesem Mann, er soll um fünf mit mir zu Abend essen."

Beadle: „Herzlichen Glückwunsch von Dr. A., und fragen Sie, ob Sie ihm beim Abendessen um fünf das Vergnügen Ihrer Gesellschaft erweisen würden."

DD: „Es tut mir sehr leid, ich bin verlobt."

Beadle: „DD bedauert seine Verlobung."

Alter Kanoniker: „Oh, er will nicht essen!"

Die Kathedrale war sehr leer und glücklicherweise hörte nur eine kleine Gemeinde diesem Gespräch zu. Ich kann es jedoch bestätigen, denn ich saß in der Nähe und habe es selbst gehört.

Auch Bodleys Bibliothek war voller guter Geschichten, obwohl viele davon nicht der Rede wert sind. Als ich dort zu arbeiten begann, war Dr. Bandinell Bibliothekar der Bodleian. In der Bodleian zu arbeiten war damals wie in einer Privatbibliothek zu arbeiten. Man konnte so viele Bücher und Manuskripte haben, wie man wollte, und die sechs Stunden, in denen die Bibliothek geöffnet war, waren eine sehr angemessene Vergütung für so anstrengende Arbeit wie das Kopieren und Zusammenstellen von Sanskrit-Manuskripten. Ich erinnere mich noch gut an meine Freude, als ich mich zum ersten Mal an meinen Tisch neben einem der Fenster setzte, von denen man auf den Garten von Exeter hinausblickte. Es schien ein perfektes Paradies für einen Studenten zu sein. Ich muss gestehen, dass ich meine Meinung leicht geändert habe, als ich während eines strengen Winters jeden Tag ohne Feuer dort sitzen musste, zitternd und bebend und fast unfähig, meinen Stift zu halten, bis der freundliche Mr. Coxe, der stellvertretende Bibliothekar, Mitleid mit mir hatte und mir einen prächtigen Pelz brachte, den ihm ein russischer Gelehrter als Geschenk geschickt hatte, der das Elend des Bibliothekars in dieser sibirischen Bibliothek miterlebt hatte. Jetzt hat sich das alles geändert. Die Bibliothek ist so voll mit Studenten, sowohl Männern als auch Frauen, dass es schwer ist, einen Platz zu finden, ganz sicher keinen ruhigen; und es wurden allerlei Vorschriften eingeführt, die zweifellos aufgrund der großen Zahl der Leser notwendig geworden sind, die aber den Charakter des Ortes völlig verändert oder, wie manche sagen würden, verbessert haben. Über eine Verbesserung kann es jedoch keine zwei Meinungen geben. Die Bibliothek und der Lesesaal, die sogenannte Camera, sind jetzt angenehm geheizt, und die Studenten können im letzteren Raum zwölf Stunden lang ununterbrochen lesen und werden nicht wie wir durch eine Warnglocke um vier Uhr hinausgejagt. Und wehe Ihnen, wenn Sie der Warnung nicht Folge leisten. Eines Tages war ein unglücklicher Leser so in sein Buch vertieft, dass er die Glocke nicht hörte und eingesperrt wurde. Er versuchte vergeblich, durch die Fenster Aufmerksamkeit zu erregen, denn es war keine angenehme Aussicht, eine Nacht unter so vielen Geistern zu verbringen. Schließlich sah er eine einsame Frau und rief ihr zu, dass er eingesperrt sei. „Nein", sagte sie, „das sind Sie nicht. Die Bibliothek ist um vier Uhr geschlossen." Ob er die Nacht zwischen den Büchern verbracht hat, ist nicht bekannt. Hoffen wir, dass er eine weniger logische Person traf, die ihn aus seinem kalten Gefängnis befreite.

Dr. Bandinell hatte in seiner Bibliothek die Oberhand, und selbst die Kuratoren zitterten vor ihm, als er ihnen erzählte, was in der Bibliothek seit Jahren der unveränderliche Brauch war und nicht geändert werden konnte. Und seltsamerweise verfügte er immer über Geldmittel, was heute nicht mehr der Fall ist, und zwar immer dann, wenn es eine Sammlung wertvoller Manuskripte gab. Auf dem Markt war er oft stolz darauf, dass er es sich gesichert hatte, lange bevor irgendeine andere Bibliothek über das Geld verfügte. Hin und wieder ließ er sich zwar von einem glaubwürdigen Verkäufer seltener Bücher oder Manuskripte überreden, doch im Allgemeinen war er sehr vorsichtig. Er war nicht immer sehr höflich gegenüber Besuchern und noch weniger gegenüber seinen Unterbibliothekaren. Insbesondere der orientalische Unterbibliothekar Professor Reay, der alt und etwas gebrechlich war, hatte viel unter ihm zu leiden, und die Sprache, in der er herumkommandiert wurde, war so, dass man sie jetzt nicht mehr an einen Diener wenden würde. Und doch gehörte Professor Reay zu einer sehr guten Familie, obwohl Dr. Bandinell darauf bestand, ihn Ray zu nennen, und erklärte, dass er kein Recht auf das e in seinem Namen habe. Aus Rache gaben ihm einige Leute ein zusätzliches i und nannten ihn Dr. Bandinelli, was ihn sehr wütend machte, denn wie er zu mir sagte: „Er war nie einer dieser schmutzigen Ausländer gewesen." In der Bibliothek herrschte Schweigen, aber die Stimme des Bibliothekars durchbrach alle Schweigeregeln. Ich erinnere mich, als Professor Reay einmal so lange nach seiner Brille gesucht hatte, ohne die er das arabische Manuskript nicht lesen konnte, und alle gefragt hatte, ob sie sie gesehen hätten, donnerte schließlich eine Stimme durch die Bibliothek: „ Du hast deine Brille auf meinem Stuhl liegen lassen, du alter – und ich habe mich darauf gesetzt!" Es gab ein Ende mit Brillen und arabischen MSS. danach. Es gab nur zwei Männer, vor denen auch Dr. Bandinell und H. O. Coxe Angst hatten: Dr. Pusey, der einer der Kuratoren war, und später Jowett, der Meister von Balliol.

In der orientalischen Teilbibliothek war eine Stelle frei, und ein sehr angesehener junger Hebräischgelehrter, William Wright, später Professor in Cambridge, war mit Sicherheit der bei weitem beste Kandidat. Aber wie es das Unglück – ich meine das Pech für die Bibliothek – so wollte, hatte er durch einen Vortrag in Dublin Anstoß erregt, in dem er erklärte, dass die Menschen in Kanaan Semiten seien und nicht, wie in Genesis angegeben, die Kinder von Ham. Daran zweifelt heute niemand mehr, und jede neue Inschrift hat es bestätigt. Dennoch wurden große Anstrengungen unternommen, um Dr. Wright als einen äußerst gefährlichen jungen Mann darzustellen und so seine Ernennung in Oxford zu verhindern. Die Ernennung lag wirklich in den Händen von Dr. Bandinell; und nachdem ich ihm offen die Beweggründe dieser schelmischen Hetze gegen Dr. Wright erklärt und ihm versichert hatte, dass er ein Gelehrter sei und sich keineswegs dem widmete, was man damals „Freihandhabung des Alten Testaments“ nannte, versprach er es mir dass er ihn und niemanden sonst ernennen würde. Allerdings wurde er, armer Mann, gedrängt, bedroht und verängstigt, und zu meiner großen Überraschung wurde die Ernennung an jemand anderen vergeben, der zu dieser Zeit kaum Beweise für eine unabhängige Arbeit als semitischer Gelehrter erbracht hatte, obwohl er später sehr gute Leistungen erbrachte und ehrlicher Service. Ich habe meine Meinung über das Geschehene nicht verschleiert; und mehr als ein Jahr lang sprach Dr. Bandinell nie mit mir und ich auch nicht mit ihm, obwohl wir uns fast täglich in der Bibliothek trafen. Schließlich kam der alte Mann, der offensichtlich das Gefühl hatte, dass er sich geirrt hatte, zu mir und sagte mir, dass es ihm leid tue, was passiert sei, dass es aber nicht seine Schuld sei: Danach war natürlich alles vergessen. Dr. Wright stand eine weitaus brillantere Karriere offen, zunächst am British Museum und dann als Professor in Cambridge, als ihm als Unterbibliothekar in Oxford möglich gewesen wäre. Er blieb stets ein Gelehrter und beschäftigte sich nie mit Theologie.

Es gab damals eine sehr hitzige Korrespondenz, und ich erinnere mich, dass ich die Briefe lange aufbewahrt habe. Sie wollten den damaligen Stand der theologischen Meinung in Oxford zeigen; aber ich habe die Korrespondenz offenbar so sorgfältig verstaut, dass ich sie jetzt nirgendwo finden kann. Lass es vergessen und vergeben werden.

Viele, wenn nicht alle der Geschichten, die ich in diesem Kapitel niedergeschrieben habe, sind vielleicht legendär, und natürlich verlieren sie an Bedeutung, je nachdem, von wem sie erzählt werden. Wer hat nicht in meiner Jugend verschiedene Versionen der Geschichte eines bekannten Kanonikers der Christ Church gehört, der beim Rudern auf dem Fluss sah, wie ein Ertrinkender sein Boot festhielt und es beinahe zum Kentern brachte. „Zum Glück“, erklärte er, „hatte ich meinen Regenschirm dabei und war geistesgegenwärtig genug, ihm auf die Finger zu schlagen. Er ließ los, sank und stieg nie wieder auf." Ich nehme an, niemand hätte für die Wahrheit dieser Geschichte gebürgt, aber sie wurde so oft erzählt, dass sie dem alten Herrn einen Spitznamen einbrachte, der ihm für immer anhaftete.

Ich könnte noch mehr Oxford-Geschichten hinzufügen, aber es scheint fast unhöflich, dies zu tun, und ich könnte in den meisten Fällen nur *relata refero sagen* . Als ich zum ersten Mal hierher kam, waren Oxford und die Oxforder Gesellschaft für mich so seltsam, dass ich wahrscheinlich viele ähnliche Geschichten als Evangeliumswahrheit akzeptierte. Meine jungen Freunde haben mich in dieser Hinsicht kaum fair behandelt. Ich hatte viele Fragen zu stellen, und meine Freunde fanden es offensichtlich sehr lustig, mich zu ärgern und mir Geschichten zu erzählen, die ich natürlich glaubte, denn es gab viele Dinge, die mir sehr seltsam vorkamen, und doch waren sie wahr und ich musste glauben ihnen. Die Existenz von Fellows, die zwischen 300 und 800 Pfund pro Jahr als bloße Pfründe auf Lebenszeit erhielten, sofern sie nicht heirateten, erschien mir zunächst völlig unglaublich. In Deutschland war die Ausbildung an öffentlichen Schulen und Universitäten so günstig, dass selbst die Ärmsten es schaffen konnten, das zu bekommen, was sie für die höchsten Anstellungen brauchten, insbesondere wenn sie eine Ausstellung oder ein Stipendium ergattern konnten. Aber nachdem ein Mann seine Prüfungen bestanden hatte, hatte das Land oder die Regierung nichts mehr mit ihm zu tun. „Schwimmen oder ertrinken" lautete überall die Devise; und es war nur natürlich, dass die ersten Jahre des Berufslebens, sei es als Anwalt, Mediziner oder Geistlicher, Jahre großer Selbstverleugnung waren. Aber es waren auch Jahre intensiver Kämpfe, und die Jahre des Hungers sollen für eine Menge hervorragender Arbeit gesorgt haben, um den Weg zu einer besseren Beschäftigung zu ebnen. Die Vorstellung, dass das Land, nachdem es seine Pflicht erfüllt hatte, Schulen und Universitäten bereitzustellen, Krücken für Männer bereitstellen würde, die selbst laufen lernen sollten, war für mich unverständlich, insbesondere als mir gesagt wurde, wie viel Geld das Land jährlich ausgibt Hochschulen bei der Zahlung dieser Stipendien, ohne dass *dafür eine Gegenleistung verlangt wird* .

Nachdem ich das und einige andere mir unverständliche Dinge in Oxford einmal geglaubt hatte, war ich bereit, fast alles zu glauben, was meine Freunde mir erzählten. Es gibt zum Beispiel einige berühmte Steinbilder rund um das Theater und das Ashmolean Museum. Sie sind abscheulich, denn der Sandstein, aus dem sie gemacht sind, ist immer wieder zerbröckelt, aber selbst als sie restauriert wurden, wurde derselbe spröde Stein verwendet. Sie haben die Form von Hermen und wurden von keinem Geringeren als Sir Christopher Wren entworfen. Als ich fragte, wozu sie gedacht seien, versicherte man mir ganz ernsthaft, dass es sich um Bilder ehemaliger Hausherren handele. Ich glaubte es, obwohl ich meine Überraschung darüber zum Ausdruck brachte, dass der Steinmetz, der neue Köpfe

anfertigte, während die alten kaum mehr als zwei Augen und eine Nase und
einen sehr breiten Mund zeigten, die zerbröckelnden Gesichter sorgfältig
kopierte, weil er, wie man mir mitteilte, angewiesen worden war, die früheren
Herren zu kopieren.

Es war sicherlich eine sehr verbreitete Belustigung meiner jungen
Studienfreunde, sich über die Hausoberhäupter lustig zu machen. Sie
schienen nicht den Schauer unaussprechlicher Ehrfurcht vor ihnen zu
verspüren, von dem Bischof Thorold spricht; ja, sie waren alles andere als
respektvoll, wenn sie von den Doktoren der Theologie in ihren roten
Gewändern mit schwarzen Samtärmeln sprachen. Wenn es für alte Männer
schwierig ist, junge Männer immer zu verstehen, ist es für junge Männer
sicherlich noch schwieriger, alte Männer zu verstehen. Es gibt ein sehr altes
Sprichwort: „Junge Männer halten alte Männer für Dummköpfe, aber alte
Männer wissen, dass junge Männer es sind." Obwohl ich selbst noch sehr
jung war, lernte ich einige der alten Hausoberhäupter kennen, und obwohl
sie sicherlich ihre Eigenheiten hatten, gehörten sie keineswegs alle zum
Zeitalter des Dodo. Sie genossen ihr *otium cum dignitate*, wie es sich für
Herren, Gelehrte und Geistliche gehört, und sie hatten sicherlich mehr
Respekt von den Studenten verdient, als ihnen zuteil wurde.

Bei der alljährlichen *Encaenia* wurde den jungen Männern viel Zügellosigkeit
zugestanden; und ich kenne mehrere Fremde, insbesondere Ausländer, die
über das aufrührerische Verhalten der Studenten im Theater, der Oxford
Aula, empört waren, als der Vizekanzler aufstand, um vor dem
versammelten Publikum zu sprechen. Meine erste Erfahrung damit machte
ich bei Dr. Plumptre, der, wie ich bereits sagte, sehr groß und stattlich war;
Als seine ersten Worte nicht ganz deutlich waren, riefen die Studenten:
„Sprich laut, alter Stock." Als der Direktor von Wadham, Rev. Dr. Symons,
einige hübsche junge Damen zu ihren Plätzen im Theater führte, wurde er
von den jungen Männern bedroht, die aus vollem Halse schrien: „Ich sage es
Lydia, du böser alter Mann." Jetzt war Lydia seine vortrefflichste Ehefrau.
Die Äußerungen der Studenten der *Encaenia* bzw. *Saturnalia* waren zunächst
überwiegend gutmütig und zumindest geistreich; aber schließlich wurden sie
so unhöflich, dass angesehene Männer, die die Universität mit der Verleihung
von Ehrentiteln ehren wollte, sich zutiefst beleidigt fühlten. Sir Arthur Helps
erklärte, er sei gekommen, um eine Ehre zu empfangen, und erhielt eine
Beleidigung. Ich erinnere mich gut an Rev. Dr. Salmon, der gefragt wurde,
wo er seine Hummersoße gelassen habe; Dr. Wendell Holmes wurde
angeschrien, ob er mit seinem „One Hoss Shay" über den Atlantik
gekommen sei; der Richtige Hon. W. H. Smith, Erster Lord der Admiralität,
erhielt eine Schürze und Lord Wolseley eine schwarze Uhr. In diesen
Anspielungen steckte ein gewisses Maß an Witz, und der beste Weg, den
akademischen Streit und den Aufruhr zu ertragen, war der von Tennyson,

der mir beim Herauskommen erzählte: „Er hatte die ganze Zeit das Gefühl, als stünde er auf dem Kies der Meeresküste Der Sturm heulte und die Gischt bedeckte ihn rechts und links. Nach einiger Zeit mussten diese *Saturnalien jedoch* gestoppt werden, und zwar auf merkwürdige Weise, indem den Damen unter den Studenten Plätze gewährt wurden. Es spricht für sie, dass ihre Achtung vor den Damen sie zurückhielt und sie dazu brachte, sich wie Herren zu benehmen.

Die Herrschaft der Heads of Houses, die in vollem Gange war, als ich mich zum ersten Mal in Oxford niederließ, begann zu schwinden, als man es am wenigsten erwartete. Es hatte jedoch Murren unter den Fellows und Tutoren in Oxford gegeben, die sich durch die eigenwillige Einmischung der Heads of Colleges in ihre Lehrtätigkeit gekränkt fühlten und sich möglicherweise über das Gehabe von Männern ärgerten, die an der Universität schließlich ihre Ebenbürtigen und ihnen in keiner Weise überlegen waren.

Die Gesellschaft profitierte deutlich davon, dass Fellows und Tutoren heiraten durften und dass einige der neugewählten House-Heads, die bereits Frauen und Töchter hatten, ihre Häuser öffneten und interessante Leute aus der Nachbarschaft und aus London zum Essen einluden.

Das Dekanat von Christ Church wurde nicht nur architektonisch in ein neues Gebäude verwandelt, sondern wurde unter Dr. Liddell mit seiner bezaubernden Frau und seinen Töchtern zu einem gesellschaftlichen Zentrum, das anderswo seinesgleichen sucht. Dort traf man nicht nur Mitglieder des Königshauses, den jungen Prinzen von Wales, sondern auch viele bedeutende Schriftsteller, Künstler und Politiker aus London, Gladstone, Disraeli, Richmond, Ruskin und viele andere. Ein weiteres glänzendes Haus der neuen Ära war das des Direktors von Brasenose, Dr. Cradock, und seiner fröhlichen und höchst unterhaltsamen Frau. Dort traf man oft Männer wie Lord Russell, Sir George C. Lewis, den jungen Harcourt und viele andere. Sie war die wahre Dresdner Porzellan-Marquise mit ihren unterhaltsamen Späßen, die ohne Zweifel oft ernste Hausherren und gesetzte Professoren beleidigten. Niemand kannte ihr Alter, sie war so jung; und doch war sie die Trauzeugin einer Königin gewesen, wie ich ihr einmal erzählte, von Königin Anne. Als Trauzeugin verbarg sie nie ihre eigenen besonderen Gefühle gegenüber Leuten, die nicht vorgestellt worden waren. Wenn sie allein sein wollte, schaute sie aus dem Fenster und sagte Besuchern, die vorbeikamen: „Tut mir sehr leid, aber ich bin heute nicht zu Hause." Auch das Queen's College war unter Dr. Thomson, dem zukünftigen Erzbischof von York, ein äußerst gastfreundliches Haus. Mrs. Thomson leitete es mit der ihr eigenen Anmut und echten Freundlichkeit, und ich verbrachte dort viele schöne Abende mit musikalischen Darbietungen. Aber auch hier brach manchmal der alte Sauerteig von Oxford durch. Natürlich spielten wir im Allgemeinen die Musik von Händel und anderen klassischen Autoren;

Mendelssohns Kompositionen wurden von einigen aus der alten Schule noch immer als bloßes Geschwätz angesehen. An einem dieser Abende kam der alte Organist des New College mit seinem Holzbein, nachdem er eine Probe von Mendelssohns Hymn *of Praise durchgesessen* hatte, die ich am Klavier dirigierte, auf mich zu, um mir zu danken, wie ich dachte; aber nein, er brach in einen Schwall echter und etwas grober Beschimpfungen über mich aus, weil ich es wagte, solch dürftige Musik in Oxford einzuführen. Ich fühlte mich nicht sehr schuldig und schwieg glücklicherweise, ob aus wirklicher Verwirrung oder aus einem besseren Grund, kann ich kaum sagen.

F. Max Müller,
30 Jahre alt.

Lange bevor die Kommissionen in Oxford eintrafen, schien dort ein neues Leben zu entstehen, und was früher die Ausnahme war, wurde unter den jungen Fellows und Tutoren immer mehr zur Regel. Sie erkannten, was für eine großartige Chance sie hatten, die Blüte Englands zu erziehen und die Zukunft der englischen Gesellschaft zu gestalten. Sie haben auf jeden Fall das Beste daraus gemacht, unterstützt, wie ich glaube, von der sogenannten Oxford-Bewegung, die, was auch immer danach herauskam, anfangs sicherlich durch und durch aufrichtig und gewissenhaft war. Die Tutoren sahen, dass viele der jungen Männer sich ihrer Obhut anvertrauten, und das Ergebnis war, dass es sogar diejenigen, die „schnell eingestellt" waren, für eine gute Sache hielten, einen guten Kurs zu besuchen. Ich könnte eine Reihe junger Adliger und wohlhabender Studenten erwähnen, die in meinen frühen Jahren für einen ersten Kurs lasen und ihn belegten; Und ich habe sicherlich die Erfahrung gemacht, dass diejenigen, die einen ersten Kurs belegten, im späteren Leben als herausragende und nützliche Mitglieder der Gesellschaft hervorgingen. Nicht, dass die herausragende Stellung im politischen, geistlichen, literarischen und wissenschaftlichen Leben auf die ersten Klassen beschränkt wäre, ganz im Gegenteil. Aber es kam selten vor, dass erstklassige Männer im späteren Leben wieder an die Oberfläche traten. Es mag stimmen, dass ein Erstklassiger nicht immer einen erstklassigen Mann bedeutete, aber es schien immer ein Mann zu sein, der gelernt hatte, ehrlich zu arbeiten, egal, ob er Premierminister oder Erzbischof wurde oder seine Tage in einem dieser Länder verbrachte in öffentlichen Ämtern oder sogar in einem Kontor oder einer Zeitungsredaktion.

Ich empfand es als eine hervorragende Mischung, wenn ein junger Mann nach einem guten Abschluss in Oxford ein oder zwei Jahre an einer deutschen Universität verbringen würde. Er kam in der Regel mit frischen Ideen zurück, wusste, was in den verschiedenen Studienzweigen noch zu tun war, und tat dies mit einer Beharrlichkeit, die bald zu hervorragenden Ergebnissen führte. Natürlich gab es immer die Schwierigkeit, dass junge Männer ihren Lebensunterhalt meistern wollten. Die Kirche, die Rechtsanwaltskammer und das Krankenhaus nahmen viele von denen auf, die sich in Deutschland auf eine Universitätslaufbahn gefreut hätten. Insbesondere in meinem eigenen Fach sahen meine allerbesten Schüler keinen Weg, auch nur die Unabhängigkeit zu erlangen, es sei denn, sie widmeten sich zunächst der Erlangung einer Pfarrstelle oder eines Meistertitels in der Schule; und sie stellten meist fest, dass sie, um ihre Arbeit gewissenhaft erledigen zu können, ihre Lieblingsstudien aufgeben mussten, in denen sie sicherlich hervorragende Arbeit geleistet hätten, wenn es keine *dira necessitas gegeben hätte* . Ich habe oft versucht, meine Freunde in Oxford davon zu überzeugen, die Stipendien wirklich nützlich zu machen, indem ich sie konzentrierte und fleißigen Männern die Möglichkeit gab, sich an der Universität nicht lukrativen Studien zu widmen. Aber die Meinung der Mehrheit war immer gegen das, was man spöttisch „Originalforschung" nannte, und die Stipendiengelder wurden weiterhin verschwendet, da die Bezahlung nach Ergebnissen als völlig falsches Prinzip angesehen wurde, so dass dies oft der Fall war, wie im Fall der neuen siebenjährigen Stipendien Es blieb nur die Zahlung, aber keine Ergebnisse.

All dies wurde mir jedoch erst viel später klar. Meine ersten Jahre in Oxford verbrachte ich in einem vollkommenen Taumel aus Freude und Bewunderung. Niemand kann diese Universität zum ersten Mal sehen, besonders im Frühling oder Herbst, ohne von ihr verzaubert zu werden. Für mich schien sie das reinste Paradies zu sein, und ich hätte mir kein besseres Schicksal wünschen können als das, das mir die Freundlichkeit meiner Freunde später dort sicherte.

FUßNOTEN:

[10] Wird man glauben, dass die Battels (Rechnungen) im College mit diesem Wort in Verbindung stehen?

[11] *Opere* , Hrsg. Wagner, ip 179.

KAPITEL VIII

ERSTE FREUNDE IN OXFORD

ICH WAR noch sehr jung, als ich mich in Oxford niederließ, nämlich erst vierundzwanzig; und obwohl ich gelegentlich durch Einladungen von Hausoberhäuptern und Professoren geehrt wurde, lebte ich natürlich hauptsächlich mit Studenten und Junior Fellows wie Grant, Sellar, Palgrave, Morier und anderen zusammen. Grant, später Sir Alexander Grant und Rektor der Universität Edinburgh, war ein wunderbarer Begleiter. Er hatte immer etwas Neues im Kopf und diskutierte es mit vielen Anflügen von Witz und Satire. Er besaß eine aristokratische Verachtung für alles Alltägliche oder Selbstverständliche, so dass man im Gespräch mit ihm vorsichtig sein musste. Aber er war großzügig und sein Lachen versöhnte einen mit einigen seiner scharfen Ausfälle. Wie wenig erwartet man die zukünftige Größe seiner Freunde. Sie alle scheinen uns nicht besser zu sein als wir selbst, als sie plötzlich auftauchen. Grant hatte durch seine Ausgabe der *Ethik* des Aristoteles gezeigt, was er konnte . Er wurde einer der Professoren an der neuen Universität in Bombay und trug viel zur Gründung dieser Universität bei, die von Sir Charles Trevelyan so herzlich gefördert wurde. Nach seiner Rückkehr in dieses Land wurde er zum Rektor der Universität Edinburgh ernannt. Von ihm wurde mehr erwartet, als er dieses *otium cum dignitate genoss* , aber seine Gesundheit schien unter dem entkräftenden Klima Indiens gelitten zu haben, und obwohl er die Rückkehr zu seinen Freunden am meisten genoss und sein Leben als Freund unter Freunden verbrachte, war er es starb verhältnismäßig jung und möglicherweise ohne alle Hoffnungen zu erfüllen, die in ihn gesetzt wurden. Aber er war ein durch und durch freundlicher Mann, und sein Händedruck und sein Augenzwinkern beim Treffen mit einem alten Freund werden nicht so leicht vergessen.

Sellar war ein weiterer Schotte, den ich als Student am Balliol kannte. Als ich ihn zum ersten Mal kennenlernte, machte er sich große Sorgen um seine Gesundheit und beschäftigte sich intensiv mit den üblichen Zweifeln an der Religion, insbesondere an der Anwesenheit des Bösen oder irgendetwas Unvollkommenem in dieser Welt. Er war ein ehrlicher Kerl, der seinen Freunden herzlich verbunden war; Und niemand könnte sich einen besseren Freund wünschen, der bei allen Gelegenheiten und allen Widrigkeiten zum Trotz für ihn einsteht. Danach war er glücklich verheiratet und ein nützlicher Lateinprofessor in Edinburgh. Ich blieb später in Schottland bei ihm und fand ihn immer gleich, er genoss die Gesellschaft seiner Freunde und ein Gespräch über alte Zeiten. Als ich ihn das letzte Mal sah, begann es ihm schlecht zu gehen, aber der alte Junge war immer da, selbst wenn er sich wegen seines größtenteils eingebildeten Elends unglücklich fühlte. Kurz nachdem ich ihn verlassen hatte, erhielt ich seine letzte Nachricht und den

Abschied vom Sterbebett. Uns wird gesagt, dass das alles ganz natürlich ist und worauf wir vorbereitet sein müssen – aber welche kalten Lücken es hinterlässt. Oft kehren meine Gedanken zu ihm zurück, als wäre er noch unter den Lebenden, und dann spürt man immer wieder die eigene Einsamkeit und Freundschaftslosigkeit.

Palgrave weckte bei den Studenten in Oxford große Erwartungen, aber er ließ uns einige Zeit warten. Er begann früh mit dem Büroleben in der Bildungsabteilung, und dies scheint ihn zermürbt und für andere Arbeiten ungeeignet gemacht zu haben. Er hatte eine wunderbare Gabe, zu bewundern; sein großer Held war Tennyson, und er war mehr als enttäuscht, wenn andere sich seinen uneingeschränkten Lobpreisungen des großen Dichters nicht anschlossen. Schließlich, etwas spät im Leben, wurde er zum Professor für Poesie in Oxford ernannt und hielt einige der gelehrtesten und lehrreichsten Vorlesungen. Seine Kenntnisse der englischen Literatur, insbesondere der Poesie, waren ganz erstaunlich. Ich ging sicherlich nie zu ihm, um ihm eine Frage zu stellen, die er nicht sofort und umfassend beantwortete. Einige seiner Freunde beklagten sich über seine große Sprachbeherrschung, und selbst Tennyson, so wurde mir gesagt, fand sie manchmal zu viel. Ich kann nur sagen, dass es für mich ein Vergnügen war, ihm zuzuhören. Ich schulde ihm besonderen Dank dafür, dass er meine ersten englischen Aufsätze auf die freundliche Art und Weise korrigiert hat. Er war immer bereit und unermüdlich, und ich habe seinen Korrekturen und seinen uneingeschränkten Ratschlägen sicherlich viel zu verdanken. Seine *Goldene Schatzkammer* ist zu einem nationalen Besitz geworden und spricht sicherlich sowohl für sein umfangreiches Wissen als auch für seinen guten Geschmack.

Schließlich war da noch Morier, von dem bei seiner Zeit in Balliol sicherlich niemand erwartet hatte, dass er zum britischen Botschafter in St. Petersburg aufsteigen würde. Seine frühe Ausbildung war etwas vernachlässigt worden, aber als er nach Balliol kam, arbeitete er hart, um eine anerkennenswerte Prüfung zu bestehen. Er war riesig groß, sah sehr gut aus und seine Manieren waren, wenn er wollte, äußerst charmant und attraktiv. Als Sohn eines Diplomaten hatte sein Auftreten sowohl etwas Englisches als auch etwas Ausländisches an sich, und in Oxford war er sicherlich ein allgemeiner Favorit. Sein großer Wunsch war es, in den diplomatischen Dienst einzutreten, aber als dies nicht möglich war, fand er eine Zeit lang eine Anstellung im Bildungsamt. Aber die Gesellschaft in London war zu viel für ihn, er war für die Gesellschaft geschaffen und die Gesellschaft freute sich, ihn aufzunehmen. Doch gleichzeitig fiel es ihm schwer, seinen Aufgaben im Schulamt nachzukommen, so dass er seine Stelle aufgeben musste. Die Dinge begannen ernst zu werden, als Lord Aberdeen, ein großer Freund seines Vaters, ihm glücklicherweise eine diplomatische Anstellung verschaffte; und als Morier das einmal gefunden hatte, war er in seinem Element. Er war oft fast rücksichtslos; Doch während mehrerer seiner Freunde völlig zugrunde gingen, gelang es ihm immer wieder, auf die Beine zu kommen und sich über Wasser zu halten, während andere untergingen. Als Student kam er zu mir, um mit mir Griechisch zu lesen, und ich gestehe, dass ich wegen seiner Fehler in seinen griechischen Arbeiten wie ο ἱ π ἁ θοι statt τ ἁ π ἁ θη vor seinen Prüfungen zitterte. In den Schulen schnitt er jedoch gut ab, da er wusste, wie er seine Schwächen verbergen und das Beste aus seinen Stärken machen konnte. Ich bin mit ihm durch Deutschland gereist, und als die Schleswig-Holstein-Frage aufkam, schrieb er eine Broschüre, die ihn sicherlich seine diplomatische Karriere hätte kosten können. Er bat mich um Auskunft darüber, dass die Broschüre, die den Ansprüchen Holsteins und Deutschlands in vollem Umfang gerecht wurde, von mir verfasst worden sei. Ich erhielt viele Komplimente, die ich so gut es ging abzuwehren versuchte. Glücklicherweise stand Lord John Russell Morier zur Seite und seine Prophezeiungen erwiesen sich mit Sicherheit als wahr. „Lassen Sie nicht zu, dass die Deutschen aus ihrem Schlaf erwachen und ein für sie fertiges Werk vorfinden, in dem sie sich alle einig sind." Aber die Unterzeichner des Londoner Vertrags taten genau das, wogegen Morier als Freund Deutschlands, wenn auch vielleicht nicht des künftigen Deutschlands, seine warnende Stimme erhoben hatte. Schleswig-Holsteinische *Meerumschlungen* wurden zum Schwefelhölzchen, das das Feuer der deutschen Einheit entzünden sollte, einer Einheit, die eine Zeit lang vielleicht nicht ganz das war, was England sich hätte wünschen können, das aber in der Zukunft der Fall sein sollte wird, so hoffen wir, die Sicherheit Europas und die Unterstützung Englands sein.

Moriers späterer Aufstieg in seiner diplomatischen Karriere war sicherlich äußerst erfolgreich. Er beherrschte die sehr wichtige Kunst, das Vertrauen der gekrönten Häupter und Minister zu gewinnen, mit denen er zu tun hatte. Bismarck konnte ihn allerdings nicht ausstehen und versuchte mehrmals, ihm ein Bein zu stellen. Sogar als Morier in Berlin als Legationssekretär war, bat Bismarck um seine Entlassung, aber Lord Granville lehnte es einfach ab, einen jungen Diplomaten zu entlassen, der ihm Informationen über alle Parteien in Deutschland gab und sich dazu mit Leuten abgeben musste, die Bismarck nicht guthieß. Außerdem war Morier beim Kronprinzen und der Kronprinzessin immer eine *persona grata* , und das reichte aus, um ihn bei Bismarck nicht zu mögen. Später im Leben beschuldigte Bismarck ihn, der französischen Garde private Informationen über die militärische Position der Deutschen weitergegeben zu haben, die vom englischen Hof stammten. Die Anklage war lächerlich. Morier war während des gesamten Krieges ein Sympathisant Deutschlands und nicht Frankreichs. Der englische Hof hatte keine militärischen Informationen, die er Morier übermitteln oder mitteilen konnte, und Morier war zu sehr Diplomat und Gentleman, um – falls er zufällig in den Besitz solcher Informationen gekommen war – einem Feind auf dem Schlachtfeld ein derartiges Geheimnis zu verraten. Bismarck wurde vollständig vernichtend geschlagen, obwohl sein Sohn geneigt schien, den englischen Diplomaten auf ein Duell anzustacheln. Morier stieg immer höher auf und wurde schließlich Botschafter in St. Petersburg. Als ich lachte und ihm gratulierte, sagte er: „Wer es nicht bis ganz nach oben in der Diplomatie schafft, muss ein großer Narr sein." Das war zu viel Bescheidenheit, und doch war Bescheidenheit nicht unbedingt seine Schuld; aber in Bezug auf *quam parva sapientia regitur mundus stimmte er mir zu* .

Nichts konnte vielversprechender erscheinen als die Karriere meines Freundes Morier; doch nur wenige Leute wussten, wie unglücklich er wirklich war. Er hatte einen Sohn, der in vielerlei Hinsicht das genaue Ebenbild seines Vaters war, ein Riese von Statur, sehr gutaussehend und äußerst attraktiv. Trotz allem, was wir ihm sagten, wollte er seinen Sohn nicht auf eine Privatschule in England schicken, sondern ließ ihn mit sich in den verschiedenen Botschaften, wo seine einzigen Gefährten die jungen Attachés und Sekretäre waren. Er hatte einen Privatlehrer, und als dieser erklärte, dass der junge Morier für die Universität geeignet sei, gelang es seinem Vater, ihn in Balliol unterzubringen, und empfahl ihn der besonderen Obhut des Rektors. Er lebte tatsächlich eine Zeit lang im Haus des Rektors, genoss jedoch die größte Freiheit, die ein Student in Oxford genießen kann. Sein Vater war in seinen Jungen vertieft, versuchte aber gleichzeitig, ihn durch Angst dazu zu bringen, hart zu arbeiten oder zumindest die Prüfungen zu bestehen. Alles war vergebens; der junge Morier war so nervös, dass er nie eine Prüfung bestehen konnte. Es geschah, was zu erwarten war, und der Vater musste ihn schließlich absetzen, damit er als Ehrenattaché an seiner eigenen Botschaft arbeiten konnte. Ich mochte den jungen Mann sehr, aber ich habe den Eindruck, dass seine Nervosität ihn für ernsthafte Arbeit völlig ungeeignet machte. Das Ende war unbeschreiblich traurig. Er ging zur Polizei nach Südafrika, zeichnete sich sehr aus, kam nach England zurück und starb dann auf seiner zweiten Reise zum Kap plötzlich an Bord des Dampfers. Ich habe selten so großes Elend gesehen wie das seines Vaters. Er liebte seinen Sohn und der Sohn liebte seinen Vater leidenschaftlich, aber der Vater erwartete mehr, als der Sohn körperlich und geistig leisten konnte. Daher entstanden Missverständnisse, und doch war unter der Oberfläche diese leidenschaftliche Liebe, wie die Liebe zwischen Liebenden. Als ich meinen alten Freund das letzte Mal sah, weinte und schluchzte er wie ein Kind: Sein Herz war wirklich gebrochen. Er machte noch ein paar Jahre weiter, litt sehr unter seiner Krankheit, aber schließlich starb er wirklich an seinem größten Elend. Ich kannte ihn am hellen Morgen seines Lebens, auf dem Höhepunkt seines großen Erfolgs, und zuletzt in der dunklen Nacht, wenn Licht und Leben verschwunden scheinen, wenn der Mond und alle

Sterne erloschen sind und nichts übrig bleibt als geduldiges Leiden und die Hoffnung auf einen besseren Morgen.

Wie wenig hat man davon geträumt, als wir jung waren und als ein Botschafter, ja sogar ein Professor, für uns weit außerhalb der Reichweite unseres Ehrgeizes schien. Ich könnte noch viele weitere Namen von Männern nennen, mit denen ich in Oxford in herrlichster Vertraulichkeit zusammenlebte und die später als Bischöfe, Erzbischöfe, Richter, Minister und alle anderen auftauchten. Es ist zwar ganz natürlich, dass dies bei einem Mann der Fall ist, der wie ich sein englisches Leben fast als Student unter Studenten begann. Fast alle Engländer, die eine liberale Ausbildung erhalten, müssen entweder Oxford oder Cambridge besuchen, und ich hatte zweifellos das Glück, schon so früh Bekanntschaft mit einer Reihe von Männern zu machen, die später im Leben verdientermaßen berühmt wurden. Der einzige Nachteil bestand darin, dass ich, da ich meine Freunde sehr gut kannte, später vielleicht nicht bei allen Gelegenheiten die Ehrerbietung bewahrte, die die Würde eines Botschafters oder eines Erzbischofs zu fordern berechtigt ist.

Thomson war ein guter Freund von mir, als er noch Mitglied des Queen's College war. Wir haben zusammengearbeitet, wie aus meinen Beiträgen zu seinen „*Laws of Thought*" und der Übersetzung einer vedischen Hymne hervorgeht, bei deren Erstellung er mir geholfen hat. Ich glaube, er hatte eine Art Vorfreude auf das, was auf ihn zukommen würde. Obwohl er sich eine Zeit lang, selbst als er verheiratet war, mit einem sehr kleinen Lebensunterhalt in London zufrieden geben musste, stieg er bald in der Kirche auf, zu einer Zeit, als Geistliche mit einer liberalen Denkweise keine große Chance hatten, von der Krone bevorzugt zu werden. Als Palmerston jedoch an der Spitze einer Abordnung zu Lord Palmerston gegangen war, um ihm mitzuteilen, dass Gladstones nächste Wahl zum Mitglied für Oxford zweifelhaft wurde, da alle Bistümer der Low Church-Partei – der Partei von Lord Shaftesbury – zugeteilt worden waren, erinnerte sich Palmerston an seine Er benahm sich stattlich und höflich, und als der Sitz von Gloucester vakant wurde, gab er ihm dieses Bistum, um Gladstones Anhänger zum Schweigen zu bringen. Dies war eine sehr unerwartete Bevorzugung in Oxford, aber Thomson nutzte seine Gelegenheit so gut, dass er, als das Erzbistum York vakant wurde und Palmerston Schwierigkeiten hatte, seinen eigenen oder Lord Shaftesburys Kandidaten für die Königin akzeptabel zu machen, dies vorschlug Einer der kürzlich gewählten, von der Krone anerkannten Bischöfe könnte nach York gehen und ein anderer den so frei gewordenen Sitz besetzen. Zufälligerweise wurde Thomsons Name als erster erwähnt und er wurde zum Erzbischof ernannt, wahrscheinlich einer der jüngsten Erzbischöfe, die England je gekannt hat. Er erfüllte sicherlich alle Erwartungen und erwies sich als Volkserzbischof, denn er war selbst der Sohn eines kleinen Kaufmanns, wofür er sich nie schämte, obwohl seine

Feinde es ihm nicht versäumten, es ihm in die Schuhe zu schieben. Ich gestehe, ich fühlte mich anfangs ein wenig unbehaglich gegenüber meinem alten Freund, der zuvor alle möglichen religiösen und philosophischen Probleme ganz frei mit mir besprochen hatte und jetzt Seine Gnade, der Herr Erzbischof, mit einem Palast zum Bewohnen und einem Einkommen von etwa 10.000 Pfund pro Jahr war Jahr. Doch obwohl ich als Deutscher und Freund Bunsens als eine Art Ketzer angesehen wurde, habe ich den Erzbischof nie vor seinem alten Freund erröten lassen und ihn bis an sein Lebensende immer als den gleichen empfunden, freundlich, zuvorkommend , und bereit zu helfen, obwohl es nur fair ist, sich daran zu erinnern, dass ein Erzbischof von York einer der ersten Untertanen der Königin ist und nicht alles tun oder sagen kann, was er gerne tun oder sagen möchte. Als ich ihn bitten musste, etwas für einen Freund von mir zu tun, der als Geistlicher durch seine sehr liberalen Ansichten großen Anstoß erregt hatte, tat er alles, was er konnte, auch wenn er dadurch vielleicht große Schande erlitten hätte.

Aber wenn ich an diese Männer denke, meine Freunde und Bekannten, an die ich mich als junge Männer erinnere, die zweifellos sehr fähig und fleißig waren und sich dennoch nicht so sehr von anderen unterschieden, die ihr Leben lang unbekannt blieben, ist es, als hätte ich verschlafen Jahrelang hatte ich geträumt und war dann plötzlich zu einem neuen Leben erwacht. Ich freue mich sagen zu können, dass ich bei einigen meiner Freunde immer das Gleiche gefunden habe, sei es im Hermelin oder im Rasenärmeln; andere jedoch waren leider zu etwas *geworden* , der alte Junge in ihnen war verschwunden, und außer dem Bischof, dem Richter oder dem Pfarrer war nichts mehr zu sehen.

Es war nicht meine Aufgabe, sie an ihr früheres Ich zu erinnern und sie an ihrer eigenen Identität zweifeln zu lassen, aber ich spürte oft die Wahrheit in den Reden von Matthew Arnold, der in seiner gesellschaftlichen Stellung nie über die eines Schulinspektors hinauskam und der oft lachte, wenn er sich bei großen Abendessen von Ihren Gnaden, Ihren Exzellenzen und meinen Lords umgeben sah und Gesichter wiedererkannte, die in der Schule unter ihm saßen und deren Namen in den Klassenlisten keinen so hohen Platz einnahmen wie seine eigenen. Nicht, dass Matthew Arnold unzufrieden gewesen wäre; er kannte seinen Wert, aber da er selbst nichts verlangte, ist es seltsam, dass seine Freunde nie etwas für ihn verlangten, das der Welt gezeigt hätte, dass er im Rennen nicht zurückgeblieben war. Es fällt auf, dass während seiner Zeit in Oxford nur wenige Leute in Arnold nur den Dichter oder den Mann von bemerkenswertem Genie erkannten. Ich bekam viele Briefe von ihm, aber ich habe sie nie aufbewahrt, und ich mache mir heute oft Vorwürfe, dass ich in seinem Fall, wie in anderen, Briefe als unwichtig weggeworfen hätte. Dann kam plötzlich die Zeit, als er als Dichter, als Professor der Poesie, ja später auch als Philosoph nach Oxford zurückkehrte, in der öffentlichen Meinung hoch angesehen unter den lebenden Würdenträgern Englands. Was ihm manchmal vorgeworfen wurde, war sein Mangel an Ernsthaftigkeit. Ein Lachen seiner Zuhörer oder Leser schien ihm mehr wert zu sein als ihr ernsthafter Widerspruch oder ihre überzeugte Zustimmung. Er vertraute wie andere auf *Persiflagen* , und das Ergebnis war, dass die Leute, wenn er versuchte, ernst zu sein, nicht vergessen konnten, dass er sich jederzeit umdrehen und lächeln und es ablehnen könnte, für „ *au grand sérieux" gehalten zu werden* . Die Leute wissen nicht, was für ein gefährliches Spiel diese französische *Persiflage* ist, besonders in England, und wie schwierig es wird, sie später gegen echte Ernsthaftigkeit einzutauschen.

Diese frühen Tage in Oxford waren für mich strahlende Tage, und jetzt, wo diese jungen und alten Gesichter, ob Studenten oder Erzbischöfe, wieder vor mir auftauchen und ich fast der Einzige bin, der von dieser glücklichen Gesellschaft noch übrig ist, frage ich noch einmal: „Haben sie das?" gehören auch nur einem Traumland an, die meinem Leben Leben gegeben und England zu meiner wahren Heimat gemacht haben?" Als ich sie zum ersten Mal in Oxford sah, war ich eigentlich ein Student, obwohl ich meinen Doktortitel in Leipzig gemacht hatte. Tatsächlich lebte ich mein glückliches Universitätsleben noch einmal, und es wäre schwer zu sagen, welche akademischen Jahre mir mehr Spaß gemacht haben, die in Leipzig und Berlin oder die in Oxford. Es gab Zwischenjahre in Paris, aber während meines Aufenthalts dort habe ich nur wenig von Studenten und dem Studentenleben gesehen. Ich war zu sehr von Sorgen und Ängsten um meine Gegenwart und Zukunft bedrückt, als dass ich viel über Gesellschaft und Vergnügen nachgedacht hätte. In Oxford waren diese Sorgen weitaus geringer geworden, und ich konnte durch harte Arbeit so viel Geld verdienen, wie ich wollte und ausgeben wollte. In Paris war ich bereits so etwas wie ein Gelehrter und Schriftsteller; in Oxford wurde ich erneut zum Bachelor.

Diese junge Gesellschaft, in die ich aufgenommen wurde, war sicherlich äußerst attraktiv, auch wenn es mir damals nie auffiel, dass sie die Keime zukünftiger Größe in sich trug. Was mir auffiel, war der allgemeine Ton des Gesprächs. Natürlich, wie Lord Palmerston von sich selbst sagte, als er nicht mehr ganz jung war: „Jungen bleiben Jungs", aber in ihrer Unterhaltung gab es nie etwas Unhöfliches oder Vulgäres, und ich hörte kaum jemals eine beleidigende Bemerkung unter ihnen. Die meisten meiner Freunde kamen aus Balliol und waren ernsthafte Männer, von denen viele von religiösen, philosophischen und sozialen Problemen beschäftigt und geplagt waren.

Was mich am meisten wunderte, war das völlige Fehlen von Duellen. Gelegentlich kam es zu Streitereien und groben Worten, die unter deutschen Studenten nur ein Ergebnis haben konnten – ein Duell. Aber in Oxford entschuldigte sich ein Mann entweder sofort oder am nächsten Morgen, und die Sache war vergessen, oder, wenn sich ein Mann als Schuft oder Snob erwies, wurde er einfach fallengelassen. Ich möchte die Studentenduelle in Deutschland nicht pauschal verurteilen. Wenn man bedenkt, wie gemischt die Gesellschaft an deutschen Universitäten ist und wie vollkommene Gleichheit unter ihnen herrscht – zu meiner Zeit nannten sie sich alle „Du" –, brauchte der Sohn eines Gentlemans irgendeine Art von Schutz vor dem Sohn eines Metzgers oder Tagelöhners. Boxen und Faustkämpfe waren unter Studenten völlig verboten, so dass einem jungen Studenten, der den Beleidigungen eines jungen Grobians entgehen wollte, nichts anderes übrig blieb, als ihn herauszufordern. Sobald eine Herausforderung ausgesprochen wurde, hörten alle Beschimpfungen sofort auf, und die Macht der öffentlichen Meinung an den Universitäten war so groß, dass kein weiteres Wort der Beleidigung mehr fiel. Auf diese Weise wird viel Unheil verhindert. Außerdem werden alle Vorkehrungen getroffen, um tödliche Unfälle zu vermeiden, und ich glaube, dass es auf der *Mensura weniger schwere Unfälle* gibt als auf dem Jagdfeld in England. Als ich in Leipzig war, wo wir im Laufe des Jahres mindestens vierhundert Duelle hatten, ereigneten sich nur zwei tödliche Unfälle, und es waren tatsächlich Unfälle, wie sie sogar beim Fußball passieren können. Natürlich kann man sich bei Duellen nie verteidigen, aber um gute Manieren zu wahren und auch um den Charakter eines Mannes hervorzubringen, scheinen diese akademischen Duelle nützlich zu sein. So gering die Gefahr auch sein mag, sie schreckt den Feigling ab und hält den Feigling zurück. Trotzdem kann das, was in England passiert ist, mit der Zeit auch in Deutschland passieren, und die Menschen werden aufhören zu glauben, dass es unmöglich ist, ihre Ehre ohne ein Stück Stahl oder eine Pistole zu verteidigen. Das Letzte, was ein deutscher Student in einem Duell tun möchte, ist, seinen Gegner zu töten. Deshalb sind Pistolenduelle, die im Allgemeinen von Theologiestudenten bevorzugt werden, da sie mit einem über und über vernarbten Gesicht nicht so leicht ihren Lebensunterhalt verdienen können, im Allgemeinen am harmlosesten – abgesehen vielleicht von den Sekundenkämpfen.

Bevor ich dieses Kapitel abschließe, möchte ich noch ein paar Worte zu den Eindrücken sagen, die die theologische Atmosphäre von Oxford im Jahr 1848 auf mich machte und die mich auch heute noch mit Staunen und Erstaunen erfüllt.

Als ich nach Oxford kam, wurde ich einerseits Stanley und andererseits Manuel Johnson wärmstens empfohlen – eine merkwürdige Mischung. Johnson, der Beobachter, war äußerst freundlich und gastfreundlich zu mir. Er war ein freundlicher Mann, voller Liebe, vielleicht ein wenig schwach, aber durch und durch ehrlich, nein, offensichtlich. Ich traf in seinem Haus fast alle Führer der High Church-Bewegung, obwohl ich Newman selbst nie traf, der damals bereits zu seinem Rückzugsort in Littlemore gekommen war. Andererseits empfing Stanley mich als Freund von Bunsen, Frederick

Maurice und Julius Hare mit offenen Armen, und da ich direkt aus der Februarrevolution von 1848 kam, war er voller Interesse und Neugier, von mir zu erfahren, was ich hatte in Paris gesehen.

Anfangs wusste und verstand ich nichts von der Bewegung, sei sie kirchlich oder theologisch, die damals in Oxford stattfand. Ich speiste fast jeden Sonntag bei Johnson, und bei seinen Abendessen und Gartenpartys am Sonntagnachmittag traf ich Männer wie Church, Mozley, Buckle, Palgrave, Pollen, Rigaud, Burgon und Chrétian, die mir großen Respekt einflößten, sowohl wegen ihrer Gelehrsamkeit als auch wegen dem, was ich von ihrem Charakter erfuhr. Stanley, Froude und Jowett hingegen erwiesen sich als wahre Freunde, indem sie mir das Gefühl gaben, zu Hause zu sein, und mich in die Geheimnisse des Ortes einweihten. Es herrschte jedoch eine merkwürdige Zurückhaltung auf beiden Seiten, und erst durch plötzliche Einblicke wurde mir klar, dass diese beiden Gruppen völlig gespalten, ja sogar gegensätzlich waren und sehr unterschiedliche Ideale verfolgten.

Ich war an einer deutschen Universität gewesen, und das historische Studium des Christentums war mir ebenso vertraut wie das Studium der römischen Geschichte. Professoren, die ich als große, unbedingt vertrauenswürdige Autoritäten angesehen hatte, wie Lotze und Weisse in Leipzig, Schelling und Michelet in Berlin, hatten mich, nachdem sie zunächst eine gewisse Überraschung hervorgerufen hatten, in der festen Überzeugung zurückgelassen, dass die Das Alte und das Neue Testament waren historische Bücher und mussten nach denselben kritischen Grundsätzen behandelt werden wie jedes andere antike Buch, insbesondere die heiligen Bücher des Ostens, von denen damals so wenig bekannt war und von denen auch ich bis dahin nur sehr wenig wusste; Es reichte jedoch aus, um zu sehen, dass sie nichts anderes enthielten als das, was unter den gegebenen Umständen enthalten sein konnte: Überlieferungen extremer Antike, gesammelt von Männern, die alles zusammentrugen, was ihrer Meinung nach für die Bildung des Volkes nützlich sein würde. Alles wie Offenbarung im alten Sinne des Wortes, der Glaube, dass diese Bücher von der Gottheit mündlich mitgeteilt worden waren oder dass das, was in ihnen als Wunder erschien, als historisch real akzeptiert werden konnte, einfach weil es in diesen heiligen Büchern aufgezeichnet war, war es für mich ein Standpunkt, der längst vergessen ist. Die Fragen, die mich beschäftigten, waren, welchem Datum diese Bücher, so wie wir sie haben, zuzuordnen sind, welche Teile davon für uns von Bedeutung waren, welche einfachen Wahrheiten sie enthielten und was ihnen hinzugefügt wurde von späteren Sammlern. Ich erinnere mich noch gut daran, wie ich, bevor ich nach Oxford ging, mit Bunsen über das Vorwort zu meinem Rig-Veda sprach und den Ausdruck „die großen Offenbarungen der Welt" verwendete. Er, der vollkommen verstand, was ich meinte, warnte mich in seinem laute und warme Stimme: „Sag das nicht in Oxford." Ich konnte keinen Schaden erkennen, auch nicht Bunsen, noch seinen Sohn, der ein Mann aus Oxford und Geistlicher der Kirche von England war; aber mir wurde gesagt, dass ich missverstanden werden sollte. Ich wusste viel zu wenig, um mir vorstellen zu können, dass ich das Recht hatte, über das zu sprechen, was in mir gärte und wuchs. Während meines Aufenthalts in Leipzig und Berlin und später im Verkehr mit Renan und Burnouf waren mir die Prinzipien der historischen Schule recht vertraut geworden, aber die Anwendung dieser Prinzipien auf die frühe Religionsgeschichte war eine andere Sache. Inwieweit das Alte und das Neue Testament den von Niebuhr aufgestellten kritischen Tests standhalten würden, war während meiner Zeit in Paris häufig Gegenstand von Kontroversen zwischen dem jungen Renan und mir. Obwohl ich ihm bei seiner Rekonstruktion der Geschichte der Juden und der jüdischen Religion sowie der frühen Christen und der christlichen Religion nicht zustimmte, stimmte ich ihm im Prinzip zu und hatte nur Einwände gegen seine zu freie und zu idyllische Rekonstruktion derselben große religiöse Bewegungen. Außerdem beschäftigte ich mich damals vor allem mit philosophischen Studien, vor allem mit der Untersuchung der Grenzen unseres Wissens im kantischen Sinne des Wortes, des Ursprungs des Denkens und der Sprache, der ersten schwankenden und halbmythologischen Schritte von Sprache bei der Suche nach Ursachen oder göttlichen Agenten. Dies alles beschäftigte mich weit mehr als das Zeitalter des Vierten Evangeliums und seine Stellung neben den synoptischen Evangelien. Ich hatte mit Schelling und Schopenhauer gesprochen, und so wenig ich all ihre Lehren schätzte oder verstand, blieben in meinem Kopf gewisse Hoffnungen zurück, die mich weit über die historischen Grundlagen des Christentums hinausführten. Was können wir wissen? war die Frage, die ich Renan oft gleich zu Beginn unserer Gespräche und Kontroversen stellte. Dass es in den Lehren und Predigten Christi große Wahrheiten gab, war Renan immer bereit zuzugeben, aber während es mich interessierte, wie die von Christus verkündeten Wahrheiten in seinem Geist und zu dieser Zeit in der Geschichte der Menschheit entstanden sein konnten, Renans Augen waren immer auf die Beweise gerichtet und auf das, was wir noch über die frühe Geschichte des Christentums und seines Gründers wissen konnten. Ich konnte nicht leugnen, dass wir historisch gesehen sehr wenig über das Leben, die Arbeit und die Lehren Christi wussten; aber gerade aus diesem Grund bezweifelte ich, dass wir berechtigt wären, unsere Interpretation und Rekonstruktion den Fragmenten zu geben, die uns von der wahren Geschichte des Lebens und der Lehre Christi hinterlassen wurden. Dieser Meinung bin ich ein Leben lang treu geblieben. Ich forderte für jeden Menschen die Freiheit, an seinen eigenen Christus zu glauben, aber ich lehnte Renans idyllischen Christus ebenso ab, wie ich dagegen war, dass Niebuhr die Leinwand der antiken römischen Geschichte mit den Figuren seiner eigenen Fantasie füllte.

Als ich nach Oxford kam, dachte ich natürlich, diese Dinge seien jedem bekannt, so sehr sie auch einer sorgfältigen Korrektur bedürfen mögen. Und ich zweifle nicht daran, dass einige meiner Freunde, die große Theologen waren, sie besser kannten als ein junger Orientalist wie ich. Aber wenn ich mich nicht mit diesen Themen unterhielt, und das war vor allem bei meinen Freunden von der Stanley-Gruppe der Fall, fühlte ich mich nicht dazu berufen, etwas zu predigen, was meiner Meinung nach jeder ernsthafte Student genauso gut und wahrscheinlich sogar viel besser wusste als ich, obwohl er aus dem einen oder anderen Grund vielleicht lieber darüber Stillschweigen bewahren wollte.

Was war meine Überraschung, als ich herausfand, dass die meisten dieser hervorragenden und wirklich gelehrten Männer sich viel stärker für rein kirchliche Fragen interessierten, für die Gültigkeit anglikanischer Orden, für das Tragen von Talaren oder Chorröcken auf der Kanzel, für die Frage der Kerzenleuchter und Kniebeugen. „Was hat das alles mit wahrer Religion zu tun?" Ich habe einmal zu dem lieben Johnson gesagt. Er lachte mit seinem freundlichen Lachen, blies den Rauch seiner Zigarre weg und sagte: „Oh, das verstehst du nicht!" Aber ich habe es verstanden, und zwar viel mehr, als er erwartet hatte. Wirklich religiöse Männer, dachte ich, könnten sich mit Weihrauch und Kerzenleuchtern vergnügen, vorausgesetzt, sie würden ihre Nachbarn nicht beleidigen. Es schien mir auch ganz natürlich, dass Männer wie Johnson mit einer Vorliebe für Kunst das römische Ritual dem einfachen und manchmal eher schlichten Gottesdienst der anglikanischen Kirche vorziehen sollten, aber auch Dinge wie Weihrauch und Räuchergefäße, Chorrock und Gewand Man kann sie so auffassen, wie sie sind, als Utensilien, als Werk von Menschen, als Ergebnis persönlicher und lokaler Einflüsse, zweifellos als Gottesdienst, aber nicht als Dienst an Gott. Gott muss durch sehr unterschiedliche Dinge gedient werden, und es besteht die Gefahr, dass das Formale über das Wesentliche siegt, die Gefahr der Vergötterung von Symbolen als Realitäten, wenn den äußeren Formen der Anbetung und des Gottesdienstes zu viel Bedeutung beigemessen wird.

Die Gültigkeit der anglikanischen Orden wurde im Observatorium oft diskutiert, und ich erregte zweifellos großen Aufruhr, als ich in meinem unvollkommenen Englisch offen erklärte, dass ich Luther für einen besseren Kanal zur Übertragung des Heiligen Geistes hielte als einen Caesar Borgia oder selbst einen Wolsey. Jedenfalls konnte ich mich nicht dazu durchringen, die Bedeutung solcher Fragen zu erkennen, wenn nur das Herz aufrichtig war und wenn unser ganzes Leben tatsächlich ein echtes und beständiges Leben mit Gott und in Gott war. Das ist, was ich ein wahrhaft religiöses und wahrhaft christliches Leben nannte. Was mir besonders auffiel, sowohl bei Newman als auch bei denen, die ich bei Jowett und Froude traf, war ein merkwürdiger Mangel an Offenheit und Männlichkeit bei der Diskussion dieser einfachen Fragen, einfach, wenn nicht durch kirchliche Theorien kompliziert. Wenn in Iffley über Newman gesprochen wurde, geschah dies in gedämpften Tönen, und als Gerüchte über seine Übersiedlung nach Rom seine Freunde in Oxford erreichten, schien ihre Bestürzung der von Leuten zu ähneln, die am Sterbebett eines Freundes wachen. Es tut mir leid, dass ich damals nichts von Newman sah; als ich später mit ihm in seinem Arbeitszimmer in Birmingham saß, war er offensichtlich der Kontroversen müde und nicht gewillt, Fragen wieder aufzuwerfen, die für ihn ein für alle Mal geklärt oder wenn nicht geklärt, so doch jedenfalls abgeschlossen und aufgegeben waren. Ich konnte mir nie ein klares Bild von dem Mann machen, so sehr ich auch seine Predigten bewunderte; sein Bruder und seine eigenen Freunde berichteten so unterschiedlich von ihm. Dass er sogar in Littlemore noch seiner eigenen Nationalkirche treu blieb und nur bestrebt war, sie ihrem alten, möglicherweise römischen Vorbild anzunähern, kann kaum bezweifelt werden. Als er von Littlemore an seinen Freund De Lisle schrieb, hatte er keinen Grund, mit der Wahrheit zu sparen. De Lisle hoffte, dass Newman sich bald offen der römisch-katholischen Kirche anschließen würde, aber Newman antwortete: „Erlauben Sie mir, ehrlich zu Ihnen zu sein und eines hinzuzufügen. In mir kommt das beunruhigende Gefühl auf, dass solche Zeichen der Freundlichkeit Ihrerseits auf dem Glauben beruhen, ich würde mich wahrscheinlich jemals Ihrer Gemeinschaft anschließen ... Ich muss Ihnen also mit aller Aufrichtigkeit versichern, dass ich nicht den Schatten einer inneren Bewegung in Richtung eines solchen Schrittes kenne. Solange Gott bei mir ist, wo ich bin, werde ich ihn nirgendwo anders suchen. Ich könnte fast mit den Worten der Heiligen Schrift sagen: „Wir haben den Messias gefunden!“ ...“

Wie wahr das ist, und doch ging derselbe Newman zur unreformierten Kirche über, weil der Erzbischof von Canterbury Bunsens Vorschlag eines englisch-deutschen Bistums in Jerusalem gebilligt hatte, ganz ohne zu wissen, dass Synesius auch Bischof von Ptolemais gewesen war. Ich sage noch einmal: Was haben solche Dinge mit wahrer Religion zu tun, von der wir im Neuen Testament lesen, als einem Ideal, das in unserem Leben auf Erden verwirklicht werden soll? Und so geschah es, dass ich zur gleichen Zeit von Familien wusste, die durch Newmans Einfluss unglücklich geworden waren, von jungen Mädchen, Töchtern engstirniger Anglikaner, die nach Rom übergesiedelt wurden, von jungen Männern in Oxford mit ihrem schlechten Gewissen, das unter Newmans direkter oder indirekter Führung nur in Rom enden konnte. Newmans Einfluss muss außergewöhnlich gewesen sein; der Ton, in dem Leute, die sich von ihm lösen wollten, die ihn tatsächlich verlassen hatten, von ihm sprachen, schien vor Ehrfurcht zu beben. Ich würde alles dafür geben, ihn damals gekannt zu haben, als ich ihn nur durch seine Schüler kannte. Sie wurden auf verschiedene Weise gefangen. Ich kenne einen, einen brillanten Schriftsteller, den Newman mit dem Schreiben einiger Heiligenleben betraut hatte . Er tat dies mit großem Fleiß, gelangte jedoch im Laufe seiner Nachforschungen zu der Überzeugung, dass seine Heiligen kaum etwas wirklich Historisches an sich hatten und dass die ihnen zugeschriebenen Wunder fade waren und Erfindungen ihrer Freunde sein konnten; solche Legenden, so meinte er, würden auf englischem Boden keine Wurzeln schlagen, jedenfalls nicht in der heutigen Generation. Daher teilte er Newman mit, dass er sein Versprechen nicht halten könne oder dass er, wenn er es doch täte, die Wahrheit sagen und den Leuten sagen müsse, was sie über diese Heiligen glauben könnten und was an den Berichten über ihr Leben reine Phantasie sei. Und was war Newmans Antwort? Er respektierte die Skrupel des jungen Mannes nicht, ermutigte ihn jedoch, weiterzumachen, weil, wie er sagte, die Leute nie mehr als die Hälfte dieser Heiligenleben glauben würden und dass sich daher auch einige dieser unbewiesenen Legenden als nützlich erweisen könnten, und sei es nur als eine Art Ballast.

„Ich freue mich, von Ihrem Erfolg zu hören", schreibt er am 21. August 1843. „Was St. Grimball betrifft, müssen wir natürlich mit solchen Mängeln rechnen; wo Materie gefunden wird, ist alles Gewinn, und es gibt eine Menge Leben zusammenzustellen, wie Sie sehen werden, wenn Sie die gesamte Liste sehen.

„Ich bin eher dafür, die Wunder *einzufügen* (natürlich diskret und in Auswahl), für die Sie keine guten Beweise haben. (1) Sie sind schön, sagen Sie, und werden in der Erzählung erzählen. (2) Als nächstes können Sie sagen, dass die Beweise schwach sind, und das wird den anderen, von denen Sie sagen, dass die Beweise stark sind, Glaubwürdigkeit verleihen. Die Leute werden nie *so weit gehen* wie Ihre Erzählung. Reduzieren Sie sie auf das, was wahr ist, und sie werden einen Teil davon nicht glauben ; fügen Sie diese Legenden ein, und sie werden die Wahrheit auf Kosten dessen verstärken, was wahr sein mag, aber nicht gut belegt ist."

Ich gestehe, ich kann nicht ganz folgen. Wenn ein Mann wie Newman an diese Heiligen und ihre Wunder glaubte, würde sein Flehen verständlich werden, aber aus diesem Brief scheint hervorzugehen, dass er das nicht tat, und dennoch versuchte er, seinen jungen Freund zu überreden, weiterzugehen und das Unkraut nicht zu sammeln, „damit er nicht den Weizen mit ihnen ausreißt. Lasst beides zusammen wachsen bis zur Ernte." Ich urteile nicht gern, aber ich bezweifle, dass diese Art der Lehre die gesunde moralische Faser des Gewissens eines Mannes hätte stärken und ihn dazu bringen können, sich ganz auf seinen Sinn für die Wahrheit zu verlassen. Und doch war dies der Mann, von dem man einst sagte, er habe die besten Geister Oxfords mit sich nach Rom gezogen. Dies war der Mann, dem einige der besten Geister Oxfords alles beichteten, was sie zu beichten hatten, und das konnte sehr wenig gewesen sein, und von dem sie mit gedämpftem Flüstern als dem Apostel sprachen, der allen Glauben wiederherstellen und die anglikanischen Schafe in die römische Herde zurückbringen würde.

Ich sah und hörte alles, was vor sich ging, die aufgeschobenen Hoffnungen, die geheimen Besuche in Littlemore, die Gerüchte und mehr als Gerüchte über Newmans Abfall. Die Hingabe einiger dieser Anhänger war so groß, dass sie Tag für Tag eine große Katastrophe oder einen großen Sieg erwarteten, denn nach der Veröffentlichung so vieler Briefe, die damals von Wiseman, Manning, De Lisle und anderen geschrieben wurden, kann es kaum Zweifel geben, dass eine große Bekehrung oder Abkehr Englands zur römischen Kirche voll und ganz erwartet wurde. De Lisle schreibt: „England befindet sich derzeit mitten in einer großen religiösen Revolution, diesmal zurück zum Katholizismus und zum römischen Stuhl als seinem wahren Zentrum ... die besten Freunde Roms in der anglikanischen Kirche müssen weiterhin auf der Hut sein." Solche Worte haben nur eine Bedeutung, und wenn Newman von einer großen Zahl seiner Oxforder Freunde gefolgt wäre, hätten die Folgen für England wirklich äußerst schrecklich sein können. Doch hier kam zweifellos das englische Nationalgefühl ins Spiel. Was England unter der römischen Kirchenherrschaft gelitten hatte, war noch nicht ganz vergessen, und die Vorstellung, dass ein ausländischer Potentat und eine ausländische Priesterschaft die höchsten Interessen der Nation beeinträchtigen könnten, war glücklicherweise nach wie vor abstoßend, nicht nur für einen großen Teil der Geistlichkeit, sondern auch für einen noch größeren Teil der Laien. Es erschien mir sehr merkwürdig, dass so viele von Newmans Anhängern den unpatriotischen Charakter ihrer Agitation nicht erkannten. Entweder Unterwerfung unter Rom oder Bürgerkrieg im eigenen Land war das unvermeidliche Ergebnis dessen, was sie im Observatorium ganz unschuldig diskutierten, und so wenig ich ihre Pläne für die Zukunft verstand, war ich doch oft überrascht über das, was für mich wie sehr unpatriotische Äußerungen klang.

Eine andere Sache, die mir als völlig unenglisch erschien und die von den Historikern dieser Bewegung oft erwähnt wurde, war der seltsam geheime Charakter der Agitation. Was hat ein Engländer zu befürchten, wenn er offen gegen das protestiert, was er in Kirche oder Staat missbilligt? Aber Newmans Freunde in Oxford verhielten sich tatsächlich, wie oft gesagt wurde, wie so viele unartige Schuljungen oder wie Verschwörer, und doch waren sie weder das eine noch das andere. Eine sehr ähnliche Anklage wurde jedoch gegen die liberale Partei erhoben. Sie schienen ebenfalls zu denken, dass sie sich außerhalb der Grenzen befanden, und taten im Geheimen, was sie nicht wagten, offen zu tun. Es ist bekannt, dass ein Freund von Newman, der später Katholik wurde, in seinem Schlafzimmer im College eine kleine Kapelle mit Bildern, Kerzen und Geißelinstrumenten einrichten ließ. Niemand durfte diesen Raum sehen, bis eines Abends, als sich der Geißler nach dem Abendessen zurückgezogen hatte und eingeschlafen war, die Diener ihn vor dem Altar liegend fanden. Ihm blieb also nichts anderes übrig, als seine komfortablen College-Zimmer gegen die weniger komfortable Zelle eines römischen Klosters einzutauschen, und seine neuen Freunde taten wenig, um ihm den Abend seines Lebens heiter und sorgenfrei zu gestalten. Diese Dinge waren in Oxford bekannt und wurden besprochen, und zwar im Allgemeinen mit allem anderen als der Ernsthaftigkeit, die das Thema meiner Meinung nach erforderte. Auch im Observatorium wurde Wert darauf gelegt, sonntags nachmittags Spiele wie Boccia im Garten abzuhalten und so die strikte Einhaltung des Sabbats zu umgehen, ohne offen zu versuchen, ihm den Charakter zurückzugeben, den er in römisch-katholischen Ländern hatte.

Die deutsche Theologie wurde als eine Art verbotene Frucht bezeichnet, als ob es ihnen nicht recht wäre, sie anzusehen, zu kosten oder zu untersuchen. Sogar Jahre später hatten die Leute Angst, Professor Ewald, Bischof Colenso und andere sogenannte Ketzer in meinem Haus zu treffen. Sie fielen sogar bei einer Abendgesellschaft über den armen Ewald her. Ewald wohnte bei mir und arbeitete hart an einigen hebräischen Manuskripten in der Bodleian. Er war damals schon ein alter Mann, aber in seiner Erscheinung ein mächtiger und ehrwürdiger Verfechter. Er ist der einzige Mann, an den ich mich erinnere, der, nachdem er zwölf Stunden lang in der Bodleian hebräische Manuskripte kopiert hatte und nichts als ein Sandwich zum Essen hatte, sich über die kurze Zeit beschwerte, die ihm dort zum Arbeiten zur Verfügung stand. Er kam sehr müde zum Abendessen nach Hause, und als das Gespräch oder vielmehr die Auseinandersetzung zwischen ihm und einigen unserer jungen liberalen Theologen begann, sprach er nur in kurzen, prägnanten Sätzen. Er hielt sich für vollkommen orthodox, ja, für eine der Säulen der Religion in Deutschland, und legte das Gesetz mit unbeirrter Überzeugung dar. Soweit ich mich erinnern kann, beantwortete er eine Reihe von Fragen über den heiligen Paulus und was er von Christus, dem Königreich Christi und dem kommenden Leben hielt. Als er von seinen verschiedenen Fragestellern belästigt und in die Enge getrieben wurde und schließlich gefragt wurde, woher er die geheimen Gedanken des heiligen Paulus kenne, rief er laut aus: „Ich weiß es durch den Heiligen Geist." Hier endete das Gespräch natürlich und der arme Ewald durfte sein Abendessen in Ruhe beenden. Er war Professor in Bonn gewesen, als Pusey als junger Mann dorthin kam, um Hebräisch zu studieren, nachdem er zum Kanoniker der Christ Church und Professor für Hebräisch ernannt worden war, und er äußerte mir gegenüber den Wunsch, Dr. Pusey zu sehen. Ich sagte ihm, dass es nicht einfach sein würde, ein Treffen zu arrangieren, wenn man bedenke, wie stark Dr. Pusey Ewalds Ansichten widersprach. Persönlich fand ich Pusey immer tolerant und seine Freundlichkeit mir gegenüber überraschte alle meine jungen Freunde. Tatsächlich bewegten wir uns jedoch auf unterschiedlichen Ebenen, und obwohl er meine religiösen Ansichten gut kannte, erregten sie nur ein Lächeln, und er sagte oft seufzend: „Ich weiß, dass Sie ein Deutscher sind." Seiner eigenen Ansicht nach war er nach Oxford geschickt worden, um die jüngere Generation vor dem Abgrund zu bewahren, in den er selbst voller Schrecken geblickt hatte. Er hatte mehr Ketzerei gelesen, pflegte er zu sagen, als irgendjemand sonst, und er wollte, dass niemand die Prüfungen und Qualen durchmachte, die er durchgemacht hatte, hauptsächlich, so denke ich, während seines Aufenthalts an einer deutschen Universität. Das historische Element fehlte ihm, ja, wie Hegel schien er manchmal den unhistorischen Charakter des Christentums zu betonen. Meine Ansicht dagegen war, dass das Christentum ein wahres historisches Ereignis war, das durch viele Ereignisse, die vorher stattgefunden hatten, vorbereitet wurde und das es erst möglich und real machte. Sogar der Abgrund, wenn es einen solchen Abgrund gab, war, wie es mir schien, dazu bestimmt, auf unserem Lebensweg da zu sein und mit tapferem Herzen in Angriff genommen zu werden.

Aber um auf meine ersten Erfahrungen mit der theologischen Atmosphäre von Oxford zurückzukommen: Ich muss zugeben, dass es mich verblüffte, Männer zu sehen, deren Gelehrsamkeit und Charakter ich aufrichtig bewunderte, die sich mit Themen beschäftigten, die mir einfach nur kindisch vorkamen. Ich hatte erwartet, dass ich von ihnen einige neue Ansichten über das Datum der Evangelien, die Bedeutung der Offenbarung, den historischen Wert der Offenbarung oder die frühe Geschichte der Kirche hören würde. Nein, davon kein Wort. Nichts als Diskussionen über Gewänder, über private Beichten, über Kerzen auf dem Altar, ob sie gewollt waren oder nicht, darüber, dass der Altar aus Stein oder aus Holz war, darüber, wie geweihter Wein mit Wasser vermischt wurde, darüber, dass der Priester dem den Rücken kehrte Gemeinde usw. Ich konnte nicht verstehen, wie diese Männer, die in jeder anderen Hinsicht so weit über dem normalen Niveau der Menschen standen, die grundlegenden Fragen des Christentums beiseite legen und ihre ganze Aufmerksamkeit dem widmen konnten, was die Zeitungen meiner Meinung nach zu Recht als „bloße Modemacherei" bezeichneten. Ich suchte Informationen bei Stanley, aber er zuckte mit den Schultern und riet mir, Abstand zu halten und nichts zu sagen. Dazu war ich am liebsten bereit; Ich habe mich um nichts davon gekümmert. Mein Geist war mit weitaus ernsteren Problemen beschäftigt, wie sie mir an den großen Universitäten Deutschlands von Männern mit profunder Gelehrsamkeit und ehrlichem Ziel erklärt worden waren; Diese Probleme entstanden aus Fragen, die meiner Meinung nach überhaupt keinen Zusammenhang mit der wahren Religion zu haben schienen. Sogar die Unterschiede zwischen den reformierten und nichtreformierten Kirchen waren für mich bloße Fragen der Geschichte, bloße Fragen menschlicher Zweckmäßigkeit. Ich betrachtete Katholiken nicht als Ketzer – ich hatte in Deutschland zu viele von ihnen

mit makellosem Charakter gekannt. Ich hätte die Missbräuche bedauern
können, die eine Reform erforderten, die Auswüchse, die das Christentum
wie viele andere Religionen entstellt hatten, die aber toleriert werden
konnten, solange sie nicht zur Duldung der Intoleranz führten. Luther
erscheint mir vielleicht nicht länger als vollkommener Heiliger, aber dass er
mit der Unterdrückung der althergebrachten Missbräuche der römischen
Kirche recht hatte, gab für mich keinen Zweifel zu. Eine große Zahl hatte
immer diese Wirkung auf mich, und als ich sah, wie viele gute und
hervorragende Männer mit der unreformierten Lehre der römischen Kirche
zufrieden waren, war ich überzeugt, dass sie bestimmten Lehren und
kirchlichen Praktiken eine andere Bedeutung beimessen mussten als wir . Ich
hatte gelernt, das Gute und Wahre in allen Religionen zu entdecken, und ich
konnte Macaulay voll und ganz zustimmen, als er sagte: „Wenn die
Menschen in einem Land gelebt hätten, in dem sehr vernünftige Menschen
die Kuh verehrten, würden sie sich nicht mit Menschen, die sie verehren,
überwerfen." Heilige."

Ich weiß, dass viele meiner Freunde auf beiden Seiten mich als einen
Latitudenten betrachteten, aber ich war immer davon überzeugt, dass wir
nicht breit genug sein konnten. Sie betrachteten mich als jemanden, der mit
hoch, niedrig und breit auf gutem Fuß stehen wollte, und ich machte kein
Geheimnis daraus, dass ich dachte, ich könnte Pusey ebenso gut verstehen
wie Stanley und jedem seinen angemessenen Platz zuweisen. Stanley lag mir
natürlich mehr am Herzen als Pusey, aber auch Pusey war ein Mann, der
mich sehr interessierte. Ich sah, dass er eine große Macht in England werden
könnte, ob zum Guten oder zum Bösen. Er war in der Tat eine historische
Persönlichkeit, und das waren immer die Männer, die mich interessierten. Er
war sich seiner Bedeutung in England und des großen Einflusses, den sein
Name ausübte, voll bewusst. Dieser Einfluss wurde nicht immer auf die
richtige Weise ausgeübt, so schien es mir zumindest, insbesondere wenn er
sich gegen Freunde von mir wie Kingsley, Froude oder Jowett richtete. Ich
erinnere mich, dass ich einmal, als er zu mir nach Hause kam, wagte, ihm zu
sagen, dass er es nicht ernst gemeint haben könne, als er erklärte, dass der
von Frederic Maurice angebete Gott nicht derselbe sei wie sein Gott.
Merkwürdigerweise gab er nach und gab zu, dass er zu starke Worte
verwendet hatte. Mir schien alles, was über Gott gesagt wurde,
unvollkommen und nie auf Gott selbst anwendbar, sondern nur auf die
Vorstellung, die sich der menschliche Geist von ihm gemacht hatte. Mir
schien sogar der Hindu, wenn er von Brahman oder Krishna sprach, auf den
wahren Gott abgezielt zu haben, trotz der götzendienerischen Beinamen, die
er verwendete; wie konnte man dann von einem Mann wie Frederic Maurice
sagen, er habe einen anderen Gott angebetet, wenn man bedenkt, dass wir
alle nur im Dunkeln nach ihm tasten können und nichts anderes tun können,
als alles auszuschließen, was uns einer Gottheit unwürdig erscheint?

Ein sehr wichtiges Element in den kirchlichen Ansichten einiger meiner Freunde war ohne Zweifel das Künstlerische. Wenn Johnson eher zu Rom neigte, war es der kunstvollere und schönere Gottesdienst, der ihn berührte und anzog. Ich saß in der St. Giles-Kirche neben ihm; er sagte mir, was ich während des Gottesdienstes tun und lassen sollte. Trotz des Gebetbuchs ist es keineswegs so einfach, wie die Leute glauben, in der Kirche genau das Richtige zu tun, und ich musste natürlich eine Reihe von Gebeten und Antworten auswendig lernen. Mir schien der Gottesdienst in meiner Pfarrkirche bereits zu kunstvoll, da ich an den etwas kargen und kalten Gottesdienst in der lutherischen Kirche in Dessau gewöhnt war. Aber Johnson beschwerte sich ständig über die eintönigen und mechanischen Darbietungen der Geistlichen. Er hatte ein starkes Gefühl für alles, was in der Kunst schön und eindrucksvoll war, und er wollte den Gottesdienst in der Kirche voller Ehrfurcht und Schönheit sehen.

Johnsons private Sammlung künstlerischer Schätze war sehr umfangreich, und ich lernte viel von den italienischen Kupferstichen und niederländischen Radierungen, die er besaß und gern zeigte. Ich verbrachte oft glückliche Stunden mit ihm, während wir seine Portfolios untersuchten, und fragte mich, wie er es sich leisten konnte, solche Schätze zu kaufen. Aber er wusste, wann und wo er kaufen musste, und ich glaube, als seine Sammlung nach seinem Tod verkauft wurde, brachte sie ihm viel mehr ein, als sie ihn gekostet hatte. Eine weitere Kunstsammlung war die von Dr. Wellesley, dem Direktor von New Inn Hall, der ein Freund von Johnson war und während seines langen Aufenthalts in Italien die wertvollsten Antiquitäten gesammelt hatte. Er war der Sohn des Marquis von Wellesley, ein gutaussehender Mann mit all der Vornehmheit und Höflichkeit des alten englischen Gentleman. Obwohl er für die Arbeit an der Universität vielleicht nicht sehr nützlich war, war er sehr angenehm im Umgang und sehr kenntnisreich in seinem eigenen Studienfach, der Kunstgeschichte, hauptsächlich der italienischen Kunst.

Die wunderschönen Gottesdienste der römischen Kirche im Ausland und insbesondere in Rom übten sicherlich eine Art magische Anziehungskraft auf viele Freunde von Wiseman und Newman aus, obwohl man sich fragt, ob die sonnige Erhabenheit des Petersdoms in Rom jemals eindrucksvoller hätte wirken sollen als die düstere Erhabenheit und heitere Pracht der Westminster Abbey. Leider hatte die Einführung eines kunstvolleren Service, selbst aus harmlosen Kerzenleuchtern und dem oft sehr nützlichen Weihrauch, immer eine geheime Bedeutung. Sie wurden als Symbole für etwas verwendet, von dem die Menschen keine Vorstellung hatten, während sie in der frühen Kirche wirklich natürlich und nützlich waren.

Inmitten all dieser Aufregung, und vor allem dieser heimlichen Aufregung, fühlte ich mich wie ein vollkommener Fremder; ich sah die Licht- und Schattenseiten, aber ich gestehe, ich sah wenig von dem, was ich Religion nannte. Obwohl meine eigenen religiösen Kämpfe hinter mir lagen, gab es noch viele Fragen, die nach einer Lösung drängten, für die meine Freunde in Oxford jedoch entweder gleichgültig oder unvorbereitet schienen. Meine praktische Religion war das, was ich von meiner Mutter gelernt hatte; sie blieb in allen Stürmen unerschütterlich und erfüllte in ihrer äußersten Einfachheit und Kindlichkeit alle Zwecke, für die Religion gedacht ist. Dann folgte an den Universitäten von Leipzig und Berlin die rein historische und wissenschaftliche Behandlung der Religion, die, obwohl sie vieles erklärte und vieles zerstörte, nie meine frühen Vorstellungen von Richtig und Falsch beeinträchtigte, mein Leben mit Gott und in Gott nie störte und alle meine religiösen Bedürfnisse zu befriedigen schien. Die kritischen Schriften von Strauss oder Ewald, von Renan oder Colenso erschreckten oder erschütterten mich nie. Wenn das, was sie sagten, ehrlich klang, freute ich mich, denn ich war ganz sicher, dass sie mir das wenige, das ich wirklich wollte, niemals vorenthalten konnten. Dieses wenige konnte nie wenig genug sein; es war wie eine Festung ohne Befestigungen, ohne Gräben und ohne Mauern darum herum. Angenommen, man würde mir beweisen, dass die Erde oder die Welt aufgrund geologischer Beweise nicht in sechs Tagen erschaffen worden sein konnte, was ging mich das an? Angenommen, man würde mir beweisen, dass Christus den unreinen Geistern niemals erlaubt haben konnte, in die Schweine zu fahren, was ging mich das an? Mögen Colenso und Bischof Wilberforce, mögen Huxley und Gladstone über solche Dinge streiten; ihre stürmischen Wogen könnten mich niemals stören, könnten mich nicht einmal in meinem sicheren Hafen erreichen. Ich hatte wenig zu tragen, keine erlernten Hindernisse, die meinen Glauben schützten. Wenn ein Mann diese eine Perle von großem Wert besitzt, kann er sich und seinen Schatz retten, aber weder die mit Flitter verzierten Gewänder eines Kardinals noch die dreifache Tiara, die das Oberhaupt der Kirche krönt, werden in den Stürmen des Zweifels und der Kontroverse als Rettungsring dienen. Meine Freunde in Oxford wussten nicht, dass ich, obwohl ich mit meinem einen Juwel äußerlich arm wirkte, in Wirklichkeit reicher und sicherer war als so mancher Kardinal und so mancher Doktor der Theologie. Ein Glaubensbekenntnis kann wie ein Gebet sehr lang sein, aber das Gebet des Zöllners mag wirksamer gewesen sein als das des Pharisäers.

Nach einiger Zeit machte ich eine noch schmerzlichere Entdeckung: Ich traf Männer, die als recht orthodox galten, in Wirklichkeit aber gläubig waren. Sie sprachen sehr offen mit mir, weil sie sich einbildeten, dass ich als Deutscher so denken würde wie sie und dass es mich nicht wundern würde, wenn sie mich als nicht ganz aufrichtig ansehen würden. Es waren nicht nur ehrliche Zweifel, die sie beunruhigten. Sie hatten es mit ehrlichem Zweifel getan und waren mit einer Art voltairischer Philosophie zufrieden, die schließlich im reinen Agnostizismus endete. Aber selbst das, selbst erklärter Agnostizismus, konnte ich verstehen, denn es bedeutete oft nicht mehr als ein Eingeständnis der Unwissenheit gegenüber Gott, was wir alle bekennen, und das nicht unbedingt auf die Leugnung der Existenz der Gottheit hinauslaufen muss. Aber diese voltairische Leichtfertigkeit, die sich über alles lustig macht, was mit Religion zu tun hat, war sicherlich etwas, mit dem ich in Oxford nicht gerechnet hatte, und das mich auch jetzt noch verwirrt. Natürlich würde ich niemals daran denken, Namen zu nennen, aber es schien mir notwendig, diese Tatsache zu erwähnen, um das seltsame Mosaik theologischen und religiösen Denkens zu vervollständigen, das zum Zeitpunkt meiner Ankunft in Oxford existierte.

KAPITEL IX

EIN GESTÄNDNIS

EIN Geständnis, das ich ablegen muss, und eines, für das ich kaum auf Absolution hoffen kann, weder von meinen Freunden noch von meinen Feinden. Ich habe nie etwas getan; Ich war nie ein Macher, ein Werber, ein Drahtzieher, ein Manager im üblichen Sinne dieser Worte. Ich bin auch vor Agitation, vor Vereinen und Cliquen, selbst vor den angesehensten Vereinen und Vereinen zurückgeschreckt. Viele Leute würden mich einen müßigen, nutzlosen und trägen Mann nennen, und obwohl ich nicht viele Stunden meines Lebens verschwendet habe, kann ich den Vorwurf nicht leugnen, dass ich weder Schlachten geschlagen, noch bei der Eroberung neuer Länder geholfen habe, noch einem Syndikat beigetreten bin ein Vermögen zusammenrollen. Ich war ein Gelehrter, ein *Stubengelehrter*, und *voilà tout*!

So sehr ich Ruskin bewunderte, als ich ihn mit Spaten und Schubkarre sah, wie er seine Studentenfreunde ermutigte und ihnen half, eine neue Straße von einem Dorf zum anderen zu bauen, ich selbst habe mich nie mit dem Graben, Schaufeln und Karrenfahren beschäftigt. Ich konnte ihm auch nicht ganz zustimmen, so glücklich ich mich immer fühlte, wenn ich ihm zuhörte, als er sagte: „Was wir denken oder was wir wissen oder was wir glauben, hat letztendlich keine große Bedeutung." Das Einzige, was eine Konsequenz hat, ist, was wir tun." Meine Sicht auf das Leben war schon immer genau das Gegenteil! Was wir tun oder was wir aufbauen, schien mir immer von geringer Bedeutung zu sein. Sogar Ninive ist nur noch eine Sandwüste, und auch Ruskins neue Straße ist längst abgetragen. Meiner Meinung nach ist nur das von Bedeutung, was wir denken, was wir wissen, was wir glauben! In Ruskins Ohren war ein solches Gefühl reine Ketzerei, und ich weiß ganz genau, dass es von den meisten Menschen, insbesondere in England, als äußerst gefährlich, wenn nicht geradezu böse verurteilt würde. Mein Freund Charles Kingsley predigte ein kraftvolles Christentum, das heißt, er war immer auf dem Laufenden. Ein anderer alter Freund von mir, Carlyle, predigte sein ganzes Leben lang: „Es hat keinen Sinn zu reden, wenn man es nicht tut." Auch im Deutschen gibt es ein altes Sprichwort:

„Die nicht mit thaten,
Die nicht mit rathen";

Tatsächlich wird denjenigen das Recht verweigert, Ratschläge zu geben, die sich nicht am Kampf beteiligt haben.

Obwohl ich kein Macher, kein *Faiseur war*, wie die Franzosen sagen würden, möchte ich mich in den langen Jahren meines ruhigen Lebens nicht als bloße untätige Drohne darstellen. Ich war auch nicht ganz der Einzige, der das

Leben eines Gelehrten – selbst als ich in einer Mansarde *am Cinquième* lebte – als ein Paradies auf Erden betrachtete. Hat Emerson nicht geschrieben: „Der Gelehrte ist der Mann seiner Zeit"? Hat nicht einmal Mazzini, der sicherlich ständig wach war und es versuchte, nicht einmal zugegeben, dass die Menschen sterben müssen, dass aber die Menge an Wahrheit, die sie entdeckt haben, nicht mit ihnen stirbt? Und Carlyle? Hat er jemals versucht, ins Parlament zu gelangen? Hat er jemals Direktionen angenommen? Hat er sich entweder den Chartisten oder den Special Constables am Trafalgar Square angeschlossen? So wie man bei einem Konzert sowohl Zuhörer als auch Künstler braucht, so sind im öffentlichen Leben diejenigen, die zuschauen, genauso wichtig wie diejenigen, die schreien und heftige Schläge austeilen.

Die Natur hat nicht jeden mit der nötigen Muskelkraft ausgestattet, um ein muskulöser Christ zu sein. Doch man kann sagen, selbst wenn Carlyle und Ruskin von der Muskelarbeit auf dem Trafalgar Square freigesprochen worden wären, welche Entschuldigung hätten sie dann dafür vorbringen können, nicht in einer Prozession nach Hyde Park zu marschieren, auf eine der Plattformen zu klettern und den Männern, Frauen und Kindern eine Ansprache zu halten? Ich nehme an, sie hatten dasselbe Gefühl wie ein Rasiermesser, wenn man damit Steine schneidet: Sie hatten das Gefühl, dass dies nicht gerade ihr *Metier war*. Wenn Vernunft auf Vernunft trifft, ist es das Schönste, zu streiten, ob wir nun gewinnen oder verlieren; doch gegen die Unvernunft zu streiten, gegen alles, was von Natur aus dicht, undurchdringlich, irrational ist, schien mir immer die entmutigendste Beschäftigung zu sein. Mehrheiten, bloß numerische Mehrheiten, durch die die Welt heute regiert wird, kommen mir wie bloße rohe Gewalt vor, obwohl es zweifellos genauso töricht ist, gegen sie zu argumentieren, wie gegen einen Eisenbahnzug zu argumentieren, der einen überfahren wird. Gladstone konnte vor Menschenmengen Reden halten; ebenso Disraeli; ihnen gebührt alle Ehre dafür. Aber stellen Sie sich vor, Carlyle oder Ruskin hätten das getan! Den Panzer einer Schildkröte oder die Kuppel der St. Pauls-Kirche zu streicheln, wäre für sie nicht verlockender gewesen, als mit den Unzufriedenen zu sprechen, als sie zu Hunderten und Tausenden auf die Straße gingen. Ich behaupte nur, dass es eine Arbeitsteilung geben muss, und so wenig Wayland Smith in seiner Schmiede nutzlos war, als er das Eisen im Feuer härtete, um Schwerter oder Hufeisen herzustellen, war Carlyle ein Mann, den man entbehren konnte, während er in seinem Arbeitszimmer saß und Gedanken vorbereitete, die sich nicht verbiegen oder brechen ließen.

Aber ich kann nicht einmal behaupten, ein Mann der Tat im Sinne von Carlyle in England oder Emerson in Amerika gewesen zu sein. Es waren Männer, die in ihren Büchern ständig lehrten und predigten. "Mach das!" Sie sagten; "TU das nicht!" Die jüdischen Propheten taten im Großen und

Ganzen das Gleiche, und sie gelten nicht als nutzlose Männer, auch wenn sie keine Ziegel herstellten oder wie Jehu Schlachten kämpften. Aber der arme *Stubengelehrte* hat nicht einmal diesen Trost. Nur hin und wieder erhält er unerwartete Anerkennung, etwa als Lord Derby, der damalige indische Staatssekretär, erklärte, dass die Gelehrten, die die enge Verbindung zwischen Sanskrit und Englisch entdeckt und bewiesen hatten, der indischen Regierung wertvollere Dienste geleistet hätten als so manches Regiment. Man könnte dies eine bloße Behauptung nennen, und es ist wahr, dass sie nicht mathematisch bewiesen werden kann, aber was hätte einen Mann wie Lord Derby dazu bewegen können, eine solche Aussage zu machen, außer der Sinn für deren Wahrheit, der ihm durch lange Erfahrung vermittelt wurde?

Ich kann jedoch nur für mich selbst und für meine Vorstellung von Arbeit sprechen. Ich war zufrieden, wenn meine Arbeit mich zu einer neuen Entdeckung führte, sei es die Entdeckung eines neuen Kontinents des Denkens oder der kleinsten einsamen Insel im riesigen Ozean der Wahrheit. Ich würde gerne so weit gehen, meine Freunde durch eine einfache Feststellung von Tatsachen zu überzeugen. Lassen Sie sie denselben Weg gehen und sehen, ob ich Recht oder Unrecht habe. Aber Propaganda zu machen, zu versuchen, durch Druck zu überzeugen, zu werben und zu organisieren, Gesellschaften zu gründen, neue Zeitschriften ins Leben zu rufen, Versammlungen einzuberufen und darüber in den Zeitungen berichten zu lassen, war mir schon immer sehr zuwider. Wenn wir eine Wahrheit kennen, was macht es dann aus, ob ein paar Millionen, mehr oder weniger, die Wahrheit so sehen wie wir? Wahrheit ist Wahrheit, ob sie jetzt oder in Millionen von Jahren akzeptiert wird. Die Wahrheit hat es nicht eilig, zumindest schien es mir immer so. Wenn ich einem Mann oder einer Gruppe von Männern gegenüberstand, die sich nicht überzeugen ließen, hatte ich nie das Bedürfnis, meinen Kopf gegen eine Mauer zu rennen oder Anwalt zu werden und die Tricks eines Anwalts anzuwenden. Ich wurde oft dafür getadelt, manchmal habe ich sogar meine Trägheit oder mein stilles Glück bereut, wenn ich fühlte, dass die Wahrheit auf meiner Seite war. Ich nehme an, dass es nichts Schlimmes ist, persönlich Stimmen zu werben, aber so sehr ich es auch hasste, Stimmen zu werben, empfand ich es als entwürdigend, Stimmen von anderen zu werben. Ich weiß ganz genau, wie oft es bei einer Versammlung vorkam, bei der ein Gesetz oder ein Kandidat angenommen werden sollte, dass die Wähler offensichtlich vorher privat angesprochen worden waren und in ihrem Herzen ihre Stimme versprochen hatten. Die Fakten und Argumente bei der Versammlung selbst sprachen vielleicht alle für die eine Seite, aber die Mehrheit war für die andere. Männer, deren Zeit wenig wert war, waren von Haus zu Haus gegangen, eine Mehrheit war zu einer trägen, unvernünftigen Masse zusammengedrängt worden; und wer würde sich geneigt fühlen, seinen Spaten der Vernunft gegen so viel

Unvernunft einzusetzen? Einige Leute, die ehrlicher waren als der Rest, sagten nach dem Unheil: „Warum hast du nicht angerufen? Warum hast du keine Briefe geschrieben?" Ich kann mich durchaus irren, aber ich kann nur sagen, dass es mir so vorkam, als ob ich einen unfairen Vorteil ausgenutzt hätte, unfair gegenüber unseren Gegnern und beinahe beleidigend gegenüber unseren Freunden. Dennoch lag ich aus weltlicher Sicht zweifellos falsch, und es ist sicher wahr, dass ich oft in der Minderheit war. Meine Freunde haben mir immer wieder gesagt, dass gute Männer, wenn eine gute Maßnahme oder ein guter Mann durchgesetzt werden soll, auch Drecksarbeit erledigen müssen. Wenn sie das nicht können, sind sie nutzlos, und ich zweifle nicht daran, dass meine politischen und akademischen Freunde mich oft als sehr nutzlosen Mann betrachtet haben, weil ich auf die Vernunft vertraute, wo es keinen Grund gab, darauf zu vertrauen. Ich wurde gebeten, Briefe zu schreiben, Briefe zu adressieren und abzuschicken, Reisekosten oder sogar gesellige Unterhaltungen in Oxford zu versprechen, Leitartikel und Leitartikel in Zeitungen zu platzieren. Ich verabscheute es einfach und lehnte es schließlich ab, es zu tun. Wenn ein Gesetz durch Versprechen und nicht durch Argumente durchgesetzt wird, wenn eine Wahl durch persönlichen Einfluss und nicht durch Vernunft durchgesetzt wird, dann passiert sehr oft dasselbe, wie wenn man eine Frucht vom Baum pflückt, bevor sie reif ist. Man erwartet, dass sie von selbst reift, aber sie wird nie süß und verfault oft. Ein voreiliges Gesetz kann von einem Minister mit einer starken Mehrheit durch das Parlament gebracht werden, aber es gewinnt dadurch weder an Vitalität noch an Reife; es bleibt oft als toter Buchstabe im Gesetzbuch, bis es am Ende mit anderem Unsinn abgeschafft werden muss.

Allerdings habe ich gelernt, den unermüdlichen Fleiß von Männern zu bewundern, die es langsam und teilweise geschafft haben, ihre Konvertiten und Rekruten zu gewinnen und so am Ende das durchzusetzen, was sie für richtig und vernünftig hielten. Ich habe es besonders in Oxford gesehen, wo Studenten von ihren Tutoren indoktriniert wurden, bis sie ihren Abschluss gemacht hatten und mit ihren Vorgesetzten abstimmen konnten. Als nutzloses Mitglied der Kongregation und Versammlung sowie der Gesellschaft insgesamt nehme ich die ganze Schuld und Schande auf mich. Ich hatte Unrecht, als ich annahm, dass die Mauern von Jericho vor dem Ansturm der Vernunft einstürzen würden, und ich hatte Unrecht, als ich darauf verzichtete, in das Geschrei der Widderhörner und das Geschrei des Volkes einzustimmen. Ich hatte jedoch das Glück, zu meinen engsten Freunden einige der aktivsten und einflussreichsten Reformatoren in Universität, Kirche und Staat zu zählen, und es ist durchaus möglich, dass ich sie oft in den Stunden netter Gespräche beeinflusst habe; ja, als ich im zweiten Rang stand, habe ich möglicherweise dabei geholfen, die Waffen zu laden, die sie anschließend mit großer Wirkung abgefeuert haben. Ich hatte das Gefühl, dass meine offene Partnerschaft ihnen vielleicht sogar mehr schaden würde, als dass sie ihnen helfen könnte; Denn durften meine Gegner nicht immer behaupten, ich sei ein Deutscher und könne deshalb rein englische Fragen unmöglich verstehen? Außerdem gibt es noch eine weitere Besonderheit, die ich in England oft beobachtet habe. Menschen tun gerne, was sie selbst tun müssen. Es kam mir manchmal so vor, als ob ich meine Freunde beleidigt hätte, wenn ich etwas allein und ohne Rücksprache mit ihnen getan hätte. Außerdem war meine Lage, selbst nachdem ich so viele Jahre in England gewesen war, immer eigenartig; Denn obwohl ich fast ein ganzes Leben im Dienste meines Wahllandes verbracht hatte, obwohl meine politische Treue England gebührt und gerne entgegengebracht wurde, war und bin ich immer noch ein Deutscher.

Und neben Deutschland, das jung und voller Ideale war, als ich jung war, kam Indien und das indische Denken, das seinen beruhigenden Einfluss auf mich ausübte. Schon sehr früh wurde mir der enge Horizont dieses Lebens auf Erden bewusst und der rein phänomenale Charakter der Welt, in der wir für ein paar Jahre leben, uns bewegen und unser Dasein haben müssen. Als Studenten der klassischen und anderen orientalischen Geschichte bewundern wir die großen Reiche mit ihren Palästen und Pyramiden und Tempeln und Kapitolen. Was hätte realer, großartiger und beeindruckender auf den jungen Geist wirken können als Babylon und Ninive, Theben und Alexandria, Jerusalem, Athen und Rom? Und wo sind sie jetzt? Die Namen ihrer großen Herrscher und Helden sind nur wenigen Menschen bekannt und müssen auswendig gelernt werden, ohne dass wir viel über diejenigen erfahren, die sie trugen. Viele Dinge, für die Tausende von Menschen bereit waren, ihr Leben zu geben, und es tatsächlich taten, sind für uns bloße Worte und Träume, Mythen, Fabeln und Legenden. Wenn es je einen Täter gab, dann war es Herkules, und heute wird uns erzählt, er sei bloß ein Mythos gewesen!

Wenn man die Beschreibungen der babylonischen und ägyptischen Feldzüge liest, wie sie auf Keilschriftzylindern und an den Wänden antiker ägyptischer Tempel festgehalten sind, erscheint die Zahl der getöteten Menschen immens, die Folgen überwältigend; und doch, was ist aus all dem geworden? Die Einfälle der Hunnen, die Feldzüge von Dschingis Khan und Timur, die von Historikern so ausführlich beschrieben werden, erschütterten die ganze Welt in ihren Grundfesten, und heute liegt der Sand der von ihren Armeen aufgewühlten Wüste so glatt wie eh und je.

Was uns Indien lehrt, ist, dass es in einem Staat, der sich in Richtung Zivilisation weiterentwickelt, immer zwei Kasten oder zwei Klassen von Menschen geben muss, eine Kaste der Brahmanen oder Denker und eine Kaste der Kshatriyas, die kämpfen sollen; möglicherweise auch andere Kasten von denen, die arbeiten sollen, und von denen, die dienen sollen. In Indien tobten große Kriege, aber sie wurden den Kriegern von Beruf überlassen. Die Bauern in ihren Dörfern blieben ruhig und akzeptierten die Konsequenzen, welche auch immer diese sein mochten, und die Brahmanen lebten weiter, dachten und träumten in ihren Wäldern und waren zufrieden, nach dem Ende der Schlacht zu herrschen.

Und was für militärische Kämpfe gilt, scheint mir für alle Kämpfe zu gelten – politische, religiöse, soziale, kommerzielle und sogar literarische. Wer gerne kämpft, soll kämpfen; aber andere, die lieber ruhig arbeiten, sollen ungestört ihren eigenen Spezialberufen nachgehen. Das war, soweit wir sehen können, die alte indische Idee oder jedenfalls das Ideal, das die Brahmanen verwirklicht sehen wollten. Ich bin nicht für völlige Faulheit oder Trägheit, nicht einmal für Drohnen, obwohl die Natur selbst *hoc genus nicht* gänzlich zu verdammen scheint. Als Gelehrter und Denker plädiere ich nur für die Freiheit von Wahlkampf, Briefelesen und Briefeschreiben, von Komitees, Abordnungen, Versammlungen, öffentlichen Abendessen und all dem anderen. Das wird in den Ohren praktisch veranlagter Menschen sehr egoistisch klingen, und ich verstehe, warum sie Männer wie mich für kaum ihres Salzes wert halten. Aber was würden sie zu einem der größten Kämpfer der Weltgeschichte sagen? Was würden sie Julius Cäsar sagen, wenn er erklärt, dass die Triumphe und Lorbeerkränze Ciceros weitaus edler seien als jene der Krieger, da es eine größere Leistung sei, die Grenzen des römischen Intellekts über die Herrschaftsgebiete des römischen Volkes hinaus auszudehnen?